U0567108

権威·前沿·原创

皮书系列为
"十二五""十三五""十四五"国家重点图书出版规划项目

BLUE BOOK

智 库 成 果 出 版 与 传 播 平 台

河北蓝皮书

BLUE BOOK OF HEBEI

河北经济发展报告（2022）

ANNUAL REPORT ON ECONOMIC DEVELOPMENT OF HEBEI (2022)

稳中求进　协调发展

主　编／康振海

执行主编／王亭亭

副主编／李会霞

社会科学文献出版社

SOCIAL SCIENCES ACADEMIC PRESS (CHINA)

图书在版编目（CIP）数据

河北经济发展报告.2022：稳中求进 协调发展/
康振海主编.－－北京：社会科学文献出版社，2022.5
（河北蓝皮书）
ISBN 978－7－5201－9836－3

Ⅰ.①河… Ⅱ.①康… Ⅲ.①区域经济发展－研究报
告－河北－2022 Ⅳ.①F127.22

中国版本图书馆 CIP 数据核字（2022）第 039192 号

河北蓝皮书
河北经济发展报告（2022）
——稳中求进 协调发展

主　　编/康振海
执行主编/王亭亭
副 主 编/李会霞

出 版 人/王利民
组稿编辑/高振华
责任编辑/王玉霞
文稿编辑/李惠惠
责任印制/王京美

出　　版/社会科学文献出版社·城市和绿色发展分社（010）59367143
　　　　　地址：北京市北三环中路甲 29 号院华龙大厦　邮编：100029
　　　　　网址：www.ssap.com.cn
发　　行/社会科学文献出版社（010）59367028
印　　装/天津千鹤文化传播有限公司

规　　格/开 本：787mm×1092mm 1/16
　　　　　印 张：16.5 字 数：248 千字
版　　次/2022 年 5 月第 1 版 2022 年 5 月第 1 次印刷
书　　号/ISBN 978－7－5201－9836－3
定　　价/128.00 元

读者服务电话：4008918866

主编简介

康振海　中共党员，1982 年毕业于河北大学哲学系，获哲学学士学位；1987 年 9 月至 1990 年 7 月在中共中央党校理论部中国现代哲学专业学习，获哲学硕士学位。

三十多年来，康振海同志长期工作在思想理论战线。曾任河北省委宣传部副部长；2016 年 3 月至 2017 年 6 月任河北省作家协会党组书记、副主席；2017 年 6 月至今任河北省社会科学院党组书记、院长，河北省社科联第一副主席。

康振海同志著述较多，在《人民日报》《光明日报》《经济日报》《中国社会科学报》《河北日报》《河北学刊》等重要报刊和社会科学文献出版社、河北人民出版社等发表、出版论著多篇（部），主持完成多项国家级、省部级课题。主要代表作有：《中国共产党思想政治工作九十年》《雄安新区经济社会发展报告》《让历史昭示未来——河北改革开放四十年》等著作；发表了《从百年党史中汲取奋进新征程的强大力量》《殷切期望指方向　燕赵大地结硕果》《传承中华优秀传统文化　推进文化强国建设》《以优势互补、区域协同促进高质量脱贫》《在推进高质量发展中育新机开新局》《构建京津冀协同发展新机制》《认识中国发展进入新阶段的历史和现实依据》《准确把握推进国家治理体系和治理能力现代化的目标任务》《奋力开启全面建设社会主义现代化国家新征程》等多篇理论调研文章；主持"新时代生态文明和党的建设阶段性特征及其发展规律研究""《宣传干部行为规范》可行性研究和草案初拟研究"等多项国家级、省部级立项课题。

摘　要

　　《河北经济发展报告（2022）》就2021年河北经济运行的总体特征以及亟待破解的重大理论与实践问题，进行了全方位、系统性的深度分析与总结，并在此基础上提出了有益于河北省经济复苏与可持续发展的宏观思路与对策措施。

　　全书由总报告、宏观视野篇、产业发展篇、区域创新篇以及专题探索篇五个部分组成，内容涉及京津冀区域经济、产业经济、财税经济、能源经济、外贸经济、服务经济、消费经济、数字经济以及开放经济等诸多领域。全书通过主要经济指标分析、文献调研、网络调研、实地考察以及部门座谈和专家走访等多种途径，对河北省宏观经济形势与发展趋势进行了全方位、前瞻性与多角度研究。

　　2021年全省三次产业稳步增长、"三新"经济快速成长、"三件大事"有效推进，宏观经济虽小幅回暖，但受到全球政治、经济复杂因素的影响，处于加速转型期的河北无论是经济总量、经济增速还是固定资产投资、消费升级，都面临前所未有的压力与挑战。针对全省经济复苏进程中仍需高度关注的重大问题与矛盾焦点，本书提出了以下政策建议：一是不断强化传统制造产业发展根基，奋力打造自主可控的"链主型"企业，力争变"制造大省"为"制造强省"；二是加快实现数字化，以数字技术驱动拓展现代工业经济增长空间；三是在稳增长宏观政策上持续加力，助力中小微市场主体快速实现区域经济逆势增长；四是继续强化就业优先政策，以稳住民生为发力点，努力缩小城乡居民收入差距；五是抓住碳达峰、

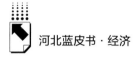

碳中和目标背景下减碳、脱碳历史新机遇，打造区域新范式，加速实现经济社会全方位转型。

关键词： 宏观经济　区域经济　产业结构　河北省

Abstract

The Hebei Economic Development Report (2022) makes an all-round and systematic in-depth analysis and summary on the overall characteristics of Hebei's economic operation in 2021 and the major theoretical and practical problems that need to be solved. On this basis, it puts forward macro ideas and Countermeasures beneficial to the economic recovery and sustainable development of Hebei Province.

The book consists of five parts: general report, macro vision, industrial development, regional innovation and special exploration. The content covers many fields such as Beijing Tianjin Hebei regional economy, industrial economy, fiscal and tax economy, energy economy, foreign trade economy, service economy, consumption economy, digital economy and open economy. The book makes an all-round, forward-looking and multi angle study on the macroeconomic situation and development trend of Hebei Province through the analysis of main economic indicators, literature research, network research, field investigation, departmental discussion and expert visits.

In 2021, the province's three industries grew steadily, the "three new" economy grew rapidly, and the "three major events" were effectively promoted. Although the macro-economy recovered slightly, affected by global political and economic complex factors, Hebei, which is in the period of accelerated transformation, is facing unprecedented pressure and challenges in terms of economic aggregate, economic growth, fixed asset investment and consumption upgrading. In view of the major issues and contradictions that still need high attention in the process of economic recovery in the province, this book puts forward the following policy suggestions: first, continuously strengthen

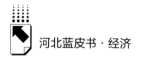
the development foundation of traditional manufacturing industry, strive to build independent and controllable "chain oriented" enterprises, and strive to change "large manufacturing province" into "strong manufacturing province"; second, accelerate the realization of digitization and expand the space for modern industrial economic growth driven by digital technology, Third, continue to strengthen the macro policy of steady growth to help small, medium-sized and micro market players quickly achieve regional economic growth against the trend; Fourth, continue to strengthen the employment priority policy, take stabilizing people's livelihood as the starting point, and strive to narrow the income gap between urban and rural residents; Fifth, seize the new opportunities of carbon reduction and decarbonization under the background of carbon peak and carbon neutralization goals, create a new regional paradigm and accelerate the all-round transformation of economy and society.

Keywords: Macroeconomic; Regional Economic; Industrial Structure; Hebei Province

目 录 ⟵

I 总报告

II 宏观视野篇

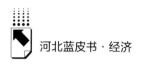

Ⅲ 产业发展篇

Ⅳ 区域创新篇

Ⅴ 专题探索篇

皮书数据库阅读 **使用指南**

CONTENTS ⤸

I General Report

II Macro Vision

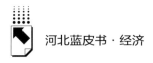
Ⅲ   Industry Development

Ⅳ   Regional Innovation

V   Special Exploration

总 报 告

General Report

B.1

百年变局加速演进 河北经济增长
"稳中求进"的新思路与新举措

——2021～2022年河北经济形势分析报告

王亭亭 王曙光 李会霞 潘保海 穆东旭*

摘 要： 2021年以来，在河北省委、省政府的带领下，全省上下坚决贯彻落实习近平总书记重要指示和党中央、国务院决策部署，统筹推进常态化疫情防控和经济社会发展，全面做好"六稳""六保"工作，积极推动高质量发展，精准实施宏观政策，全省三次产业稳步增长、"三新"经济快速成长、"三件大事"有效推进，宏观经济表现为小幅回暖的运行特征。然而，受全球政治、经济复杂因素的深度影响，处于加速转型期的河北面临前所

* 王亭亭，河北省社会科学院宏观经济与公共政策研究中心主任首席专家，研究员，主要研究方向为宏观经济理论与实践研究；王曙光，河北省统计局统计处处长，主要研究方向为宏观经济运行、产业结构调整等；李会霞，河北省社会科学院财贸经济研究所所长，副研究员，主要研究方向为宏观经济、产业经济、生态经济等；潘保海，河北省社会科学院经济研究所副研究员，主要研究方向为经济数据分析与管理；穆东旭，河北省信息产业与信息化协会信息部主任。

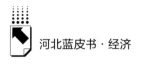

未有的压力与挑战。本报告从 GDP、经济增速、固定资产投资、消费转型升级四个方面对河北省宏观经济发展面临的主要矛盾与障碍进行了深入而细致的分析与总结，并在此基础上提出了五大对策措施。

关键词： 宏观经济　经济运行　河北省

畅通国内国际"双循环"已经成为当今中国经济生活中的绝对主角，"复苏"与"回暖"则是各地翘首以盼的两个关键词。在我国经济发展面临需求收缩、供给冲击、预期转弱三重压力下，河北"十四五"开局如何，经济运行情况如何，经济稳中向好背后隐藏着哪些困难与障碍，未来如何才能实现经济的稳健复苏与快速增长，就成为当前河北省亟待研究解决的重大战略问题。

一　2021年河北经济运行评价分析

2021 年，在省委、省政府带领下，全省上下坚决贯彻落实习近平总书记重要指示和党中央、国务院决策部署，统筹推进常态化疫情防控和经济社会发展，全面做好"六稳""六保"工作，深入开展"三重四创五优化"活动和"三基"建设年活动，积极推动高质量发展，精准实施宏观政策，全省经济运行延续稳定恢复态势，质量效益持续提升。

（一）经济运行小幅回暖

一是经济同比增速虽有回落，但总体保持平稳增长。2021 年前三季度，全省地区生产总值同比增长 7.7%，比上半年回落 2.2 个百分点，增速高于上年同期 6.2 个百分点，高于年度计划目标 1.2 个百分点，两年平均增长 4.6%，与上半年两年平均增速持平（见图 1）。前三季度，地区生产总值、规模以上工业增加值、固定资产投资、社会消费品零售总额增速与全国差距分别比上半年缩小 0.7、0.5、5.3 和 3.1 个百分点。地区生产总值居全国位次前移 1 位，固定资产投资前移 3 位，社会消费品零售总额前移 2 位。

　　二是就业和物价保持总体稳定。2021 年前三季度，全省城镇新增就业 80.70 万人，比上年同期增加 12.79 万人，完成全年任务的 93.8%。截至 9 月末，城镇登记失业率为 3.31%，控制在全年 4.5% 计划目标以内。前三季度，全省居民消费价格同比上涨 0.6%，低于 3% 左右的预期目标，涨幅同比回落 2.3 个百分点，与 1～8 月持平。

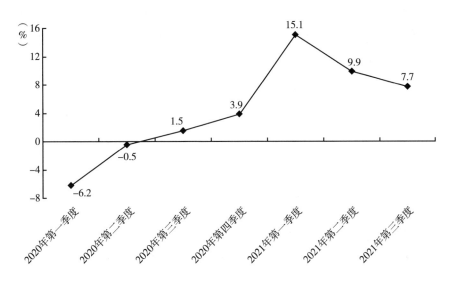

图 1　2020 年至 2021 年第三季度河北省地区生产总值增长率

（二）三次产业稳步增长

　　一是农业延续向好态势。2021 年前三季度，全省农林牧渔业总产值 4184.3 亿元，同比增长 8.1%，增速比上半年加快 1.1 个百分点，两年平均增长 5.2%。全年粮食生产有望再获丰收。夏粮总产量 1482.7 万吨，增长 2.0%；秋粮总体长势好于往年，产量预计保持稳定。蔬菜生产稳定增长，总产量 3234.8 万吨，增长 1.4%。水果生产稳中有增，产量 923.0 万吨，增长 1.3%。畜牧业生产稳中向好。生猪生产快速恢复，存栏 1799.0 万头，增长 7.1%，出栏 2618.7 万头，增长 21.3%。牛奶产量 374.1 万吨，增长 5.2%。畜牧、蔬菜、果品三大支柱产业产值 3081.9 亿元，占农林牧渔业总产值比重为 73.7%。

二是工业生产平稳增长。规模以上工业增加值同比增长 5.1%，两年平均增长 3.9%。其中，2021 年 9 月增加值同比增长 1.8%，扭转了 5 月以来连续 4 个月的下降态势（见图 2）。前三季度，行业增长面进一步拓展。40 个行业大类中，32 个行业生产实现增长，占 80.0%。主导产业平稳增长。工业八大产业增加值增长 4.6%。其中，信息智能产业、高端装备制造产业分别增长 16.4% 和 10.7%，新能源产业和生物医药健康产业分别增长 10.6% 和 10.2%，均保持两位数的快速增长。大中小型企业全面增长。大型企业增加值增长 3.9%，中型企业增长 7.8%，小型企业增长 12.4%。

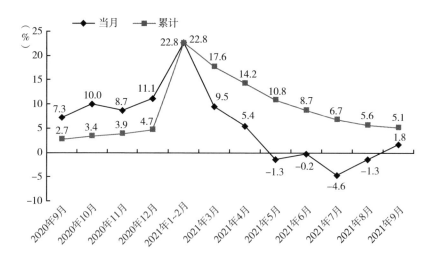

图 2　2020 年 9 月至 2021 年 9 月河北省规模以上工业增加值增长率

三是服务业增长加快。疫情防控形势总体稳定，餐饮、住宿、文旅等接触型服务行业持续复苏，促进了服务业回升。前三季度，服务业增加值同比增长 10.5%，两年平均增长 5.7%，增速比上半年加快 0.4 个百分点。1～8 月，规模以上服务业企业实现营业收入 2988.3 亿元，同比增长 11.5%，两

年平均增长 12.1%。其中，教育、文化体育和娱乐业分别增长 40.4% 和
27.0%，分别快于全部规模以上服务业企业 28.9 和 15.5 个百分点。

（三）"双循环"发展喜见成效

一是投资实现较快回升。2021 年前三季度，全省固定资产投资同比和
两年平均增速均实现由负转正，同比增长 0.4%（见图 3）。其中，第三产
业完成投资同比增长 5.0%，增速比 1~8 月提升 1.5 个百分点，拉动投资
增长 3.2 个百分点，是全省投资增长的主要动力。房地产开发投资增长较
快。全省房地产开发投资增长 11.7%，拉动全省投资增长 2.7 个百分点。
工业投资和工业技改投资降幅继续收窄。工业投资和工业技改投资降幅分别
比 1~8 月收窄 4.4 和 5.5 个百分点。二是消费市场复苏稳定。2021 年前三
季度，全省社会消费品零售总额实现 9475.3 亿元，同比增长 9.7%（见图
4）。其中，石油类商品零售额增长实现由负转正。限额以上单位石油及制
品类商品零售额同比增长 0.8%，增速比 1~8 月提高 1.7 个百分点，扭转
了下降趋势。升级类商品消费较为活跃，如限额以上单位金银珠宝类、家用
电器和音像器材类、通信器材类分别增长 54.0%、62.3% 和 28.0%，合计
拉动限额以上消费品零售额增长 6.1 个百分点。三是外贸出口实现快速增长。

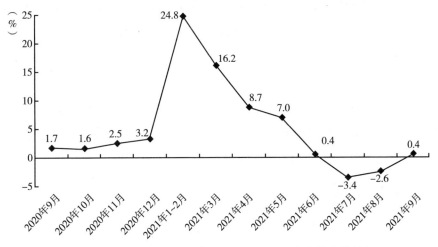

图 3　2020 年 9 月至 2021 年 9 月河北省固定资产投资增长率

2021 年 1~9 月全省外贸出口完成 2182 亿元，同比增长 23.5%，高于全国 0.8 个百分点，其中机电（26.3%）、高新技术（5.9%）、医药材及药品（3.6%）等工业产品出口保持增长，合计占出口总额的 50.5%。

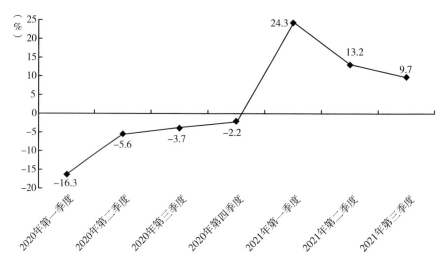

图 4　2020 年至 2021 年第三季度河北省社会消费品零售总额增长率

（四）"三新"经济快速成长

一是新动能增长较快。2021 年前三季度，规模以上工业战略性新兴产业增加值同比增长 11.4%。二是新业态持续活跃。传统商贸企业转型升级加快，网络零售保持快速增长。网上零售额 2240.3 亿元，同比增长 28.0%，快于全国 9.5 个百分点。其中，实物商品网上零售额 2015.2 亿元，同比增长 24.4%，快于全国 9.2 个百分点，占社会消费品零售总额比重为 21.3%。三是新产品快速增长。新能源汽车产量增长 1.1 倍，工业机器人增长 52.6%，太阳能电池增长 70.8%，电子元件增长 32.5%。

（五）"三件大事"有效推进

一是京津冀协同发展向深度广度拓展，承接京津产业转移步伐加快。2021 年前三季度，承接京津转入单位 4236 个。其中，法人单位 2687 个、产业活动单位 1549 个。北京大兴国际机场临空经济区建设加快，廊坊临空经济区完成投资同比增长 21.8%。张家口首都水源涵养功能区和生态环境支撑区"两区"规划建设加快推进。二是雄安新区建设快速推进。域内完成投资同比增长 37.5%，继续保持全省领先水平。三是为举办一届简约、安全、精彩的奥运盛会，河北省精心布局冬奥会赛区疫情防控和赛事安全管理工作，有力推动了冰雪产业健康发展。

二 河北经济增长实现"稳中求进"
面临的外部环境分析

2021 年全球经济总体开局不顺，但新冠疫苗的普及与各国强有力财政政策的生效，在很大程度上加快了世界经济复苏的脚步。这场人类与疫情的博弈，改变了世界格局的发展进程，而中国发展的硬实力与日渐增强的综合国力正在受到世界瞩目。当前，考虑到我国正处于工业化中后期高质量发展阶段，面对国内外复杂多变的大环境，河北省无论是在区域经济的宏观层面、中观层面，还是在微观层面，都需要认清形势、理性分析与科学预见。

（一）世界经济形势演变特征分析

目前，世界经济正在恢复性增长，但新冠肺炎疫情对全球政治经济与社会安全造成的冲击远未结束，直接或间接造成的负面影响仍在发酵，需要世界各国在宏观政策上严防死守并保持高度警惕。

1. 世界经济温和复苏呈现的分化状态已成为全球整体性增长的最大拖累

随着全球疫情形势好转，世界经济正在缓慢复苏且呈分化状态。国际经济、政治、科技、文化、安全等格局都在发生深刻变化，旧的格局行将打破，新的秩序尚未建立。中、美等少数主要经济体虽然继续引领全球经济，但新兴市场与部分发展中国家仍受困于疫情，导致世界经济复苏节奏不一，企稳拐点不同的特征十分显著。2021 年中国 GDP 在第一季度以同比 18.3%

的增速领跑全球；第二季度直逼 8%（7.9%），约占世界经济总量的 40%；第三季度同比增长 9.8%，高于国际货币基金组织（IMF）6% 的全球经济增长预期。同期的美国，第一季度实际 GDP 按年率计算增长 0.3%，第二季度以 12.6% 的增速创历史高点，但第三季度经济同比增速仅为 4.7%。与之相比，中国以 9.8% 的实际增速明显高于美国 5 个多百分点。在总量上，前三季度中国 GDP 已经突破 12.7 万亿美元，仍比美国少 4.1 万亿美元，但与上年同期相比差距有所缩小。与中美形成鲜明对照的是，根据欧盟统计局发布的数据，2021 年第二季度欧元区增速不仅实现由负转正，且以 13.7% 的同比增速实现高增长，但第三季度增速仅为 2%。第三季度增速直线回落，一则与第二季度低基数冲高效应有关；二则欧盟各国相继受德尔塔变异病毒影响，不仅连带欧元区服务业快速萎缩，也让消费者与投资者的信心大幅摇摆，从而导致失业率也开始出现上升趋势。同期的亚洲主要经济体，只有韩国表现良好，经济同比增长达到 4%，稳居亚洲四小龙首位。日本经济上行虽不及韩国，实际增速只有 2.4%，但以目前经济总量仍高于德国 5000 多亿美元的现状来看，世界第三经济大国的位次仍在顽强坚守。反观菲律宾、泰国、印度尼西亚及马来西亚等东盟主要经济体，第一季度 GDP 均为负增长，尤其是马来西亚在遭受新一轮疫情侵袭后，经济复苏面临的阻力较大。从整体上看，东盟第三季度经济略有好转，但复苏迹象仍不明显。以上数据表明，在全球"抗疫"过程中，世界各国经济复苏进程不同步，呈现分化状态，明显反衬出中国经济健康的基本面及其旺盛的增长势头，这表明中国有可能取代美国成为全球第一大消费市场。第三季度以来，全球经济复苏步伐整体放缓，尤其是考虑到全球疫情反复的影响，近期国际货币基金组织将 2021 年全球经济增速由上一次预期的 6% 下调至 5.9%。

2. 数字经济正在成为世界各国应对新冠肺炎疫情冲击、加速经济社会转型的动力引擎与"主赛场"

自新冠肺炎疫情发生以来，数字经济在支持阻击新冠肺炎疫情、带动经济回暖、拉动经济增长、缓解下行压力、恢复生产生活方面发挥了重要作用，已日益受到世界各国的高度关注。数字经济作为新的生产要素与经济形态正在逐步渗透经济社会的各个领域，它改变了传统的生产方式、生活习惯、管理理念与商业模式，特别是给产业结构升级带来深刻影响，越来越吸引不同经济体的跟风与追捧。目前，世界主要经济体均重视发展数字经济，构建完整的以数字驱动为支撑的经济体系，旨在抢占未来产业发展制高点与国际竞争主动权，如美国先后发布各类规划，提出"把发展数字经济作为实现繁荣和保持竞争力的关键"，英国、德国和日本也以各自的方式对推动数字化转型做出了全面部署。而中国也在着力体现以数字经济带动经济社会全面发展的战略意图，不断强化顶层设计，多次把发展数字经济写入政府工作报告，以期通过数字化技术来变革生产方式、生活方式与管理方式，从而进一步激活数字经济的需求潜力，加快推进数字产业化系统性变革与经济社会全方位转型，为构建发展新格局再添活力。经权威机构测算，2019年，全球数字经济平均名义增速为5.4%，高于同期全球GDP名义增速3.1个百分点。可见，数字经济成为世界各国对冲新冠肺炎疫情影响、加快经济社会转型的不二选择，更是全球新一轮产业竞争的制胜法宝与主渠道。

3. 金融危机与能源危机正在扰动多国经济的正常运转，全球经济动荡与传导风险进一步加剧

从2021年前三季度全球各国主要经济数据与宏观发展环境看，全球经济面临的最大不确定性因素是两大危机，即金融危机和能源危机。2021年上半年，为应对疫情进一步蔓延，美、欧、日等发达国家和地区持续实施较为宽松的货币政策与财政刺激政策，从而导致市场对美联储货币政策转向的预期不断升温，无形中加大了金融市场的波动性、脆弱性与风险性。2020年11月末，美联储、欧洲央行和日本央行资产负债表比2019年末分别扩张73%、47%和23%，扩张规模及速度前所未有，已超过2008年国际金融危机历史水平。各国释放的巨量流动性进一步提升了全球资产价格，加剧了金融动荡的可能性与别国连带风险。如果全球主要经济体继续实施低利率、零利率甚至负利率的宽松政策，在某种程度上很可能加剧人民币汇率波动与跨境资本流动风险。另外，为避免债务过度膨胀，主要经济体还在采取应急性财政紧缩政策以备不时之需。然而，无论是政策上的退出还是收紧，均会对实体经济造成较大冲击，特别是对发展中国家债权敞口较大的中国，受其影响更为深远。而与此次金融危机相伴而生的"副产品"能源危机也在推波助澜。2021年以来，随着全球绿色发展理念的不断深入，围绕新能源产业的竞争也在不断加剧，天然气、煤炭、石油、稀有金属等能源因面临短缺价格也在持续暴涨，全球范围内能源危机愈演愈烈。应该说，2021年全球经济走向是否平稳，有赖于两大危机是否能成功化解，我国各地需要密切关注全球的不利因素与动态走向，必须超前谋划、直面挑战、积极应对。

（二）国内宏观经济形势特征分析

当前，针对疫情多次反扑的不利形势，中国采取坚决果断的措施与积极有效的宏观政策，在全面统筹疫情防控和经济社会发展两手抓、两手都要硬、两手必须行的基础上，宏观经济复苏强劲、稳健并领先全球，最终成为世界经济发展的核心动力。

1. 中国宏观经济韧性不断增强，其运行态势正在由强势复苏转向稳健复苏

2021年，国家统计局公布的季度数据显示，我国经济持续改善，新的比较优势凸显，宏观经济运行逐步呈现稳中有升、升中见缓"高开低走"的阶段性特征。第一季度GDP同比增长18.3%，上半年同比增长12.7%；第二季度同比增长7.9%，环比增长1.3%，两年平均增长5.5%。与上半年相比，由于国内部分地区受疫情、汛情、增长基数与"限电限产"以及国际大宗商品价格高位运行等多重打击，前三季度GDP同比增长9.8%。表面上看，经济同比增速虽然比上半年有所回落，但环比延续了扩张势头，两年平均增速仍保持较快增长，较强的韧性与内生动力犹在，社会大局和谐稳定，持续复苏与长期向好的基本面并没有改变。然而，必须承认的是，2021年前三季度，从整体上看我国部分经济指标明显有回落趋向，考虑到经济增速基数效应以及国际疫情有可能好转造成外贸回暖的条件变化，预计国内经济全年有可能呈逐季下降趋势。从国际环境看，世界经济形势依然严峻复杂，病毒变异、疫情反扑导致的外部衍生风险仍暗流涌动，我国经济平稳运行与转型面临的挑战很可能增大，经济企稳根基需要不断强化仍是未来中国面临的攻坚任务。

2. "双循环"仍是"十四五"全面提振经济的战略基点与"主旋律"

全球百年未有之大变局正在深度演进，中国顺势而为，坚定立足于"双循环"新发展格局，已成为令世界瞩目的供给与需求中心。从内循环看，消费作为中国扩内需的动力引擎正在逐步摆脱疫情拖累，收获意外之喜。2021 年前三季度，我国最终消费支出对经济增长贡献率达到 64.8%，拉动 GDP 增长 6.3 个百分点，其拉动增长明显高于投资。另外，在积极构建内循环战略模式的同时，我国也在重塑对外贸易供给链、价值链新优势，并以全球重要贸易大国身份融入世界循环经济体系，进一步夯实了中国外向型经济在全球视野下的相对优势。从外循环看，尽管新冠肺炎疫情持续在全球多地蔓延，导致空运、海运费用处于高位，但全球贸易复苏态势与其他经济领域相比表现尚佳，而中国成绩最为惊艳。2021 年 10 月世界贸易组织发布的《贸易统计及展望报告》数据显示，2021 年全球贸易增长预期水平由之前预测的 8% 已上调至 10.8%。而据海关统计，2021 年前三季度，中国出口一直保持强劲增长，9 月出口同比增长 28.1%。以上数据进一步印证了消费与外贸作为未来"十四五"拉动内需经济的"燃爆点"，正在重拾信心成为引领中国宏观经济走向快速复苏的两大战略支撑。庞大的消费市场和对外贸易成绩，表明中国现已成为世界经济复苏的主要贡献者与有力推动者。

3. 碳达峰、碳中和目标已成为中国实现高质量发展、倒逼经济社会绿色转型的重大突破口

实现"双碳"目标（2030 年前碳达峰、2060 年前碳中和）既是党中央深思熟虑的重大战略部署，也是我国为应对全球气候变化，寻求更具可持续性、包容性的经济增长方式，做出的具有全球意义的庄严承诺。近年来，全球正在面临气候变暖的严峻挑战，而气候变暖将会对整个地

球，特别是对人类生存环境产生弊大于利的深远影响。国际社会坚守《巴黎协定》，目前已有190多个缔约方达成共识，通过二氧化碳零排放，共同对抗全球变暖引发的热浪、洪水、风暴、干旱等各种自然灾害。为早日实现碳中和，从产业发展导向看，人类最根本的改变就是要加快从当前以化石能源为主的能源体系向未来以非化石能源为导向的新一轮能源革命的战略性转变。何谓化石能源？简单地说，就是由古代动、植物遗体演变形成的能源资源，主要是指煤、石油、天然气等，其特点是不可再生。非化石能源则是指风能、水能、太阳能、核能、地热能等具有替代性质的可再生能源。当前，全球非化石能源与化石能源比例为15：85，如果世界各国信守碳中和约定，到2050年前后，二者比例关系有可能逆向转换为85：15。此目标要求世界各国在产业发展路径选择上，必须以减少重化工业投入为落脚点，这是降低碳排放的核心与关键。这一趋势要求未来中国的绿色经济在产业侧、生活侧以及终端使用侧做出深刻变革，努力摆脱传统化石工业束缚，大举向可替代的太阳能、氢能、核能、水能、风能等新能源领域进军，尽早实现由能耗"双控"向碳排放总量和强度"双控"的转变，推动经济社会全方位转型。某种意义上，实现"双控"目标既是我国顺应全球低碳发展大趋势，倒逼经济快速走上高质量发展道路的战略之举，更为国内各地新产业、新模式的加速成长，提供了历史性机遇。

三　河北经济复苏需要高度关注的重大问题与矛盾焦点

从国内外宏观发展环境看，世界经济虽在缓慢复苏，但受全球政治、经济复杂因素的深度影响，国际经济社会存在的不确定性与各种风险将无法避免，这对处于加速转型期的河北来说，面临的压力与挑战是前所未有的。因此，在"双循环"格局下，全省如何在"十四五"的新发展起点，依靠创新驱动加快经济复苏，实现区域经济快速追赶，就显得尤为重要。本报告现将影响全省经济社会可持续发展的障碍与不利因素，进行必要的理性分析与概括总结。

（一）河北经济总量在全国排位后移，与周边地区相比面临的挑战更为严峻

2021 年前三季度，以地区生产总值衡量，坐拥 88009.9 亿元的广东省、84895.7 亿元的江苏省、60439.2 亿元的山东省、52853.0 亿元的浙江省、44016.2 亿元的河南省，以总量优势稳居国内前 5 位。"总量"位次变动较大的河北省，近几年不仅先后被四川省、湖北省、湖南省、福建省、安徽省及上海市赶超，甚至 2020 年首次被"邻里"北京市反超。目前河北排名跌至第 13 位，居全国中游水平。北京经济总量超过河北的迹象表明，始终凭借现代服务业与金融业优势占据高点的北京，并不局限于城市经济"单一轨道"，而是一边努力疏解非首都功能，一边坚定转移低端制造业，有意强化经济功能。特别是近两年，北京凭借国内遥遥领先的独角兽创新企业数量和规模的显著优势，全力向高精尖产业攀升，并在战略性新兴制造业领域成功开辟第二战场，直击作为河北经济支柱的传统制造业，并对河北工业经济构成了一边倒的碾压之势。从 2021 年前三季度第二产业增速看，北京同比增长 29.4%，两年平均增长 13.8%，而河北同比增长仅为 4.0%，这一趋势让河北区域经济意图崛起的凤愿又多了一道"高槛"。在国内一直"存在感"较低的江西省因产业转型得力，经济总量也以 7459 亿元的差距直逼河北。这对于正在艰难转型的河北来说，不仅受到河南、山东、北京等周边发达省市竞争关系的强势挤压，而且面临正在崛起的中部、西南以及华中地区的严峻挑战。

（二）完成"保六"目标虽无悬念，但仍徘徊在"经济谷底"，已处于明显的"爬陡坡"阶段

2021 年前三季度，河北经济增速为 7.7%，居全国第 25 位，仍处于低位徘徊状态。仔细分析不难发现，河北经济多年难以脱困的主因，则是工业

化还没有完成"原始积累",巅峰时刻还未来临,就过早地碰到了国内"去工业化"的大环境。统计资料显示,2008年河北省三次产业结构为12.6∶54.2∶33.2,2020年为10.1∶38.3∶51.6。可以看出,河北省工业化率最高值在2008年,但并未达到60%。按照美国著名经济学家钱纳里工业化阶段划分标准,一国或地区工业化率超过60%,即可成为工业化强国(或地区)。以此理论来考察,河北省属明显的半工业化地区。工业化不成熟的显著标志就是"未老先衰",既没有足够的"体力"照应城镇化,也没有过多的"精力"反哺服务业,更没有充分的"能量"涵养与保障民生。从发展大背景看,全省工业化率上升受阻源于国内外宏观环境的综合性作用。

(三)投资增速下滑,难以承担助推经济增长的重要角色与持续动力

2021年前三季度,河北省固定资产投资同比增长0.4%,已恢复到上半年同期水平,两年平均增长1.0%。而同期的江苏、广东、浙江和安徽,分别增长6.7%、9.8%、13.1%与10.4%。与国内省份相比,河北省固定资产投资同比增长明显落后。主要问题反映在:一是建设项目规模持续缩小,全省在建项目同比增加1212个,但项目规模同比缩小10.1%,缩小幅度比1~8月扩大了4.6个百分点。二是基础设施投资同比下降6.1%,这一趋势延续至今,下拉固定资产投资增速1.5个百分点。三是民间投资下降2.6%,占全部固定资产投资比重为66.5%,下拉全部投资增速2.0个百分点。四是工业投资同比下降5.7%,下拉固定资产投资增速2.3个百分点。其中,占工业投资80%以上的制造业投资下降4.6%,下拉工业投资增速3.8个百分点,成为工业投资增长的最大制约因素。从理论上看,投资回报率高,意味企业经营管理到位、市场竞争过硬、盈利能力超强。在资本逐利本性的驱动下,回报率高的领域,资金投入会获得进一步追加,从而让此种良性状态进入下一轮循环周期,加速经济增长,这是实体经济一贯追逐的价值目标与终极归宿。然而,从现实看,河北省整体投资水平虽有恢复迹象,但以黑色金属冶炼和压延加工业等为主体的固定资

产投资持续下滑，说明这些曾经托举全省工业经济的"脊梁"骨干行业，随着国内经济新常态的逐步深入，难以成为再次提振全省工业经济的主体力量。而国内高质量发展的宏观环境，给河北多年来依靠以传统"钢煤电"等资源消耗为主导的经济增长模式带来"致命打击"。另外，河北区域创新能力薄弱的短板进一步让传统制造业"泥足深陷"，难以找到产业投资依托点，从而限制了传统产业向战略性新兴产业的转型升级与平顺交接。

（四）居民消费受限，不能转化为稳定而有效的经济增长

近两年，河北省"保增长"动力格局开始发生较大变化，在拉动经济的三驾马车"投资、消费、出口"中，投资、消费持续趋弱，"双失速"特征明显。2021 年前三季度，全省社会消费品零售总额实现 9475.3 亿元，同比增长 9.7%，两年平均增长 2.8%。表面上看，下降趋势正在扭转，但这个增长速度明显与疫情前 8% 的水平无法相提并论。从目前的消费结构看，河北的日常生活"刚需"仍在持续加力，但对经济具有明显拉动效应的汽车、机电产品、建筑及装潢材料类以及家具类却出现全面负增长，这是全省多年来一直无解的难题与"痛点"。其深层根由主要是全省产业结构偏重于重化工业领域，与居民日常消费缺乏明显的供求对应关系；而食品、轻工、家电、电子信息、汽车等就业带动能力强的终端消费品行业，却因河北长期以来人均地区生产总值水平不高、城镇居民收入增长不快、人均工资收入增长较慢等，与高端消费需求出现严重背离。从理论角度看，消费动力的内在机理包含两大指标：一是规模以上工业增长率，二是社会消费品零售总额。这两个指标，前者代表投资，后者代表消费。如果规模以上工业增长率获得快速提升，则代表企业生产活动获得了新增价值，这个价值就意味着规模企业发展将会给居民创造较大的盈利空间。居民手中有钱，势必可以从整体上带动全社会消费快速增长。它反映了投资与消费二者"相互温暖、彼此成就"的正向带动关系。然而，2021 年前三季度，河北省规模以上工业增加值同比增长 5.1%，而同期广东省规模以上工业增加值同比增长 12.1%、

安徽省同比增长 13.3%、山东省同比增长 11.6%。由此可见，河北与广东、安徽、山东相比大幅落后的趋势非常明显，说明河北省需求端拉动效应一直处于低位缓慢修复的状态。这种情况足以说明，社会整体消费水平对河北省经济增长贡献率过低，无法转化为有效的经济增长与现实生产力。

四　新形势下河北经济增长实现"稳中求进"的新思路、新举措

2022 年，既是河北全面建成小康社会，乘势而上，加快建设现代化经济强省、美丽河北的重要一年；也是河北铆足干劲，奋力开创新时代、新奇迹的关键一年；更是全省在经历疫情之后重返经济发展轨道最为艰难的一年。然而，在疫情仍在全球蔓延，地缘政治冲突频仍，国际经贸摩擦不断，世界市场的脆弱性、震荡性与极大不稳定性仍在加剧。面对大变局、大变革时代的深刻影响，河北发展的国内外环境与自身条件不可避免地会发生重大改变。目前，鉴于全省经济发展存在产业结构不合理、科技创新能力不强、区域协调发展不平衡、改革开放力度不大、生态环境治理任务重等短板与不足，未来河北省宏观政策着力点一定要坚持以习近平新时代中国特色社会主义思想为指导，认真学习贯彻中央经济工作会议精神，以"稳字当头、稳中求进"为主基调，全面贯彻落实党的十九大和十九届历次全会精神，紧紧围绕中共河北省第十次代表大会报告确定的战略部署，以及 2021 年河北省经济工作会议上强调的"稳字当头、稳中求进"的指示精神，聚精会神贯彻执行党的基本路线，始终以经济建设为中心，紧紧扭住发展第一要务。在加快推进建设现代化经济强省、美丽河北战略目标进程中，突出做到"五个更加注重"，在切实做好"六稳""六保"工作基础上，以供给侧结构性改革为主线，以快速推进数字经济为手段，以大幅度减碳、脱碳为突破口，以持续赋能的内生动力不断拓展现代产业发展空间，把创新、协调、绿色、开放、共享的发展理念，贯穿经济社会发展全

过程、各领域，有力推动河北经济社会绿色发展与全方位转型。近期，建议河北抓紧做好如下工作。

（一）不断强化传统制造产业发展根基，奋力打造自主可控的"链主型"企业，力争变"制造大省"为"制造强省"

长期以来，与全国相比，河北省绝大多数制造产业中低端环节均有一定的比较优势与较强的生产能力，部分高端智能产品的科技水平也处于国内领先地位。但整体而言，高端环节与基础能力薄弱的短板问题仍显突出，这是造成河北制造业"大而不强"的深层因素。要推动河北变"制造大省"为"制造强省"，让"河北制造"尽快走向"中国制造"，其重要前提就是快速提升产业链、供应链现代化水平，努力变传统产业优势为市场竞争优势。具体做法：一是河北应依托自身产业规模优势、配套优势和部分领域先发优势，围绕重点制造业领域与优势制造环节，加快培育一大批具有国内外竞争力的先进制造业与战略性新兴全产业链集群，争取在核心基础零部件、工业基础软件、核心电子元器件、关键基础材料以及基础工艺产业链环节上取得重大突破。二是加快推进传统产业向先进制造业集群发展，全力构建以市场需求为导向的产业"链主型"企业。与国内先进省份相比，河北要实现"弯道超车"式快速追赶，提升产业核心竞争力，就必须以"十四五"确立的信息智能、高端装备制造、生物医药健康等十二大主导产业为主攻方向，在财政政策上支持传统优势产业做优、做强、做专、做精。特别是在5G、人工智能、工业互联网等领域建设一批世界级先进制造产业集群，努力培养一批产业链控制能力极强的行业细分领域单项冠军、"小巨人"与"配套专家"等"链主型"企业。三是着力做优供应链战略设计，不断强化供应链安全管理体系。抓紧完善从研发设计、生产制造到售后服务全链条供应系统建设，加快形成有创新力、高附加值以及安全可靠的产业链供给体系。四是积极探索"互联网＋""数字＋"等融合创新战略及发展模式，不断强化产业链、供应链融合度及其配套服务，大幅度提升供应链基础设施综合性效率水平，从而

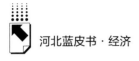
快速拉近与国内外先进地区产业链分工与协作关系，带动全省制造业发展水平整体性提升。

（二）加快实现数字化，以数字技术驱动，努力拓展现代工业经济增长空间

目前，数字经济已成为世界各国竞争的主赛道与重要驱动力，更是我国当今发展的战略重点与主攻方向。近年来，河北省在大数据与物联网、信息技术制造、人工智能与智能装备等领域虽获得了长足发展，也具备了一定的基础条件与发展空间，但数字经济与工业领域融合渗透的深度明显不足。要改变全省制造业数字化水平整体偏低的现状，必须加快提升数字资源在工业运行过程中的合理配置与使用效率，加大基础研究与关键数字技术创新投入力度。政策建议：一是紧紧围绕河北省支持大数据、物联网、信息制造、创新应用等领域重点项目建设，加大数字领域研发投入力度，以财政部、国家税务总局、科技部联合发布的《关于提高研究开发费用税前加计扣除比例的通知》文件精神为切入点，推动以国内高校、科研院所为核心的产学研携手合作、联合攻关，有效激活数字经济渗透性强、覆盖面广的创新功能，使其成为改造、提升全省传统产业的重要支点与构建现代化产业体系的重要依靠。二是积极开展核心技术、非对称技术、颠覆性技术等战略性前沿技术攻关，补齐基础研究短板，努力在量子计算、区块链、超导芯片等领域的关键核心技术上实现重大突破。三是增加数字技术国际合作投入，不断探索与国际上具有影响力的跨国公司和科研机构共同组建数字经济国际技术转移中心、国际联合实验室以及国际科技合作基地。构建海外研发中心，以此吸引全球高端生产要素与人力资本的跨区域流动。四是借力京津冀区域经济协同发展有利形势，主动与京津"联姻"，抓紧谋划三省市数字经济顶层设计。以统筹布局大数据、人工智能、云计算、区块链、网络安全等新兴数字经济为抓手，抓紧筹备建设三省市数字经济新兴产业集聚区，构建京津冀区域特色数字经济发展试点，着力打造京津冀区域数字经济发展新高地。

（三）在稳增长宏观政策上持续加力，助力中小微市场主体快速实现区域经济逆势增长

拥有独特优势与占据河北"半壁江山"的中小微企业，既是保市场主体的责任担当，又是保就业的根本力量，更是构建新发展格局，摆脱制造业"大而不强"困境的基石与重要保障。要破解困局，实现河北制造重新崛起，其重要前提就是在政策上助力中小微企业在特殊环境考验下，快速实现"凤凰涅槃、浴火重生"。政策要点：一是河北在出台一系列财税金融政策基础上，不仅要紧跟形势，还要让国家税务总局联合财政部于2021年10月29日出台的《关于制造业中小微企业延缓缴纳2021年第四季度部分税费有关事项的公告》政策在近期内快速落地、落实，让全省中小微企业在最短的时间内感受到国家财政税收政策的关怀与温暖，从而激发企业活力。二是精准施策，努力实现关键领域的重点突破。其核心不仅是为小微企业转型升级提供政策体系、服务体系以及发展环境等方面的系统性支持，还要聚焦那些具有创新能力、发展潜力以及对国民经济贡献率高的现代产业门类，如河北省"十四五"规划确立的信息智能、生物医药、新能源、新材料产业等重点领域，实施精准的政策关照与重点扶持。三是抓紧推进全国统一信用信息平台建设，加强社保、电力等关键数据共享，支持银行强化数据运用，有效推动"以押放贷"向"以信放贷"方向转变，增加信用贷款投放，有效减少小微企业贷款长期缺失担保的顾虑，帮助中小微市场主体轻装上阵，为国民经济率先恢复增长做出贡献。

（四）继续强化就业优先政策，以稳住民生为发力点，努力缩小城乡居民收入差距

当前，我国已进入高质量发展阶段，扩大消费的根本就是实现更加充分的就业。2021年前三季度，全省实现就业80多万人，虽然比上年同期增加12.8万人，但以当前河北省人均地区生产总值全国倒数第5位、城镇居民人均可支配收入第22位的现状来分析，全省就业形势并不乐观。这种趋势

长期下去，将会给河北落实国家"保增长、扩内需"政策带来较大难度。有鉴于此，河北省委、省政府未来政策重点要放在"保民生"方面，助力全省经济平稳增长。政策措施：一是巩固全省促进就业工作战绩，进一步落实好失业人员保险稳岗返还、以工代训政策，对不裁员或少裁员企业要继续给予必要的财税、金融等政策支持，以期在保市场主体的同时，坚决稳住就业"基本盘"。二是以中共中央办公厅、国务院办公厅印发的《建设高标准市场体系行动方案》为着眼点。根据方案，河北省要敢于创新、大胆尝试，不断深化户籍制度改革，可试行以经常居住地登记户口制度为突破口，加快建立就业创业、城镇教育、医疗卫生等基本公共服务与常住人口挂钩机制，切实做到畅通农民工城镇落户渠道，推动农民工市民化进程。三是增加农民工、农民财产性收入。党的十八届三中全会提出，要"赋予农民更多财产权利"，十九届五中全会再次提出增加农民的财产性收入。这些指示精神要求各地各级政府一定要进一步解放思想，以提高农民工和农民收入为核心，进一步打破土地要素城乡行政分割局面。根据这一指示精神，建议河北要抓紧制定相关政策，将附着于宅基地与农村集体经营性建设用地上的潜在财富，有效转化为农民工及农民可以平等交易的财产权益，努力缩小城乡收入分配差距。

（五）抓住碳中和背景下减碳、脱碳历史新机遇，打造区域新范式，加速实现经济社会全方位转型

国家提出的碳达峰、碳中和目标，关乎中华民族永续发展与构建人类命运共同体的美好愿景，也是为了更好更快适应国内外绿色经济转型大趋势。对于目前仍处于工业化、城市化中后期，能源需求仍处于增长期的河北来说，减少碳排放势必造成企业内部各主体短期经济运营成本上升，这就让河北面临碳中和内生动力不足的压力与挑战。然而，重压之下，也孕育新机。据多家权威研究机构测算，未来30年内，我国实现碳中和所需投资规模有可能在百万亿元以上。这一趋势，给河北在碳中和背景下加快能源脱碳，带动经济社会绿色转型带来新的发展机遇。政策着力点：一是在组织管理上，

抓紧落实河北省委、省政府近期出台的《关于完整准确全面贯彻新发展理念认真做好碳达峰碳中和工作的实施意见》（以下简称《实施意见》），针对全省"高投入、高污染、高排放"的钢铁、石化、化工、建材等重点企业，各地各部门要明确具体时间表和路线图，督导地方各部门加快部署具体行动方案，以避免攀高峰之后深度脱碳有可能出现的高昂资金成本。二是在重点领域的选择上，要针对《实施意见》中确定的"健全绿色低碳循环发展的生产体系""健全绿色低碳循环发展的流通体系""健全绿色低碳循环发展的消费体系"等六项重点任务，从碳排放、碳中和路径出发，全面梳理河北省"双控"背景下六大产业体系相关产业链，抓紧设计适配性较强的一揽子政策激励约束机制，重塑投资政策体系，通过技术尽快减少存量碳。三是在转型路径的选择上，要充分发挥政府及市场作用，加强顶层设计，积极主动向国家申请结合试点示范工作模式，围绕河北省发改委印发的《河北省碳普惠制试点工作实施方案》，督导各地加快制定低碳节能绿色发展专项行动方案，在全省范围内启动开展公共机构绿色低碳试点工作，发挥以点带面的政策示范效应。四是借鉴欧洲绿色新政路线图，瞄准工业、交通、能源、建筑、农业、生态、环境等七大领域，从供需两端助力，通过使用可再生能源、可回收材料以及植树造林、碳捕集等路径，将自身碳排放吸收，实现正负抵消，达到零排放来提高自身能源效率。

参考文献

《2021 年第三季度，中国和美国 GDP 相差多少？2028 年能超越美国？》，"数字财经智库"百家号，2021 年 11 月 3 日，https：//baijiahao. baidu. com/s？id = 1715372906978461823&wfr = spider&for = pc。

《风口来了！专家总结"碳中和"三大投资机遇》，"新浪财经"百家号，2021 年 4 月 13 日，https：//baijiahao. baidu. com/s？id = 1696906088336538777&wfr = spider&for = pc。

《刘鹤派发"十大定心丸"，指明"八大机遇"》，"水皮 MORE"网易号，2021 年 11

月 26 日，https：//www. 163. com/dy/article/GPOIV08J051994HF. html。

《碳中和目标下的投资机会——5 大产业链与 18 个赛道》，澎湃新闻，2021 年 7 月 13 日，https：//m. thepaper. cn/baijiahao_ 13572197。

《2022 年国务院政府工作报告》。

《2022 年河北省政府工作报告》。

《河北省国民经济和社会发展第十四个五年规划和二〇三五年远景目标纲要》。

《广东省国民经济和社会发展第十四个五年规划和 2035 年远景目标纲要》。

《江苏省国民经济和社会发展第十四个五年规划和二〇三五年远景目标纲要》。

宏观视野篇
Macro Vision

B.2

河北省消费市场运行特征分析
与前景展望

彭晓静*

摘　要： 消费是经济稳定运行的"压舱石"。消费市场运行决定着全省
经济社会发展的质量和效益。2021年，消费市场恢复态势明
显。1~11月，消费市场规模不断扩大，商品销售持续恢复，
城乡消费均有增长，消费结构不断优化，消费载体日益增多，
新型消费模式加快发展，电商消费模式不断创新，网络零售增
长明显。消费政策不断完善，促进消费效果明显，但消费市场
运行还面临持续向好压力增大、消费领域复苏不同步、消费市
场发展不平衡、新型消费业态和模式培育慢等问题。展望
2022年，河北应从增加居民收入、创新消费模式、优化消费
环境、完善城乡消费网络、增加公共消费等方面推动全省消费

* 彭晓静，中共河北省委党校国际战略研究所副所长，副教授，主要研究方向为产业经济、区
域经济。

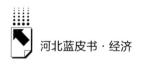
市场持续恢复向好。

关键词： 消费结构 消费模式 消费环境 河北省

一 2021年河北省消费市场运行情况

2021年，在统筹经济社会发展和常态化疫情防控背景下，河北省消费品市场的韧性不断增强，消费规模不断扩大，消费潜力进一步激发，消费载体不断增多，传统消费业态加速转型，线上消费日益活跃，新型消费模式发展迅速。

（一）消费市场规模不断扩大，商品销售逐渐恢复

2021年前三季度，全省社会消费品零售总额为9475.3亿元，同比增长9.7%。其中，第一季度社会消费品零售总额为3012.2亿元，第二季度社会消费品零售总额为3200.8亿元，第三季度社会消费品零售总额为3262.3亿元。从第一季度到第三季度，社会消费品零售总额的绝对值都处于上升状态。从限额以上单位消费品零售额来看，2021年1~11月，全省7349家限额以上单位实现消费品零售额3684.1亿元，同比增长10.4%，同比加快13个百分点，比2019年同期增长7.5%，两年平均增长3.7%。

从各月份来看，2021年1~3月限额以上单位消费品零售额同比增速偏高，其中，1月限额以上单位消费品零售额绝对值为576.4亿元，同比增长33.5%。2月绝对值为281.4亿元，同比增长167.2%。3月绝对值为368.2亿元，同比增长35.7%。2021年1月、2月、3月限额以上单位消费品零售额之所以上升幅度偏大，原因在于2020年第一季度受到了新冠肺炎疫情的影响。2020年1月、2月、3月的限额以上单位消费品零售额出现了大幅度的下降，2月同比下降57.6%，3月同比下降17.4%，到4月才由负转正，同比增长1.5%。而2021年4月限额以上单位消费

品零售额为 318.1 亿元，同比增长 12.7%，两年平均增速为 7.1%。5 月绝对值为 354.6 亿元，同比增长 2.3%。6 月绝对值为 397.5 亿元，同比增长 8.6%。7 月绝对值为 306.3 亿元，同比增长 8.5%。8 月绝对值为 308.7 亿元，同比下降 2.3%。9 月绝对值为 354.2 亿元，同比增长 1.8%。10 月绝对值为 339.2 亿元，同比下降 1.4%。11 月绝对值为 376.0 亿元，同比增长 3.8%，比 10 月增速加快 5.2 个百分点，比 2019 年同期增长 3.5%，两年平均增速为 1.7%。因此，相较于上年同期，2021 年 1～11 月全省限额以上消费品市场基本处于上升态势，只有 10 月出现了小幅下降，全省零售市场仍处于持续恢复的态势。

（二）城乡消费均有增长，城镇仍然是消费的主力军

城乡消费市场持续回暖，城乡居民的消费意愿稳步增强。从全社会消费品零售总额看，2021 年前三季度，城镇消费品零售总额为 8061.6 亿元，同比增长 10.2%，高于全国（4.2%）6 个百分点，快于全省社会消费品零售总额增速 0.5 个百分点，占全省社会消费品零售总额的 85.1%，仍然是全省零售市场的主要贡献者。乡村消费品零售总额为 1413.7 亿元，同比增长 6.6%，低于全省社会消费品零售总额增速 3.1 个百分点，低于城镇消费品零售总额增速 3.6 个百分点，占全省消费品零售总额的 14.9%。

从限额以上单位消费品零售额来看，城镇仍然是消费的主力，但乡村消费潜力持续释放，增速快于城镇。2021 年 1～11 月，限额以上单位消费品城镇市场实现零售额 3482.2 亿元，同比增长 9.8%。乡村市场实现零售额 201.7 亿元，同比增长 21.8%，增速同比加快 10.3 个百分点，快于城镇市场 12 个百分点。由于受新冠肺炎疫情影响，2020 年第一季度城乡限额以上单位消费品零售额出现了大幅度下降，2021 年第一季度城乡限额以上单位消费品零售额出现了同比大幅度上升。从各月份来看，2 月城乡限额以上单位消费品零售额同比增速在 100% 以上。3 月以后，城乡限额以上单位消费品零售市场逐步回归正常，增速大幅度回落。11 月，城镇市场实现零售额

354.1亿元，同比增长2.3%。乡村市场实现零售额21.9亿元，同比增长34.9%，快于城镇市场32.6个百分点（见图1）。因此，不管是从整体上看还是从各月来看，就限额以上单位消费品零售总额而言，乡村消费虽然绝对值低于城镇，但是增速高于城镇居民消费，这说明相较于城镇居民消费，乡村消费还有很大的提升空间。

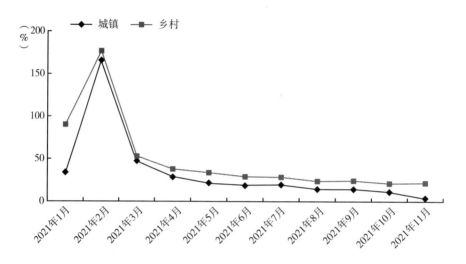

图1　2021年1~11月河北省城乡限额以上单位消费品零售额增速情况

资料来源：根据河北省统计局网站数据整理。

（三）消费不断升级，结构不断优化

在消费政策的刺激下，居民消费需求持续释放，消费不断升级。2021年1~11月，在21个限额以上批发和零售业行业中，零售额同比上升的有14个，分别是粮油、食品类同比增长4.7%，饮料类同比增长23.8%，烟酒类同比增长17.3%，服装、鞋帽、针纺织品类同比增长4.9%，化妆品类同比增长11.8%，金银珠宝类同比增长46.1%，日用品类同比增长3.2%，书报杂志类同比增长11.6%，家用电器和音像器材类同比增长54.8%，中西药品类同比增长1.5%，文化办公用品类同比增长34.4%，通信器材类同比增长26.6%，石油及制品类同比增长4.6%，汽车类同比增长3.8%，以

上 14 种商品零售额占限额以上单位消费品零售额的 98.4%。尤其是汽车类消费在限额以上单位消费品零售额中的占比是最高的，达 35.3%。近年来，随着新能源汽车政策的落地，新能源汽车产量不断增加。2021 年 1~10 月，新能源汽车产量为 56555 辆，同比增长 84.4%。新能源汽车供给端的增加刺激了新能源汽车消费。1~11 月，新能源汽车零售额为 52.3 亿元，同比增长 1.3 倍。除了 14 类商品出现上涨以外，其他 7 类商品都出现了下降，但这 7 类商品所占比重较小，不足 2%，因此对整个限额以上单位消费品零售额影响不大。

（四）消费载体日益增多，对消费支撑作用明显增强

2020 年以来，由于疫情防控常态化，消费市场实现了线上线下双向延伸。行业电商、农村电商、跨境电商、直播电商、内容电商、社交电商等消费和娱乐相结合的新业态新模式不断涌现，网络购物成为重要的消费方式，线上消费日益活跃。2016~2020 年，全省电子商务加快发展，与传统特色产业加速融合：建成钢铁、建材、家具等电子商务平台 22 个，率先在全国实现县乡村三级物流配送体系全覆盖，覆盖率为 100%；累计 66 个县获批"电子商务进农村综合示范县"，建成"淘宝村"500 个、"淘宝镇"220 个。网络零售额由 2016 年的 972.4 亿元增加到 2020 年的 2735.8 亿元，年均增长 21.9%，在全国网络零售额中排名第十，占比达 1.8%。

2021 年，顺应新消费发展的趋势，全省网络零售取得显著增长。截至 2021 年 12 月，全省在各主要电商平台开设网店 160 万家，重点监测交易活跃网店 71.6 万家。前三季度，全省网上零售额实现 2240.3 亿元，同比增长 28.0%，高于全国增速 9.5 个百分点。其中，实物商品网络零售额实现 2015.2 亿元，占社会消费品零售总额的 21.3%。同时，全省积极利用公共网络推动商品零售。2021 年 1~11 月，全省限额以上单位通过公共网络实现的商品零售额为 514.7 亿元，同比增长 56.2%。其中，11 月全省限额以上单位通过公共网络实现的商品零售额为 66.9 亿元，同比增长 26.0%，占

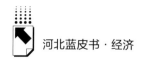

限额以上商品零售额比重由 2020 年 11 月的 14.4% 提高到 2021 年 11 月的 17.8%，拉动限额以上单位消费品零售额增长 3.8 个百分点。此外，全省直播电商产业迅速发展，2021 年开启了直播电商产业带资源对接活动，直播带货电商基地达到 50 余个，其中线上交易额达亿元以上的有 12 个，全省活跃主播已达 50 余万人。

（五）传统消费业态深度"触网"，"宅消费""节日消费"增长明显

疫情对全省餐饮、旅游等服务业影响较大，2020 年全省餐饮消费收入同比下降 6.6%。但 2021 年河北省围绕加快餐饮、旅游业发展，着力打造"食、购、游、美、娱、练、展"等多个消费板块，依托"节日经济""宅经济"，打造新场景、开创新模式，促进了新型消费模式的发展。2021 年 1 ～9 月，助力服务型网络零售额实现 776.3 亿元，同比增长 25.3%，在全国占比 2.2%，全国排名第 11 位。

从各行业看，2021 年前三季度，社会消费品零售总额中餐饮消费收入扭转了 2020 年下降的趋势，实现零售额 649.5 亿元，同比增长 17.1%。其中，在线餐饮增长强劲，成为服务型网络零售额的主要贡献者。全省通过开展"美食迎中秋""深夜食堂""美食文化节"等活动，带动在线餐饮实现零售额 492.7 亿元，在服务型网络零售额中占比 63.5%。在线旅游增长明显。全省开展"京畿福地、乐享河北"主题文化旅游特惠活动，推出门票减免等旅游惠民措施及各具特色的旅游节庆活动，在线旅游在服务型网络零售额中占比 15.8%，同比增长 3.5%。休闲娱乐发展势头良好。2021 年 1 ～9 月，全省休闲娱乐消费在服务型网络零售额中占比 3.4%，同比增长 0.6%。

（六）区域零售市场协调发展，各地零售额均保持增长

2021 年全省虽然新冠肺炎疫情点状散发，但统筹经济社会发展和疫情精准防控工作较好，2021 年 1 ～11 月，11 个地市限额以上单位消费品零售额均保持同比增长。其中，张家口市同比增长 63.7%，雄安新区同比增长

50.3%，保定市同比增长 16.9%，定州市同比增长 11.5%，均高于全省 10.4%的同比增速。邯郸市同比增长 9.0%，唐山市同比增长 7.7%，承德市同比增长 7.9%，沧州市同比增长 7.6%，衡水市同比增长 6.4%，廊坊市同比增长 4.8%，秦皇岛市同比增长 4.1%，邢台市同比增长 4.1%，辛集市同比增长 3.7%，石家庄市同比增长 1.1%，这些地市均低于全省平均增速（见表1）。辛集市和石家庄市同比增速较低的原因是受局部疫情散发的影响，公务、商务、旅游等活动大幅缩减，对消费品市场造成较大影响。石家庄市 11 月限额以上单位消费品零售额同比下降 13.4%，下拉全省 2.8 个百分点。辛集市 11 月限额以上单位零售额下降 40.2%。

石家庄市虽然零售额同比增速不高，但零售额是全省最多的。2021 年 1～11 月，石家庄市限额以上单位消费品零售额实现 747.2 亿元，占全省的 20.3%，是全省唯一零售额在 700 亿元以上的城市。全省限额以上单位消费品零售额为 400 亿～500 亿元的有 2 个地市，分别是保定市 452.7 亿元、廊坊市 444.3 亿元。300 亿～400 亿元的有 4 个地市，分别是张家口市 360.2 亿元、唐山市 340.2 亿元、沧州市 317.8 亿元、邯郸市 308.3 亿元。200 亿～300 亿元的有 1 个地市，为邢台市 223.2 亿元。100 亿～200 亿元的有 3 个地市，分别是衡水市 157.9 亿元、秦皇岛市 151.1 亿元、承德市 106.2 亿元（见表1）。

表1 2021 年 1～11 月河北各市（区）限额以上单位消费品零售额及增速

单位：亿元，%

类别	地区	绝对值	同比增长
—	全省	3684.1	10.4
700 亿元及以上	石家庄市	747.2	1.1
400 亿～500 亿元	保定市	452.7	16.9
	廊坊市	444.3	4.8
300 亿～400 亿元	张家口市	360.2	63.7
	唐山市	340.2	7.7
	沧州市	317.8	7.6
	邯郸市	308.3	9.0

类别	地区	绝对值	同比增长
200 亿~300 亿元	邢台市	223.2	4.1
100 亿~200 亿元	衡水市	157.9	6.4
	秦皇岛市	151.1	4.1
	承德市	106.2	7.9
10 亿~50 亿元	定州市	50.6	11.5
	雄安新区	13.4	50.3
	辛集市	10.8	3.7

注：石家庄市数据不含辛集市，保定市数据不含定州市、雄安新区。

资料来源：河北省统计局《统计专报》（第 123 期）。

（七）消费政策不断创新，促进消费效果明显

为了刺激消费，河北省采取了发放消费券等具体措施来增强居民消费意愿，提升消费能力。比如，2021 年五一假期，河北省发放 100 万元的体育消费券鼓励居民体育消费，京东集团在河北省发放价值 1.5 亿元的专属消费券。2021 年 12 月，石家庄市政府发放 500 万元消费券，线下发放 20 万元的文旅消费券。衡水通过云闪付 App 发放 300 万元的政府消费券。又如，为了有效促进脱贫地区农业发展，确保巩固脱贫攻坚成果与乡村振兴衔接取得实效，河北省增加了公共消费支出，加大消费脱贫力度。全省各级预算单位在"832 平台"填报预留采购总额 1.4 亿元，已完成采购额 2.0 亿元，预留份额完成 142.8%，帮助销售金额 13.8 亿元。河北省积极扶持更多的供应商入驻国家扶贫"832 平台"，为河北省脱贫县农副产品销售创造良好的竞争环境。在加大政府采购力度的同时，积极鼓励引导国有企事业单位等组织优先采购脱贫地区农副产品。有的单位搭建高校与脱贫地区农产品供需对接平台，完善定点帮扶县农副产品销售到高校的对接机制，在消费帮扶中贡献高校力量。截至 9 月底，已累计完成采购份额 2098.5 万元，完成全年采购任务的 81.7%。有的单位直接采购帮扶脱贫地区价值 1377.6 万元的牛羊肉、蔬菜、杂粮等农产品，帮助销售脱贫地区价值 675.6 万元的农畜、粮油

等产品，并完善直销对接点 28 个。有的单位通过开展线上线下各种形式的产销对接活动，帮助销售脱贫地区各类农副产品近 300 亿元。有的单位通过召开"万企帮万村"行动动员会，动员民营企业持续开展消费帮扶，助力农民增收，截至 6 月底，全省工商联系统直接采购 6805.4 万元，帮助销售 10162.1 万元。

二 河北省消费市场运行存在的问题和影响因素

河北省消费市场在规模、增速、载体、新业态新模式等方面虽然有较好的表现，但在复苏过程中，与全国平均水平和其他地区相比，还有一定的差距，依然存在增速下行压力较大，不同领域和行业复苏分化明显等问题。

（一）消费市场增速下行压力较大，持续向好难度不小

2021 年前三季度，虽然河北省社会消费品零售总额同比增长 9.7%，但是增速低于全国（16.4%）6.7 个百分点。从消费业态上看，虽然餐饮收入和商品零售都有所增长，但与全国平均水平相比，增速还是不够快。其中，餐饮收入同比增长 17.1%，低于全国（29.8%）12.7 个百分点。商品零售同比增长 9.2%，低于全国（15.0%）5.8 个百分点。从经营单位所在地看，河北省城镇消费品零售额的增速是快于全国平均水平的，但乡村消费品零售额增速却低于全国平均水平。河北省乡村消费品零售额同比增速为 6.6%，低于全国（15.6%）9 个百分点。同时，从限额以上单位商品零售额来看，2021 年 1~11 月，河北省同比增速为 10.4%，低于全国（14.2%）3.8 个百分点。而且从各月份来看，虽然每个月都处于同比增长状态，但是整体趋势是下降的。2021 年 2 月以后，限额以上单位消费品零售额增速出现了大幅度下降，尤其是到了 9 月、10 月，由于受到疫情点状散发的影响，同比增速均不到 2%。10 月，由于石家庄深泽、辛集等地出现疫情，消费市场受到较大影响，限额以上单位消费品零售额增速到了最低点，同比增速只有 1.4%。11 月，随着散发疫情逐步得到控

制，河北省消费市场增速出现了上扬，同比增速为 3.8%（见图 1）。城乡限额以上单位消费品零售额变动情况也是如此。因此，从前 11 个月来看，河北省消费品零售市场的同比增速趋势整体是下降的。但进入 12 月，受元旦、春节等节日经济的拉动，消费市场可能会延续 11 月上行的态势，同比增速有望继续上涨。

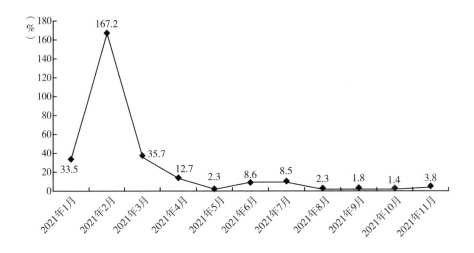

图 2　2021 年 1 ~ 11 月河北省限额以上单位消费品零售额增速

资料来源：根据河北省统计局网站数据整理而成。

（二）消费领域复苏不同步，汽车类消费增长压力较大

2021 年 1 ~ 11 月，在 21 个限额以上批发和零售业行业中，虽然零售额同比上升的有 14 个，但是从逐月增速来看，个别消费品零售额增速下滑比较明显。以汽车类消费为例，汽车类消费在限额以上单位消费品零售额中占 30% 以上，占比是最高的。2021 年 1 ~ 11 月，汽车类消费同比增长 3.8%。但整体来看，增速是逐月下降的。只有前 6 个月每月同比增速为正，从 7 月开始，每月的增速为负值，尤其是 8 ~ 10 月零售额同比下降幅度都在 10% 以上。进入 11 月，汽车类消费零售额延续 7 月以来的下降趋势，同比下降 7.4%（见图 3），同比回落 20 个百分点，低于限额以上单位消费品零售额

增速 11.2 个百分点，拉低限额以上单位消费品零售额 2.7 个百分点。汽车类消费零售额出现下降是芯片短缺、汽车价格上涨、居民购买意愿降低等多种因素综合影响的结果。

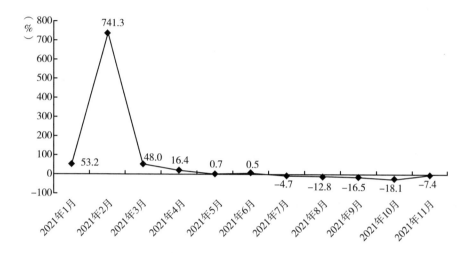

图 3　2021 年 1~11 月河北省限额以上单位汽车类消费零售额增速

资料来源：由河北省统计局网站数据整理。

（三）消费市场发展不均衡，部分短板亟待补齐

消费市场发展不均衡主要体现在部门之间、城乡之间、行业之间。

一是部门之间不均衡。最终消费是拉动经济增长的"三驾马车"之一，对经济的贡献率是非常高的。最终消费分为居民消费和政府消费两部分。根据相关统计数据，在最终消费中，居民消费所占比重约 70%，而且呈逐年上升的趋势。而政府消费所占比重只有 20% 左右，低于全国的平均水平（约 30%），而且呈逐年下降的趋势。因此，居民消费和政府消费在最终消费中的贡献度差距较大。

二是城乡之间不平衡。一方面是城乡居民消费支出差距较大。国家统计局数据显示，2021 年第一季度到第三季度，城乡居民人均消费支出差距不断扩大，差额由第一季度的 2045 元上升到第三季度的 6481 元。其中一个重要原因是城镇居民人均可支配收入增速比农村居民收入增速快。统计数据显示，城乡居民人均可支配收入差额由 2021 年第一季度的 5235 元增加到第三季度的 15558 元。因此，收入增长缓慢抑制了乡村居民的消费意愿和能力。另一方面是社会消费品零售额差距较大。2021 年前三季度，城镇消费品零售额是乡村消费品零售额的 5.7 倍。而限额以上单位消费品零售额差距更大，2021 年 1~11 月，城镇限额以上单位消费品零售额是乡村的 17.3 倍。因此，相较于城镇居民，乡村消费市场增速较快，说明势头很好；绝对额低于城镇消费市场，说明潜力很大。

三是传统消费业态经营压力依然较大。虽然在全省社会消费品零售总额中餐饮收入出现同比增长，但是 10 月中旬以来，20 多个省份出现疫情，各地疫情防控措施陆续升级，人员外出消费、就餐、商务和旅游等活动减少，对住宿和餐饮业造成不小的冲击。11 月，限额以上住宿和餐饮业单位实现营业额 10.9 亿元，同比下降 20.4%。其中，住宿业同比下降 34.6%，餐饮业同比下降 5.0%。在全省 1069 家限额以上住宿和餐饮业企业中，709 家营业额下降，占比 66.3%，321 家企业下降幅度超过 50%，占比 30.0%。同时相对于线上消费的持续向好，传统零售业经营压力增大。11 月，限额以上单位消费品零售业态中有店铺零售额同比增长 0.1%，其中，百货店、专业店和专卖店同比分别增长 -2.7%、1.4% 和 -5.1%，远低于全省限额以上单位消费品零售额增速。

（四）新型消费模式发展速度需要加快，网络零售亟待挖潜

近几年，河北省新型消费业态和模式层出不穷，各项指标在全国表现不俗，势头较好，但是与先进地区相比，河北省网络零售发展潜力巨大。如 2021 年前三季度，全省网上零售额实现 2240.3 亿元，同比增长 28.0%，高于全国增速 9.5 个百分点，增速快于全省社会消费品零售总额增速（9.7%）18.3 个百分点。但是与浙江、江苏、广东等省份相比，差距明显。2021 年前三季度，浙江省网络零售额达 15797.4 亿元，是河北省的 7 倍多。其中，杭州市 6326.5 亿元，是河北省的近 3 倍；金华市 2497.0 亿元，比河北省多

256.7亿元。也就是说，浙江省有两个城市的网络零售额比河北省11个地市加起来都要多得多。江苏省实现网上零售额7605.1亿元，是河北省的3.4倍；实物商品网上零售额6646.5亿元，是河北省的3倍。广东省实现网上零售额17352.8亿元，是河北省的7.7倍。

三　2022年河北省消费市场走势及前景展望

展望2022年，河北省消费市场发展的有利因素和不利因素并存。从有利因素看，按照国家"十四五"规划纲要的部署，未来五年，将深入实施扩大内需战略，发挥消费对经济发展的基础性作用，并从提升传统消费、培育新型消费、发展服务消费、适当增加公共消费、扩大节假日消费、完善城乡融合消费网络等方面促进居民消费。2021年12月，中央经济工作会议指出，2022年要实施好扩大内需战略，增强发展内生动力。相关部委也制定出台一些促进消费的政策措施，如工信部提出，2022年实施"增品种、提品质、创品牌"战略，扩大新能源汽车、绿色智能家电、绿色建材消费。有很多研究机构对2022年消费走势持乐观态度，如信达证券预测，2022年整体消费将延续修复态势，向疫情前水平靠拢，商品消费和服务消费增速将有所回暖。随着收入水平持续提升，居民消费将延续较好复苏态势。从不利因素看，国际环境复杂多变，全球疫情仍在蔓延，近期国内疫情多点散发，消费市场复苏仍面临很多不确定因素，消费市场复苏的快慢与疫情的发展程度密切相关。对于河北省而言，居民消费既会受到外部环境的影响，也会受到内部因素的影响，比如城乡居民人均可支配收入偏低、工资水平不高、消费场所较少等因素在一定程度上抑制了居民消费的积极性。2022年，常态化疫情防控更加精准有效，促进消费政策不断完善并得到贯彻执行，虽然消费市场仍存在下行压力，但持续稳定恢复的希望较大。因此，未来一年，在全力做好常态化疫情防控工作的同时，还要紧紧抓住扩大内需这个战略基点，继续实施稳市场、促消费的政策，促进消费品市场高质量发展。

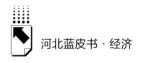

（一）千方百计增加居民收入，增强居民消费能力

按照经济学原理，收入是影响居民消费的最重要因素，而就业与收入高度相关。从河北省历年的数据中可以看出，制造业是吸纳河北省就业最多的行业，但2021年河北省制造业固定资产投资表现并不理想。根据省统计局相关数据，从4月开始，制造业固定资产投资出现下滑。1～4月同比下降4.7%，1～5月同比下降5.2%，1～6月同比下降8.9%，1～7月同比下降10.6%，1～8月同比下降9.0%，1～9月同比下降4.6%，1～10月同比下降2.0%，1～11月无上升也无下降。制造业固定资产投资的下降会造成就业机会的减少，就业机会的减少会导致居民收入的减少，尤其是农村居民，因为工资性收入在农村居民收入中占比最高。工资性收入的减少会导致居民消费能力的下降。因此，河北省应从供给端发力，全面落实助企纾困和激发市场活力的政策，摸清制造业企业的现实困难和需要，积极推进税费、租金减免或延缓缴纳等各项政策落实，增强企业投资的积极性，增加居民就业机会，提高居民收入水平和消费能力。

（二）创新电商发展模式，更新消费方式和理念

近两年，直播电商新经济发展迅速，未来可能成为地方经济发展的新增长点。河北省应抓住这一轮直播电商发展的机遇，优化产业发展环境，抢占直播风口。以直播电商为支点，构建新型产业链，撬动实体经济的发展，破解疫情影响下的传统零售企业发展困境。借鉴杭州市直播电商经济发展的做法，打造"直播＋商圈""直播＋批发市场""直播＋夜经济"等模式，引导商贸服务行业数字化转型。改变引进传统零售企业的做法，在全国范围内着力引进头部直播电商企业或直播电商重大项目，集中有限财力主攻几个大项目。对入驻的知名直播电商企业，按其贡献给予一次性奖励，贡献突出的直播企业或人才团队可享受购房、医保、子女入学等优惠政策。加快直播电商园区建设，打造直播电商河北

品牌，着力培育一批标杆企业。拓展直播电商产业链，鼓励直播电商企业或团队与制造业企业合作。同时还要加强对直播企业的监管，促进企业的标准化和规范化发展。

（三）加强消费环境建设，营造安全放心的消费氛围

消费环境是消费者在生存和发展过程中面临的、对消费者有一定影响的、外在的、客观的制约因素，包括物质环境、科技文化环境、政策环境等。为了让居民有一个良好的消费环境，河北省应借鉴北京的做法，深入推进"放管服"改革，在药店、超市、餐饮店等行业场景，积极探索"一业一证"改革。加强信用环境建设，强化信用约束和社会监督，督促经营者诚信守法。强化标准引领发展，完善商业零售、餐饮、电子商务等标准规范。建设消费类问题"接诉即办"工作机制。建立消费环境的测评体系，每年选取部分行业开展服务质量监测和评价。

（四）完善城乡融合消费网络，挖掘城乡消费潜力

城乡融合消费网络是城乡一体化建设的重要组成部分，对完善城乡一体化消费市场，缩小城乡居民消费差距，激活农村消费市场活力和潜力具有重要意义。因此，河北省应从以下几点着力完善城乡融合消费网络。一是提升供给能力，培育一批区域消费中心。在区域中心的布局上，应结合区域发展布局统筹谋划，突出地方特色，形成具有地域特征的差异化区域消费中心，避免重复建设。着力提升城市消费供给的规模和质量，发挥城市对农村的回补作用。在乡村，应适应农村收入水平和消费水平的动态变化，加强农村供应链体系建设。二是加强农村流通基础设施建设，降低供给成本。在农村基础设施建设中，应着力补齐农村流通设施的短板，改造农村传统商业网点，升级农村商业体系。统筹谋划县乡网点建设，县城布局连锁商超和物流配送中心，乡镇布局一批商贸中心。三是着力打造"一刻钟便民生活圈"，提升便民服务的"温度"。河北省在改造城镇老旧小区过程中，可以考虑同步优化商业网点布局，鼓励商业网点实现"多业态

融合""一点多用""一店多能"。鼓励大企业利用自身的品牌、标准、管理和服务，带动传统商业网点向规范化、品牌化发展。强化诚信经营和守法意识，整合街道、社区、商户等各方力量，通过共建共管完善管理制度和行业规范。

（五）适当增加公共消费，提高公共服务支出效率

适当增加公共消费，可以减轻消费者的经济负担，提升居民消费意愿和能力，提高购买力。据有关机构和学者测算，公共消费每增长 1 个百分点，预计能够直接和间接拉动经济增长超过 0.2 个百分点。在地方实践中充分印证了这一结论，比如，北京自 2020 年 6 月 6 日利用财政补贴资金发放消费券，实现销售额 135.2 亿元，拉动消费约 15 倍。哈尔滨市自 2020 年 9 月 11 日至 2020 年 12 月 22 日使用政府补贴资金 3.8 亿元，6 次发放政府消费券，实现销售额达 67.4 亿元，拉动消费超 17 倍。杭州市利用 3000 万元补贴资金发放消费券，拉动 4.5 亿元的消费。河北省各地市在消费券发放上力度也很大，促进消费效果明显。下一步河北省在公共消费支出上应把握"适当""增加""精准"三个关键词，根据各地财力，把握支出的进度和强度，适当增加公共消费，精准施策，避免大水漫灌。一方面，应对消费券促进消费的效果进行科学评估，适时调整消费券的发放数量；另一方面，应精准对接消费领域的瓶颈和短板，发挥公共消费在提供优质公共产品和服务中的基础性作用，继续加大对教育、医疗、养老、托幼等领域的支出力度，减少居民的后顾之忧，增加预期消费。

参考文献

杨劼、王璐：《"直播＋电商"模式下消费者重购意愿的影响因素》，《中国流通经济》2021 年第 11 期。

汪小龙、唐建荣：《农村电商物流布局与农村居民消费——基于农村淘宝的跟踪》，《商业经济研究》2021 年第 23 期。

王文博、郭倩：《多部门全链条发力 绿色消费迎新风口》，《经济参考报》2021年第2期。

《解读：1-11月份全省消费品市场延续恢复态势》，河北统计局网站，2021年12月23日，http：//tjj. hebei. gov. cn/hetj/xxgk/zcjd/101637893862337. html。

《网络消费火爆，发展活力增强！前三季度，河北网上零售额同比增长28%》，河北新闻网，2021年11月1日，http：//hebei. hebnews. cn/2021-11/01/content_ 80657765. htm。

B.3
"双循环"格局下河北省对外贸易
特征分析与前景展望

宋东升*

摘　要： 对外贸易是"双循环"新发展格局的重要内容。"双循环"下我
国对外贸易发展格局将形成以制度创新为支撑的外贸全面创新发
展"新基调"、内外循环相互促进的外贸融合发展"新主线"和
以国内大循环为主体的进出口协同发展"新结构"。"双循环"
下河北省对外贸易发展的新特征与新前景包括五个方面：一是聚
焦自贸区、综合保税区和外贸新业态主平台制度创新；二是通过
强化基地的创新发展、品牌国际化、融合发展、平台支撑和企业
升级等加快提升贸易产业的融合度；三是在政府主导和政府引导
两个层面推动建立内外贸一体化体系；四是通过构建平台型进口
格局、促进进口与产业联动，打造进口贸易促进体系；五是构建
在出口层面以外贸竞争新优势为支撑，在进口层面以产业促进、
产业链稳定为重点的"优进优出"新格局。

关键词： 对外贸易　"双循环"　河北省

　　"双循环"新发展格局是我国实现更高水平对外开放的新背景，也是
进一步推动我国外贸高质量发展的总纲领。对外贸易是"双循环"新发
展格局的重要内容。在构建"双循环"新发展格局的大框架下，我国对

　＊　宋东升，河北省社会科学院经济研究所研究员，主要研究方向为开放型经济、产业经济。

外贸易发展格局也会对应重构，在发展路径上会相应呈现一些新的特征。全面把握"双循环"下外贸发展的新格局，准确认识"双循环"下外贸发展的新特征和新趋势，对于精准推动河北外贸高质量发展具有十分重要的意义。

一 "双循环"下我国对外贸易发展格局的重构

（一）新基调：以制度创新为支撑的外贸全面创新发展

"双循环"新发展格局包括"以国内大循环为主体"和"国内国际双循环相互促进"两个核心内容，其中有要以更高水平的国际大循环赋能为主体的国内大循环这一基本内涵，即"双循环"不是对国际大循环的排斥或弱化，而是进一步推动国际大循环或提升我国对外开放水平，以更好地利用全球资源与市场服务国内大循环，实现我国更高质量的开放发展。

对外贸易是"双循环"的核心载体和主渠道。"双循环"下更高水平的国际大循环在外贸领域表现为外贸高质量发展，外贸高质量发展是"双循环"新发展格局的内在要求和重要组成部分。新发展理念同样是外贸高质量发展须遵循的基本理念，尤其要将创新发展作为外贸高质量发展的核心内容，在"双循环"下通过外贸创新发展实现外贸高质量发展，培育新形势下我国外贸竞争的新优势，在更高层次上提升我国外贸的国际竞争力。

构建"双循环"新发展格局表层是发展问题，深层则是改革问题即"事关全局的系统性深层次变革"，作为"双循环"重要组成部分的外贸创新发展也必然要以制度创新为主线。此外，我国新一轮对外开放的重心是由商品要素流动型开放转向规则等制度型开放，通过建设更高水平开放型经济新体制推动高质量的开放发展。"双循环"和新一轮对外开放两大背景的叠加决定了要以更高水平的外贸发展新体制支撑推动外贸全面创新发展。

外贸全面创新发展是全域创新，既包括外贸生产、流通等诸环节，也涵

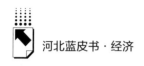

盖平台、经营主体、贸易方式、贸易结构等各领域，自贸区、综合保税区、外贸新业态等外贸主平台是制度创新的核心领域。

（二）新主线：内外循环相互促进的外贸融合发展

国内、国际双循环互链互融是国际经济运行的内在逻辑与客观存在，"双循环"下"国内国际双循环相互促进"则是对这一客观存在的进一步强化或有意识推动，旨在形成内外资源、产业、市场更为紧密、顺畅、协同的互链互融。"双循环"下推动"国内国际双循环相互促进"在外贸领域主要表现为强化贸易产业融合（产业与市场）和内外贸一体化（市场与市场）。强化贸易产业融合是强化产业与贸易的相互赋能，强化内外贸一体化则是强化内贸与外贸的相互赋能。

1. 强化贸易产业融合

长期以来，推动贸易产业融合是我国推动外贸转型升级的重心。"双循环"下强化贸易产业融合主要是进一步强化产业对外贸的赋能，即通过进一步强化国内产业与国际市场的对接融合推动外贸出口规模扩张与发展质量提升，从而进一步推动国际大循环的规模扩张与水平提升，同时更广泛更深入地参与国际市场竞争，更充分地发挥贸易对产业的提升与带动作用，通过国际大循环提升国内产业链的发展水平，从而在供给端赋能国内大循环。强化贸易产业融合的主要载体是外贸产业基地，即不同层级和行业类别的外贸转型升级基地。外贸转型升级基地建设一直是外贸发展的优先项和重头戏。"双循环"提出以来，外贸转型升级基地建设更有加快之势，包括强化基地产业的外向型发展、外贸转型升级基地认定数量的增加、基地行业类别的扩展、政策层面对基地支持力度的加大、对"国字号"外贸转型升级基地的争取等。

2. 强化内外贸一体化

长期以来，推动内外贸一体化是我国推动外贸转型升级的重点内容。构建外贸、内贸联为一体的贸易体系，在载体层面表现为企业同时运营国内外两个市场并实现国内外市场的统筹布局，在实践层面更多地表现为外贸产品进入内贸市场，即外贸企业出口转内销。"双循环"下强化内外贸一体化，不仅旨在扩展市场回旋空间，增强抵御国际市场波动的能力，提高外贸产业链、供应链的韧性，从而助力国际大循环的稳定，且更重要的在于通过外贸转内贸促进国内消费升级、倒逼国内产业升级，从而在供求两端赋能国内大循环。

"双循环"下强化内外贸一体化的关键是构建内外销产品"三同"（同线同标同质）体系，即外贸企业在同一生产线按照同一标准生产同一质量的内外销产品，以制度保障内外销产品在国内国际两个市场间的顺畅切换。"双循环"提出以来，内外贸一体化步伐明显加快。2020年11月商务部对4130家外贸企业进行的问卷调查结果显示，我国已有40%以上的外贸企业开展了出口转内销业务。在政策层面，加快推动内外贸一体化开始跃升为对外开放的重点任务，被列入"十四五"规划和2035年远景目标纲要"国内国际双循环相互促进"内容中。

（三）新结构：以国内大循环为主体的进出口协同发展

近年来，随着我国经济体量的扩张、超大规模市场的形成以及消费与产业的加速升级，我国对外贸易结构开始由以扩大出口为主逐渐向鼓励出口和增加进口并重转变，进口贸易在我国对外贸易结构中的重要性日趋凸显，我国对外贸易发展开始进入新阶段，呈现进出口协同的结构性特征。海关数据显示，2015~2020年，我国外贸出口额从14.14万亿元增加到17.93万亿元，进口额从10.45万亿元增加到14.23万亿元，五年来贸易顺差保持总体稳定的态势，改变了以往快速增长的趋势，外贸进出口平衡发展初见端倪。从政策层面来看，扩进口开始作为推动我国更高水平对外开放的重要路径进行专门部署，尤其是进博会的设立更加凸显我国扩进口、促开放的重大升级。作为全球首个以进口为主题的国家级展会，进博会已成为我国推动进出口协同发展和更高水平对外开放的标志性平台。"双循环"下"以国内大循环为主体"将推动形成强大国内市场，进而为扩进口持续提供更为广阔而稳定的市场空间。同时，"双循环"下的扩进口还有需求创造、产业与消费

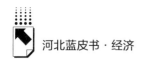
升级、外资导入等多重促进效应，从而通过新需求与新供给的相互牵动或创造在供求两端赋能国内大循环。从政策层面来看，"双循环"下扩进口更是作为新时代我国对外开放的重大决策部署上升为国家战略，"十四五"规划和2035年远景目标纲要明确提出要"推动进出口协同发展"。

二 "双循环"下河北省对外贸易发展的新特征与前景展望

在"双循环"重构我国对外贸易发展格局的大背景下，河北省对外贸易发展将呈现聚焦主平台制度创新、强化贸易产业融合、强化内外贸一体化、加快推进进口贸易促进工作、构建"优进优出"新格局五个方面的新特征，且以此为脉络，未来有望形成河北省对外贸易发展的新格局。

（一）聚焦主平台制度创新

制度创新是外贸全领域创新发展的重要支撑。外贸主平台制度创新主要包括自贸区、综合保税区制度创新和跨境电商、市场采购贸易方式、外贸综合服务企业、海外仓等外贸新业态制度创新两大核心领域。自贸区、综合保税区制度创新主要是与国际通行规则对标，外贸新业态制度创新主要是探索设立新规则。

1. 自贸区、综合保税区制度创新

自贸区是能级最高、综合性最强的开放平台，也是涵盖外资、外贸、对外投资等开放型经济全领域的制度型开放高地，外贸制度创新是自贸区制度创新的重要内容；综合保税区是外贸发展指向性最突出的开放平台，尤其在加工贸易、保税维修、高端再制造等外贸特色业务领域具有独特的功能性作用，外贸制度创新是综合保税区制度创新的核心内容。

"双循环"下河北省自贸区要以更高水平的贸易便利化为目标，更好地发挥先行先试的制度创新功能，全面对接国际高标准的外贸规则体系，探索对标世贸组织《贸易便利化协定》进行全方位、深层次的外贸制度创新，

打造具有国际竞争力、对区域外贸发展具有引领作用的外贸制度环境。

"双循环"下河北省综合保税区要一步推动以拓展外贸多元化功能和相关制度建设为主的创新发展。一方面，要加快建设检验检测、中转集拼、国际分拨配送、保税研发等功能性平台；另一方面，要通过制度创新克服河北省在沿海省份中综合保税区设立较晚的后发劣势，在复制先行综合保税区制度模式的基础上着力探索自身的制度创新亮点。

河北省自贸区、综合保税区外贸制度创新在个性之外也有一些共性发力点。首先，两者都要聚焦区内市场主体的诉求，遵循推进市场主体贸易便利化这一主线，优化外贸制度环境。其次，两者都要持续推进以优化国际贸易"单一窗口"为重点的外贸制度建设，构建全流程作业无纸化、便捷化和智能化的数字化贸易监管模式，同时通过提前准入、提前申报、随报随批、随到随验、流程再造等制度创新不断提升通关便捷化水平。最后，两者都要通过海关监管、出口退税、外汇收支等相关政策的衔接合力推动外贸制度创新。在我国加快实施世贸组织《贸易便利化协定》这一高标准贸易规则的大背景下，河北省自贸区、综合保税区的外贸制度创新将上升到一个较高的层级，自贸区、综合保税区的贸易便利化水平将全面提升，从而初步形成法治化、国际化、便利化的外贸制度环境。

2.跨境电商等外贸新业态制度创新

近年来，我国跨境电商、市场采购贸易方式、外贸综合服务企业、海外仓等外贸新业态迅猛发展，对稳外贸、促外贸发挥了重要作用，成为我国外贸创新发展的新动能，也是近年来急需相关监管制度创新的重点领域。

（1）跨境电商制度创新

跨境电商是发展速度最快、体量与潜力最大、带动效应最显著的外贸新业态。国家政策层面高度重视跨境电商发展，将其作为顺应全球贸易发展趋势、促进外贸高质量发展的重要路径。跨境电商综合试验区是我国跨境电商创新发展的主体力量。自疫情发生以来，跨境电商综合试验区新设数量大幅增加，跨境电商综合试验区已成为各地推动跨境电商发展的主抓手，也是跨境电商制度创新的主体区域，且跨境电商海关监管也开始从 B2C 拓展到

B2B 领域。

目前，河北省已先后获批设立唐山、石家庄、雄安新区跨境电商综合试验区，各综合试验区就政策支持、平台建设、通关服务等重点领域纷纷出台建设方案并付诸实施，推动跨境电商主要业务模式及相关监管政策正式落地。跨境电商制度创新既有针对其小批量、高频次、碎片化、退换货、知识产权等问题的共性创新或突破，也有针对区域外贸相关产业和商品类别的个性创新。进一步推进河北省跨境电商综合试验区制度创新宜重点关注三个方面：一是从区域性制度创新与国家宏观监管制度的衔接来看，要在国家层面监管制度的大框架下积极探索技术性、操作性创新，并以区域实践中发现的问题促进国家层面监管制度的优化；二是从制度创新领域来看，要聚焦作为跨境电商前沿领域的 B2B 出口，同时顺应"双循环"下扩进口大势，加快推进跨境电商零售进口相关制度建设；三是从相关产业集聚来看，要着力打造有利于吸引跨境电商头部企业入驻的制度环境，以加快推动在跨境电商综合试验区形成跨境电商产业集群。

（2）市场采购贸易制度创新

市场采购贸易是出口商品多品种、小批量、高频次、柔性拼组的非传统贸易方式，也是近年来发展速度迅猛、规模迅速扩张的外贸新业态。市场采购贸易方式试点一般在区域特色产业集聚区，主要服务对象是出口批量小、没有外贸出口资质或缺乏外贸出口经验的小微企业。与传统贸易方式相比，市场采购贸易方式有利于扩展外贸发展的商品与市场主体覆盖面，充分发掘量大面广的"底层"企业的出口潜力，创新推动区域特色产业参与国际大循环。

作为河北省唯一的国家级试点，白沟箱包市场采购贸易方式试点经过多年建设与创新发展，已初步建立了适应市场采购贸易方式发展的贸易便利化体系，制度创新已步入深度推进阶段。深度推进河北省市场采购贸易方式制度创新宜重点关注两个方面：一是确立制度建设高标准，对标市场采购贸易方式试点先进地区，持续优化制度环境，最大限度地降低通关成本，简化通关环节与手续，提升贸易便利化水平；二是拓展制度创新的覆盖范围，在吸引相关产业或周边产业向试点区域集聚的同时顺势探索这些新集聚产业的创新点，通过制度创新边界的拓展扩大市场采购贸易方式试点区域的产业集聚与贸易规模。

（3）外贸综合服务企业制度创新

外贸综合服务企业是为外贸中小企业报关报检、物流、退税、融资等进出口环节提供全流程专业服务的外贸新业态，旨在帮助中小外贸企业聚焦核心业务、降低运营成本、加速资金周转等。2013年，我国率先提出培育"外贸综合服务企业"这一外贸新业态，并随后在政策层面将其定性为平台型外贸新型服务主体，但外贸综合服务企业具体监管模式仍在不断探索中。

不同于国家政策层面创设的市场采购贸易方式，外贸综合服务企业完全是市场主体的自发创设，相关制度建设一直处在"先发展、后规范""边发展、边规范"的逐步探索过程。河北省外贸综合服务企业起步晚、数量少、规模小、缺乏市场知名度，尚处于前期发展阶段，服务河北省内企业的大多是先进省份的外贸综合服务企业，发展壮大是河北省外贸综合服务企业的第一要务。鉴于此，河北省外贸综合服务企业更要处理好发展与制度创新的关系，在发展中创新，在发展中规范。随着外贸综合服务企业的规模扩张、业务链条的纵向延伸、行业类别的横向拓展，辅之以有针对性的制度创新，探索既能充分发挥综合服务效能又便于有效监管的规范化管理制度，促进外贸综合服务企业的规范化发展。比如以规范化管理推动外贸综合服务企业海关经营者资质认证（AEO），厘清外贸综合服务企业与被代理企业间在出口退税、信息安全等关键点上的责任和权利等。

（4）海外仓制度创新

海外仓是国内企业在境外建设的外贸出口商品本土化仓储设施和新型外贸基础设施。海外仓弥补了长期以来国内企业直面海外终端市场的国际营销短板，重构了传统的国际贸易生态，提升了外贸企业参与国际竞争的层次与能力。2020年，海关总署增设跨境电商出口海外仓（9810）监管项目，海外仓正上升为近乎与跨境电商同等重要的外贸新业态，成为近年来国际营销体系创新的亮点。

河北省迄今已有40个省级公共海外仓，如 MG 集团莫斯科海外仓、沧州新丝路印度孟买海外仓、德福来商贸南卡罗来纳州默特尔比奇海外仓等。河北企业打造的海外仓已有一定的市场知名度和影响力，在推动"河北制造"海外营销方面发挥了独特作用。作为近年来完全由市场主体自发创设的一种外贸新业态，海外仓建设同样处在一个"先发展、后规范""边发展、边规范"的制度探索过程，包括海外仓高质量发展、规范发展的标准建设，公共海外仓的相关制度建设等。推进河北省海外仓制度创新宜从三个方面着手：一是着力优化完善省级公共海外仓的制度建设，在公共海外仓标准化建设、功能定位、服务能力、服务河北企业数量、营业收入、河北企业境外品牌展示宣传、资金支持等方面建立规范化的管理制度；二是海外仓制度建设要与跨境电商制度创新有机融合，以协同推动"跨境电商＋海外仓"集成业态的规范发展；三是建立海外仓与河北产业基地的对接促进机制，以推动海外仓与河北产业基地尤其是县域特色产业集群的互动发展。

与外贸先进省份相比，河北省外贸新业态的发展尚有一定的差距，既没有在全国范围内具有引领作用的新业态头部企业和集聚区，也缺乏在河北省范围内具有明显带动与集聚效应的新业态企业与区域。未来随着河北省外贸新业态的发展壮大，外贸新业态制度创新将会有更充分、更广阔的载体基础，将有望形成有利于河北省外贸新业态规范发展且与河北产业、区位特点相契合的制度体系。

（二）强化贸易产业融合

外贸转型升级基地是贸易产业融合的主要载体，也是各级政府和相关行业部门重点扶持的推动外贸转型升级和高质量发展的关键抓手，旨在从根基上提升我国外贸出口的国际竞争力。

河北是制造业大省，有24个以县域特色产业集群为主的国家外贸转型升级基地。"双循环"下强化河北省贸易产业融合将继续以推进外贸转型升级基地建设为主抓手，通过强化基地的创新发展、品牌国际化、融合发展、平台支撑和企业升级等加快提升贸易产业的融合度。

1. 强化创新发展

创新是产业发展的第一驱动力，也是外贸转型升级的核心动力。继续推进河北省外贸转型升级基地建设首先要强化创新要素投入，提升自主创新能力，加快推动以要素驱动为主的成本价格竞争优势向以创新驱动为主的综合竞争优势转变，发展创新型、高质量的区域外贸产业集群，在更高层次上融入全球产业链、价值链和供应链。其次，在推进路径上要做好先进制造业集群培育与外贸转型升级基地建设的有机衔接，形成多部门多元化的产业促进举措与商务部门专门化的贸易促进举措在强化基地发展上的协同效应，构建产业创新发展与基地创新发展、产业升级与贸易升级合二为一的外贸转型升级基地建设推进格局。

2. 加快品牌国际化

品牌国际化是外贸转型升级的重点领域与重要标志之一，也是在营销层面提升外贸转型升级基地发展能级的关键路径。河北省外贸转型升级基地有突出的区域产业特色，一些产业在国内外市场有较高知名度和市场影响力，如"安平丝网——中国丝网之乡""辛集皮革——中国皮都""清河羊绒——中国羊绒之都""白沟箱包——中国箱包之都"等"国字号"特色产业集聚区与外贸产业基地，但品牌国际化尤其是基地内企业品牌国际化一直是一个短板。河北省外贸转型升级基地品牌国际化建设包括区域品牌建设与企业品牌建设两个层面。在区域品牌建设层面，河北省要在区域特色产业"量聚集"形象基础上整体提升"质形象"；在企业品牌建设层面，河北省外贸转型升级基地要加快推动基地企业的自主品牌建设。

3. 促进融合发展

跨境电商、市场采购贸易、外贸综合服务企业、海外仓等新业态是外贸发展的新动能，也是外贸转型升级的重要驱动力。河北省外贸转型升级基地要成为与这些新业态融合发展的中心区域，推动基地在整体上与这些新业态对接融合。在与跨境电商的融合发展方面，要全面推动基地与跨境电商平台合作设立基地电商专区，同时顺应"独立站"有利于品牌打造的发展大势，大力推动基地企业跨境电商"独立站"发展。在与市场采购贸易方式试点融合发展方面，要依托河北省国家外贸转型升级基地申请设立新的市场采购贸易方式试点，以更多的市场采购贸易方式试点赋能外贸转型升级基地发展。在与外贸综合服务企业融合发展方面，一方面要推动基地企业与国内外贸综合服务头部企业合作，另一方面要着力推进以服务基地产业为核心的本地外贸综合服务企业的成长，打造本地化、行业化的外贸综合服务企业。在与海外仓的融合发展方面，要以海外仓为主要依托，深度推进基地国际营销网络建设。一方面要与国内海外仓头部企业合建基地海外仓，另一方面要引导支持基地外贸龙头企业在基地产品海外重点市场自建海外仓。

4. 提升平台支撑

外贸转型升级基地公共平台是转型升级的重要支撑，也是基地服务企业的重要抓手与重要体现。外贸转型升级基地公共平台广义上分为保税物流中心等外贸"功能性"基础设施和共性技术研发、检测、信息等"产业性"公共服务平台，提升河北省外贸转型升级基地平台支撑能力也要从这两个方面着手。一方面，要通过深化与国内院校、科研院所、行业协会、专业服务机构等的合作，共建"产业性"公共服务平台，同时通过开放合作，打造基地现有的研发、设计、检验检测、信息等"产业性"公共服务平台，即引入国际研发、设计、品牌推广、检测等平台型资源提升基地"产业性"公共服务平台的国际化能级。另一方面，要建设和拓展基地保税物流中心、保税仓库等外贸"功能性"基础设施，强化基地发展的外贸"功能性"平台支撑。

5. 加速企业升级

外贸转型升级基地企业是推动基地转型升级的基础单元，也是基地转型升级的根本体现。基地企业转型升级宜按照不同企业的能力差异分类，明确龙头企业、中小企业升级的差异化定位。首先，要重点推动基地外贸龙头企业的转型升级，通过创新发展、品牌国际化、自主布局全球营销网络等方式，提升参与国际竞争的层次与水平，形成在全球范围内所在行业的供应链中具有一定影响力的国际化企业。其次，要全面推动基地外贸中小企业在细分领域的转型升级，成为在行业细分领域具有国际竞争力的外贸"小巨人"企业。最后，要充分发挥基地外贸龙头企业的引领与带动作用，引导支持龙头企业在提升自身能力的同时强化基地服务能力，打造平台型外贸供应链服务企业，带动基地外贸中小企业深度融入供应链，构建基地外贸龙头企业与中小企业协同升级的外贸新生态。

随着"双循环"下外贸转型升级基地建设的深度推进，河北省外贸转型升级基地的创新发展、品牌国际化、融合发展、平台支撑、企业升级将会提升到一个新的层级，从而形成外贸与产业深度融合的新格局。品牌是企业技术、管理、营销等能力的综合体现，基地转型升级的跃升将集中体现在基地企业品牌的国际化发展以及由企业品牌共同彰显的基地区域品牌的高质形象上。

（三）强化内外贸一体化

内外贸一体化是联通国内外市场、畅通"双循环"的重要路径。2020年以来，在国际形势剧烈变动的大背景下，以出口转内销为主体的内外贸一体化发展步伐明显加快。2020年，河北省进出口商会针对省内100家生产型外贸企业的调研结果显示，省内近七成的外贸企业采取了内外贸结合的运营方式，三厦铸铁、梦牌瓷业等外贸优势企业更是通过在国内市场的提前布局，构建了内外贸协同发展体系。"双循环"下加快推进河北省内外贸一体化须聚焦外贸出口转内销的诸多制约因素，在政府主导和政府引导两个层面推动建立内外贸一体化体系。

1. 政府主导层面

内外贸一体化的首要和关键问题就是破除国内外市场间的制度篱笆，通过内外贸产品管理体系的衔接，构建"同线同标同质"的内外贸一体化制度体系。为此，在全面梳理河北省重点出口产业和产品的基础上，要在法律法规、监管体制、经营资质、产品认证、质量标准、国内市场准入、知识产权保护、检验检疫等方面建立有利于向内销转换的管理制度和相应的信息发布共享平台，在河北省重点外贸出口产品转内销的关键节点提供有针对性的制度支撑。

国内外市场产品标准体系的差异是外贸出口转内销的首要制约因素。要针对河北省外贸重点出口产品设立与国内市场产品标准相对应的标准体系，并做好与国家层面相对应的内外销产品标准的对接协同，降低外销产品进入国内市场的标准门槛。为此，要建立河北省外贸重点出口产品转内销的产品认证工作体系，全面推动河北省外贸重点出口产品与国内权威认证机构的对接合作。同时，为加快推进出口转内销，对转内销产品的国内认证宜采取兼顾包容性与实用性的举措，即对符合国内相关技术标准要求，但短期内难以通过认证程序的出口产品，在一定时期内允许外贸企业通过书面承诺或符合性声明的方式在国内市场销售。

2. 政府引导层面

外贸企业是出口转内销工艺改造、团队、品牌与渠道建设等内销能力建设的主体，政府可通过组织推动、专项资金支持等方式发挥积极的引导作用。

（1）渠道对接

渠道对接既包括外贸企业与国内大型商贸流通企业等的线下对接，也包括与电商平台、短视频平台等的线上对接。政府层面可在外贸出口产品与国内市场渠道的对接上发挥引导作用，比如，引导河北省外贸优势企业在国内大型商贸流通企业、知名电商平台，设立外贸产品销售专区专柜，举办外贸出口产品转内销专题展销会，组织外贸企业积极利用近年来内外贸一体化日趋凸显的中国进出口商品交易会（广交会）、中国加工贸易产品博览会等知名展会平台。

（2）资金支持

外贸企业转内销因自身内销能力的相对弱势会面临不同程度的市场转型成本问题，内销渠道建设、团队打造、市场与品牌培育、工艺改造等均需要额外的资金投入，尤其是在国内市场众多同类品牌激烈竞争的大环境下，外贸产品品牌培育和市场拓展更需要时间与资金投入。因此，政府层面除了在组织推动之外还须在政府采购、工艺设备改造、展览展示、品牌建设、渠道建设等重点领域予以专项资金支持，以降低外贸企业出口转内销的转型成本。

随着"双循环"下内外贸一体化的加快推进，河北省内外贸一体化制度体系将初步建立起来，由此将为河北省外贸出口转内销奠定坚实的制度基础。制度体系的建立将推动河北省更多的外贸产品进入内销市场。同时，河北省外贸企业的内销能力建设将为出口转内销奠定至关重要的基础，推动河北省内外贸一体化的全面发展和内外贸的融合互动。

（四）加快推进进口贸易促进工作

为顺应"双循环"下的扩进口大势，各地都高度重视进口贸易促进工作。2020年11月，商务部在全国设立首批10个进口贸易促进创新示范区。进口贸易促进创新示范区是进博会后我国设立的又一重大进口平台，其设立引发了各地的普遍关注，一些区位和经济优势突出的地区明确提出争取设立国家进口贸易促进创新示范区。"双循环"下河北省加快推进进口贸易促进工作，应将重点放在构建平台型进口格局、促进进口与产业联动方面，打造全方位的进口贸易促进体系。

1. 构建平台型进口格局

在组织省内企业积极利用进博会等重要展会平台扩进口外，更应培育和创建河北省自有的进口贸易平台。

（1）申建国家级进口平台

国家进口贸易促进创新示范区、进口口岸等国家级进口平台是扩进口的重要平台，也是各地积极争取的进口专项政策资源。要重点依托河北自贸区、综合保税区、进口口岸等重要开放平台，积极申建国家进口贸易促进创新示范区，通过高能级进口平台加快进口贸易的规模扩张与高质量发展。同时，积极申建药品、医疗器械、冰鲜水产品、平行车进口等更多类型的进口口岸。

（2）强化跨境电商进口

跨境电商进口是进口贸易的新业态，对提升进口效率、拓展进口渠道与商品类别具有重要意义。在国家政策的大力推动下，跨境电商进口已成为设立数量最多、区域覆盖面最广的进口平台，也成为各地推进进口贸易促进工作的重要路径。要重点依托石家庄、唐山、雄安新区国家跨境电商综试区这一高能级平台，加快推进跨境电商进口的集聚发展和规模扩张，并随着国家政策对跨境电商进口试点区域范围的持续放宽，顺势全面推动河北自贸区、综合保税区、保税物流中心等外贸功能性平台的跨境电商进口试点建设。

2. 促进进口与产业联动

进口与产业的联动分为宏观、区域两个层面。从宏观层面来看，进口贸易会通过技术装备升级和市场竞争倒逼效应，从供求两端促进相关产业的升级。近年来，河北企业在进博会采购铸造、加工、印染等生产设备，对产业转型升级产生了积极的助推效应。作为传统制造业大省，河北省在"双循环"下更应强化外循环对内循环的赋能效应，根据自身产业结构特点和转型升级需求，有针对性地扩大先进技术设备进口，全面推进进口贸易与自身产业的融合联动，使进口贸易精准服务产业高质量发展。从区域层面来看，进口贸易集聚区具有明显的产业衍生效应，会推动物流、进口加工业等贸易相关产业的集聚发展。有条件的地区要根据区位优势、市场需求和产业特点打造针对特定商品类别、区域特色鲜明的进口商品集散地，并促进区域进口贸易与相关衍生产业的融合，实现协同发展。比如，正在崛起的石家庄国际陆港就可利用木材等大宗原材料进口贸易延伸发展就地加工业务，通过"贸易＋产业"效应形成大宗原材料进口集散和相关加工业集聚的联动发展。

"双循环"下河北省加快推进进口贸易发展，将初步形成平台支撑有力、贸易产业联动的进口贸易促进体系。从平台支撑来看，河北省将形成以曹妃甸综合保税区等大宗商品进口口岸地为支撑的多元化进口平台体系，进口口岸的获批数量将有所增加，进口口岸的服务能力将明显提升，进口平台的发展将大大推动河北省进口贸易规模的扩张。从贸易产业联动来看，宏观层面将表现为进口贸易对河北省传统产业升级牵动效应的显著增强，在区域层面将表现为进口贸易集散地形成明显的相关产业集聚。

（五）构建"优进优出"新格局

"大进大出"是外贸量的增长，"优进优出"是外贸质的提升，前者是规模扩张型外贸，后者是质量效益型外贸。从"大进大出"转向"优进优出"是我国外贸发展方式的转型升级，也是我国外贸高质量发展在路径和目标上的集中体现。"十三五"期间，我国提出并实施"优进优出"战略。在服务构建"双循环"新发展格局背景下，"优进优出"战略又被赋予助力形成更高水平"双循环"、提升产业链现代化水平和稳定性等新的内涵与意义。"双循环"下加快实施河北省"优进优出"战略，须构建在出口层面以外贸竞争新优势为支撑，在进口层面以产业促进、产业链稳定为重点的新格局。

1. 构建以外贸竞争新优势为支撑的外贸"优出"体系

河北是传统制造业大省，钢铁、机电、纺织服装、箱包、丝网、陶瓷等优势产业和特色产业是培育外贸竞争新优势、促进"优出"的主战场。要通过科技研发、工业设计等方式增加创新要素投入，发展有较高科技含量和附加值的出口产品，不断提升出口商品的档次、附加值及品牌价值，加快培育以技术、品牌、质量、服务为核心的外贸竞争新优势。以河北省外贸出口主力产品钢材为例，随着钢铁产业的转型升级和国家为优化钢材出口结构出台的税率调整政策的实施，河北省钢铁企业应顺势减少出口退税降为零、出口占比达70%的涂镀板、不锈钢、管材等普通钢材品种的出口，同时促进享有出口退税的电工钢、汽车用钢、家电用钢等高附加值、高技术含量的钢材产品的出口。

2. 构建以产业促进、产业链稳定为重点的外贸"优进"体系

（1）促进产业发展的外贸"优进"

要优先进口先进技术设备、关键零部件以及研发、设计、咨询、检测、节能环保等知识密集型生产性服务，以国际生产要素"优进"助力河北省钢铁、建材、轻工、纺织等传统产业转型升级和新一代信息技术、生物医药、新能源、新材料等战略性新兴产业发展壮大。

（2）促进产业链稳定的外贸"优进"

河北是钢铁产业大省，作为钢铁基础原材料的铁矿砂及其精矿的进口在河北外贸进口中有举足轻重的地位，钢铁产业是促进河北产业链稳定的外贸"优进"关键领域。由于资源禀赋的相对弱势，我国铁矿石对外依存度一直居高不下，2020 年我国铁矿石对外依存度高达 82.3%。与此同时，多年来我国钢铁产业对铁矿石的巨量刚性需求使得国际铁矿石价格呈易升难降之势。为应对铁矿石国际市场价格变动对我国钢铁产业的持续"挤压"，2021 年我国在对钢铁产业进行税率调整的同时，也优化了钢铁原材料进口政策，对生铁、粗钢、再生钢铁原料、铬铁等实施零进口暂定税率，以增加再生钢铁原料等铁素资源进口，进而减少对国际铁矿石资源的依赖、强化钢铁产业的资源保障。河北省要充分把握这一国家最新政策机遇，提升再生钢铁原料等铁素资源在钢铁产业原材料进口中的比重，通过优化进口结构增强河北钢铁产业链的韧性与稳定性。

随着"双循环"下河北省外贸高质量发展的加快推进，河北省将初步构建起服务"双循环"新发展格局的"优进优出"新格局。在出口层面，新格局主要表现为以突出技术、品牌、质量、服务核心的外贸竞争新优势为支撑、以优势产业和特色产业为重点的外贸"优出"体系，在进口层面则主要表现为以主导产业促进、钢铁产业链稳定为重点的外贸"优进"体系。

参考文献

林桂军、郭龙飞、展金泳：《"双循环"对我国对外贸易发展的影响与对策》，《国际贸易》2021 年第 4 期。

汪发元：《构建"双循环"新发展格局的关键议题与路径选择》，《改革》2021 年第 7 期。

张智奎：《新时代推动制度型开放的挑战与路径选择》，《国际贸易》2021 年第 7 期。

陈万灵、卢万青：《"双循环"背景下中国外贸高质量发展的新理念和新对策》，《国际商务研究》2021 年第 6 期。

王一鸣：《以新业态新模式推动外贸高质量发展》，《中国发展观察》2021 年第 C3 期。

李娣：《"十四五"期间我国外贸高质量发展新特点、新机遇与新思考》，《国际贸易》2021 年第 7 期。

B.4
河北省财政运行态势分析及前景展望

魏　鹏[*]

摘　要： 2021 年是"十四五"开局之年，是开启全面建设社会主义现代化新征程的第一年，做好财政工作意义重大。本报告从收入总量、收入结构、税收结构、地区收入等方面，系统阐述了河北省财政运行的基本情况。从积极的财政政策落实情况、财政改革推进情况、财政风险防控情况等方面，总结了财政运行的态势特征，并在理性分析影响全省财政运行的主要制约因素的基础上，提出 2022 年河北省财政工作重点：更加注重质量优先，着力抓好组织收入；更加注重优化结构，全面加强支出管理；更加注重资源统筹，全力保障大事要事；更加注重提质增效，精准落实财政政策；更加注重补齐短板，持续用力改善民生；更加注重巩固衔接，大力支持乡村振兴。

关键词： 财政运行　积极财政政策　河北省

　　2021 年是"十四五"开局之年，是开启全面建设社会主义现代化新征程的第一年。面对严峻复杂的国内外经济形势，河北省委、省政府坚决贯彻习近平总书记重要指示精神和党中央、国务院部署，准确把握新发展阶段，

---

　　[*] 魏鹏，河北省财政厅办公室二级主任科员，主要研究方向为财政经济运行分析、财政预算报告、财税改革等。

完整准确全面贯彻新发展理念，加快服务和融入新发展格局，着力推进高质量发展，统筹推进疫情防控和经济社会发展，深入开展党史学习教育和"我为群众办实事"实践活动，组织实施"三重四创五优化"活动和"三基"建设年活动，推动各项任务部署不断取得新进展。

一　河北省财政运行基本情况

2021 年在省委、省政府的坚强领导下，全省各级各部门坚定信心、迎难而上，奋勇拼搏、苦干实干，较好完成了年初确定的一般公共预算收入、支出等各项目标任务，全省财政运行总体平稳、稳中有进。

（一）从收入总量看：一般公共预算收入呈总体恢复性增长态势

2021 年 1～11 月（下同），全省一般公共预算收入完成 3863.4 亿元，完成预算的 94.8%，同比增长 11.2%（见图 1），两年平均增幅为 5.6%。财政收入保持较快增长主要得益于全省经济运行稳定恢复，工业生产平稳增长，有效需求逐步恢复，主要经济指标加快回升向好。1～9 月河北省地区生产总值同比增长 7.7%；1～10 月规模以上工业增加值、利润总额同比分别增长 4.8% 和 29.7%，限额以上单位实现消费品零售额同比增长 11.2%。同时，工业生产者出厂价格指数处在历史高位，同比增长 16.4%，对现价计算的财政收入产生了较强的带动作用。

（二）从收入结构看，税收增幅已高于疫情前水平，资源资产类非税收入拉高全省收入增幅作用明显

全省税收累计完成 2527.2 亿元，增长 9.6%，两年平均增幅为 1.2%，自 2021 年 6 月开始，连续 6 个月超过 2019 年同期水平。全省税收占比为 65.4%，比上半年和第三季度分别提高 4 个和 1.5 个百分点。全省非税收入累计完成 1336.2 亿元，增长 14.3%（见图 2）。增收较多的主要是资源资产类收入，其中国有资源（资产）有偿使用收入增长 30.4%，增收 125 亿元，

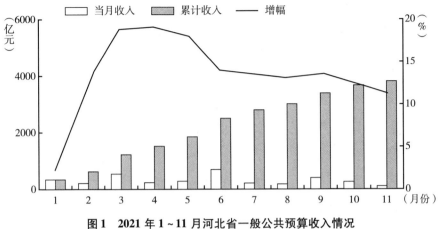

图1　2021年1~11月河北省一般公共预算收入情况

政府住房基金收入增长27.3%，增收16.6亿元，两项合计增收141.6亿元，拉高非税收入增幅12.1个百分点。受全面落实降费政策影响，行政事业性收费下降9.3%、减收12.5亿元。

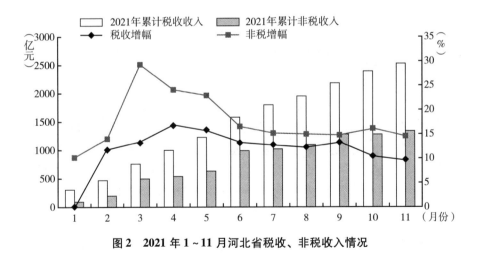

图2　2021年1~11月河北省税收、非税收入情况

（三）从税收结构看，三大主体税种增幅较高，传统行业仍是主要支柱

受工业生产平稳增长、服务业加快恢复、企业效益大幅增长等因素影响，增值税、企业所得税和个人所得税等3个主体税种增长好于税收整体，

分别完成913.5亿元、401.9亿元和71.5亿元，分别增长8.3%、13.2%和15.6%，合计完成1386.9亿元，增长10.1%，高于税收增幅0.5个百分点（见图3）。11个地方税种合计完成1140.2亿元，增长9.1%，增幅较高的有资源税（44.9%）、印花税（21%）和城市维护建设税（17%）等；耕地占用税（-15.6%，主要是上年同期雄安新区一次性入库规模较大）和环境保护税（-20.6%）两个税种有所下降。分产业看，第二产业税收增长16.5%，增收154.5亿元，占税收增量的2/3，其中石化和钢铁行业税收分别增长35.1%和25.8%，分别增收35.3亿元和39.2亿元。主要是国际大宗商品价格走强和工业生产者出厂价格指数走高。第三产业税收增长5.7%，其中，房地产行业受宏观调控政策收紧等因素影响交投趋冷，行业税收下降3.2%，减收17.5亿元。

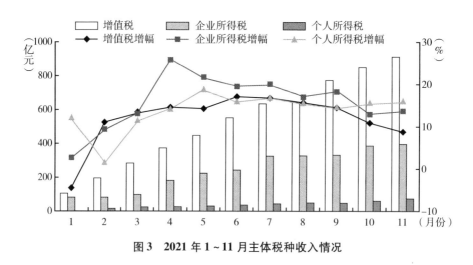

图3 2021年1~11月主体税种收入情况

（四）从全省各地区看，各级收入普遍完成较好，绝大部分市县为增长

省级收入累计完成688.6亿元，增长10.1%；市县级收入完成3174.8亿元，增长11.4%；县（市）收入完成1415.1亿元，增长12.5%。各设区市（含定州、辛集）和雄安新区均为正增长，且各地收入增长情况较为均衡，保定（21.6%）、邯郸（14.1%）、唐山（12.7%）等7个市增幅均超过两位数；118 个县（市）中，阜平县等 72 个县（市）增幅超过两位数，占 61%；安新县等 4 个县负增长，其中降幅最大的安新县下降 22.3%。

（五）从支出情况看，民生支出是主体，重点支出得到较好保障

全省一般公共预算支出完成 7779.2 亿元，可比增长 2.4%。其中民生支出完成 6258.6 亿元，占一般公共预算支出的 80.5%。灾害防治与应急管理（14.3%）、住房保障（13.6%）、卫生健康（6.5%）、科技（5.9%）等项目支出增长较快，重点民生支出得到较好保障。从直达资金执行情况看，截至 11 月底中央财政下达直达资金 1654.4 亿元，省级已分配下达 1654.3 亿元，分配下达进度约 100%；实际支出 1449.4 亿元，支出进度为 87.6%，为保障基层财政运行、补齐短板弱项、促进事业发展、兜牢民生底线等提供了有力保障。

二 河北省财政运行主要特点

按照省委、省政府决策部署，河北省各级各部门认真贯彻落实积极的财政政策，狠抓预算执行管理，全力保障大事要事，持续深化财税改革，坚决兜牢风险底线，各项工作质量稳步提升。

（一）坚持综合施策、精准发力，宏观调控作用得到有效发挥

一是全面落实减税降费。动态公布政策清单，广泛开展宣传培训，强化督导检查、效果评估，2021 年 1～10 月，全省新增减税降费 203.6 亿元，预计全年为企业减负超过 1200 亿元，惠及企业 330 多万户，有效提振市场信心、激发企业活力。二是管好用好政府债券。坚持常态化组织发行，截至 11 月底，3288.6 亿元债券全部发行完毕，其中新增债券支持了协同发展、雄安新区、省会建设等 3400 多个项目建设。加强债券资金全过程管理，实施专项债券发行使用奖惩，探索推进穿透式监测。加大调度力度，分项目监控支出，推动债券资金高效使用，尽早形成实物工作量。三是严格落实常态

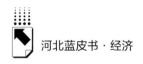

化直达机制。坚持资金下达和使用监管同步"一竿子插到底",强化上下联动,严格动态监控,1654.4 亿元中央直达资金全部第一时间分配下达,直接惠企利民,落实项目 3.2 万个。

(二)全面落实积极的财政政策,有效保障大事要事,大力推动河北省创新发展、绿色发展、高质量发展

一是重点保障重大国家战略实施。围绕京津冀协同发展,着力支持交通、产业、环保三个重点领域率先取得突破,多方筹集省以上资金 292.4 亿元,推动轨道上的京津冀加速形成;制定自贸试验区财政奖补政策,积极打造京津产业转移承接平台。围绕雄安新区建设,统筹省以上资金 179.6 亿元、安排新增债券限额 630 亿元,支持重点项目加快实施及白洋淀生态环境治理;研究提出优化财政管理体制机制思路建议,推动新区逐步搭建现代城市财政管理模式。围绕冬奥筹办,统筹转移支付、特别国债、新增债券 129.1 亿元,支持张家口赛区项目建设和赛前准备工作。

二是推动全省产业转型升级和创新发展。落实产业发展十项财政政策,规范产业资金绩效评价,分配下达产业资金 46.5 亿元,全力支持 12 个省级主导产业和 107 个县域特色产业发展;兑现促进经济高质量发展十条财政政策,下达奖励资金 7.4 亿元,有效激发县级发展内生动力;出台财政金融支持实体经济十条措施,着力破解企业融资难、融资贵的难题;全省投入科技资金 77.7 亿元,专门出台改革完善省级科研经费使用管理 9 个方面 25 条措施,积极为科研人才松绑减负,持续激发创新活力,激励县域科技创新的做法受到国务院通报表扬。

三是持续提升民生保障水平。投入防疫资金 116 亿元,落实疫苗接种资金 84.9 亿元,全力保障疫情防控;从失业保险基金计提专账资金 34.2 亿元,筹集就业创业资金 33.9 亿元,促进城镇新增就业 87.7 万人;投入省以上资金 320.5 亿元,推动义务教育优质均衡发展、职业教育加快发展、高等教育内涵式发展;全面落实养老金、居民医保、基本公共卫生等社保提标政策。

四是积极助推生态环境治理。投入省以上资金 130.6 亿元,支持打好蓝天碧水净土保卫战，持续推进山水林田湖草生态保护修复，河北省实现中央财政冬季清洁取暖试点城市全覆盖。研究完善省级补助政策，补助年限由 5 年延长至 9 年，健全"双代"运行补贴长效机制，促进农村清洁取暖可持续运行。深化生态保护补偿制度改革，对标对表中央部署，研究起草河北省关于深化生态保护补偿制度改革的实施意见，加快推动绿色低碳发展。

五是着力推进乡村振兴。进一步加大财政投入力度，全省落实衔接资金 149 亿元，支持全面推进乡村振兴；统筹省以上资金 134.6 亿元，推进高标准农田建设、现代种业发展、耕地地力保护等，全力保障粮食安全；落实资金 19 亿元，支持培育新型农业经营主体、壮大村级集体经济、发展优势特色产业集群等；整合相关资金 109 亿元，积极撬动金融和社会资本，促进全省空置率 30% 以上的"空心村"全部完成治理。

（三）全面落实国家和河北省相关改革部署，集中力量攻坚，现代财税体制加快建立

一是深化预算管理制度改革。在全国第一批出台新一轮预算管理制度改革实施意见，提出财政资源统筹、预算编制管理等十项机制；深化预算管理一体化建设，实现全省全过程控制和闭环管理，全省预算管理制度改革工作继续走在全国前列，得到财政部表扬。二是着力健全地方税体系。合理提出分类适度提高农业超限额水资源税税额标准、适当降低农业生产用地下水限额标准的调整方案，推动《契税法》和《城市维护建设税法》于 2021 年 9 月 1 日顺利实施。三是稳妥开展国有金融资本管理改革。制定省级国有金融资本出资人职责分期分批划转方案，印发进一步加强省级国有金融资本重大事项管理清单，高标准完成产权登记专项行动，理顺和规范企业党建和领导人员管理。

（四）财政风险方面：坚持防用并举、以防为先，财政风险得到有效防控

一是确保基层平稳运转。加大财政下沉力度，累计下达市县转移支付

3105.7亿元，其中财力性转移支付560.2亿元，可比增长6.2%，有效增强基层保障能力。强化基层运行监控，督促各地建立"三保"清单，优先足额安排预算，严格落实月度报告制度，开展专项检查核查，兜牢"三保"底线。二是守牢债务风险底线。强化还本付息预算约束，实行"年计划、月提醒、日对账"，全省全部按时足额偿还到期债券本息，保持政府法定债务"零违约"。三是加强资金使用管理。完善16项省级资金管理办法，组织开展22项财政重点评价、125项部门重点绩效评价，推动财政资金规范高效使用。

三　影响河北省财政运行的主要因素分析

当前，全国经济持续稳定恢复、稳中向好，河北省经济运行也延续稳定恢复态势，但疫情变化和外部环境存在诸多不确定性，经济恢复仍然不稳固、不均衡，对财政运行造成直接影响。

从国际看，当今世界面临百年未有之大变局，新冠肺炎疫情形势依然严峻，全球经济复苏艰难曲折，逆全球化势力再度兴起，加之欧美一些国家以单边主义对抗全球化浪潮，必将对现有的国际秩序和政治经济格局产生深刻影响。同时，和平与发展仍是时代主题，以中国为代表的负责任大国，坚决维护多边主义，采取多种措施积极探索全球性疫情防控合作与经济社会协同健康发展之路，为推动世界经济复苏，加快构建人类命运共同体贡献了积极力量。

从国内看，在外部环境如此严峻复杂，国内新冠肺炎疫情防控和经济社会发展各项任务极其繁重的大背景下，以习近平同志为核心的党中央坚持统筹国内国际两个大局，坚持稳中求进工作总基调，沉着应对百年变局和世纪疫情，统筹疫情防控和经济社会发展，加快构建新发展格局，强化宏观政策跨周期调节，着力促进经济持续健康发展，"十四五"实现了良好开局起步。但还应看到，我国经济还面临需求收缩、供给冲击、预期转弱三重压力，结构性、体制性、周期性问题相互交织，城乡区域发展和收入分配差距较大，人口老龄化问题日趋突出，创新能力还不能完全适应高质量发展要求，保持产业链供应链稳定运行面临挑战，大宗商品价格上涨导致部分中小微企业面临困难，经济恢复仍然不稳固、不均衡。

从河北省自身看，一方面，在习近平总书记的坚强领导下，在全省上下勠力同心、不懈奋斗下，深入实施"三六八九"工作思路，扎实开展"三重四创五优化"活动，深化改革、扩大开放，攻坚克难、开拓进取，扎实推进河北经济社会高质量发展，圆满完成了确定的各项任务目标。特别是河北省第十次党代会深入学习贯彻党的十九届六中全会精神，结合河北省实际，研究提出了"六个现代化河北"发展目标和"两翼、两区、三群、六带"的发展布局，必将激励全省在新的征程上取得更优异的成绩。另一方面，全省处于转型升级、爬坡过坎的阵痛期，部分经济指标偏低且落后于全国平均水平，特别是前10个月河北省固定资产投资仅同比增长0.8%，低于全国平均水平（6.1%）5.3个百分点，制约了财政收入的持续增长；一些产业仍处在产业链和价值链中低端，新兴产业体量偏小，自主创新能力支撑不足，高端产业发展还不够快，生产性服务业发展不充分；受输入性通胀、供求结构性失衡以及市场炒作等多方面因素影响，钢材、煤炭、水泥等大宗商品价格仍在高位运行，对下游企业造成较大压力。

从财政自身看，随着我国进入从中高收入阶段迈向高收入阶段的关键时期，保持财政整体平稳健康运行，既有经济实力持续增强、财源基础不断巩固、现代财政制度框架基本建立、各级党委政府和社会各方面对财政工作更加重视支持等有利因素，同时也面临着许多新的挑战和约束。一是整体实力还需进一步提升。2020年全省一般公共预算收入3826.5亿元，排全国第9位。同时，县级财政实力不够强，全省收入超50亿元的县（市）只有迁安、三河、武安、固安4个，不足5亿元的县还有18个。二是财政收入来源还需进一步拓展。传统行业仍然是税收主要来源，全省钢铁、石材、建材等七大主导行业和房地产行业的税收，合计占地方税收的50%，受国家严控房地产、继续压减粗钢产量等因素影响，今后一个时期全省经济将继续承压运行，再想单纯依靠"土地财政"和高耗能高污染产业拉动是肯定行不通的。三是支出保障能力还需要进一步提高。随着经济形势的变化,以及减税降费效应持续显现,预计未来很长一段时间内全省财政收入将保持中低速增长,同时支持经济转型、科技创新、生态保护、乡村振兴、民生保障等支出持续增加,加之有的地方和部门财政依赖思想依然较重,运用市场化手段筹资的方法不多、能力不强,破解筹资难题的压力将长期存在,财政收支面临"两头"挤压,平衡难度越来越大,"紧平衡"将成为常态。

四 2022年河北省财政工作前景展望及对策建议

2022年,河北省财政系统要继续深入贯彻落实中央和省委、省政府决策部署,坚持稳字当头、稳中求进,坚持"政治引领、守正创新、科学高效、竞进有为",落实积极财政政策,加强资源统筹,强化资金管理,深化财税改革,防范化解风险,努力为全省经济社会高质量发展贡献财政力量,以优异成绩迎接党的二十大胜利召开。

(一)更加注重质量优先,着力抓好组织收入

正确处理收入增长与提高质量之间的关系,把收入提质放在更加突出的位置,既做大"蛋糕",又做优"蛋糕"。一方面,强化财税部门协调联动,继续加强收入趋势研判和重点行业、重点税源监控,在确保减税降费政策全面落实到位的基础上,依法挖潜堵漏,做到应收尽收;加强税源结构分析,通过研判经济结构存在的问题,审视财政政策的方向和重点,提高政策资金的精准性,促进税收高质量增长。另一方面,加强对非税收入占比过高地区的督导核查,督促各地合理把握盘活国有资源资产节奏,不断优化收入结构,并严肃财经纪律,严格查处搞虚收空转或征收"过头税费"等行为。同时,持续加大争取支持力度,凝聚省直部门和市县合力,通过加强沟通、帮助工作、邀请调研等多种方式,争政策、争资金、争试点,力争得到中央更多的政策倾斜。

（二）更加注重优化结构，全面加强支出管理

区分轻重缓急，合理确定财政保障重点和保障顺序，精准有效配置财政资源，进一步提升预算安排的科学性和支出效率。一是硬化预算约束。加强支出审核监管，严禁无预算、超预算安排支出，除应急救灾等特殊事项外，执行中一般不再追加预算，确保年初预算安排的重点领域支出得到有效保障。二是创新支出方式。运用市场化方法破解筹资难题，认真落实财政引导金融支持实体经济发展十条措施，用好PPP、投资基金、贷款贴息、担保再担保等方式，发挥政府资金杠杆作用，实现花小钱办大事，引导更多资金资源投入河北省发展建设。三是加快支出进度。精准编制项目预算，严格控制预留，按规定提前下达补助资金，专项资金年初全部细化到具体项目和承担单位，达到可执行的程度；强化部门执行主体责任和市县工作责任，通过推行支出承诺制和通报考核制等方式，充分调动各级各部门抓支出的积极性、主动性，确保财政资金按时间节点均衡支出；认真落实市县级国库集中支付结余不再按权责发生制列支要求，坚决杜绝"要么违规列支、要么支不出去"的问题。

（三）更加注重资源统筹，全力保障大事要事

聚焦事关全省改革发展稳定大局的大事要事，统筹财政政策资金，全力予以保障。一是支持三件大事加快推进。积极推动京津冀协同发展战略实施，统筹转移支付、新增债券限额等，支持交通、生态、产业、公共服务等领域加快突破；配合研究在京企业向雄安新区疏解税收分成办法，支持白洋淀及周边环境治理，进一步指导新区逐步搭建现代城市财政管理模式；高效做好安全保卫、交通运输、住宿餐饮、医疗卫生、竞赛服务等资金保障工作，保障冬奥会成功举办。二是支持常态化疫情防控。坚持闻令而动、有令必行，及时做好防控资金筹措、测算和拨付工作，全力保障疫苗接种、抗疫物资、设备购置及确诊患者救治等工作，足额安排重点人群每周一次的核酸检测费用。三是支持产业转型升级。落实推进重点产业高质量发展十项财政政策，加强产业资金与产业发展规划的衔接，聚焦12个主导产业和107个

县域特色产业，支持做好延链补链强链工作；落实创新驱动发展战略，多渠道增加科技投入，持续深化科研经费管理改革，支持科技创新能力提升，加快推进科技成果转化和产业化。

（四）更加注重提质增效，精准落实财政政策

紧紧围绕制约经济社会发展的重点难点问题，着力在增强财政政策的科学性、精准性、有效性上下功夫，充分发挥财政政策的宏观调控作用。一是不折不扣落实减税降费政策。继续加大减税降费政策宣传力度，动态更新调整减税降费政策清单，针对重点群体精准推送"红利账单"，继续实行收费清单动态管理，适时开展年度减税降费检查评估，确保各项政策及时落地。二是管好用好政府债券。认真落实政府债务管理相关制度规定，强化各级各部门债务管理的属地责任和管理责任，加强项目储备指导，合理制定债券发行计划，将专项债券支出监控延伸至实物工作量形成情况监控，建立债券发行使用奖惩机制，适时通报政府债券支出进度，对支出较慢的市县进行约谈，推动加快债券支出进度，尽快发挥债券资金使用效益。三是严管快用直达资金。按照财政部要求，不断扩大直达资金范围，将地方对应安排资金纳入直达机制，实现财政资金分配使用的全链条、全过程监控；落实监控监管工作责任，持续开展动态监控，对支出进度慢的地区，加大督导检查力度，并确保规范高效使用，切实发挥直达机制作用。同时，加快制定出台并落实新一轮促进县域经济高质量发展政策措施，更好调动各地抓财源、促发展的积极性。

（五）更加注重补齐短板，持续用力改善民生

认真践行以人民为中心的发展思想，坚持尽力而为、量力而行，着力在发展中稳步提升保障水平，确保国家和河北省各项民生政策落实。一是落实就业优先政策。统筹用好就业补助、职业技能提升行动等资金，加大稳岗扩岗激励力度，健全终身职业技能培训制度支持政策，支持重点群体就业。二是促进社会事业发展。落实教育投入稳定增长机制，确保实现"两个只增

不减";支持完善公共卫生服务体系,健全和完善基层医疗卫生机构保障政策和补偿机制,推动完善公立医院预算管理制度改革;健全公共文化服务财政保障机制,支持文化事业和产业发展。三是完善社会保障制度。积极落实应对人口老龄化国家战略,支持养老服务体系建设,推动落实河北省最低生活保障标准的制定和动态调整机制;持续完善社会保险政策,落实企业养老保险全国统筹,推进失业保险省级统筹,推进职工医保基金市级统收统支;配合完善河北省贯彻落实三孩生育政策及配套支持措施,促进人口长期均衡发展。四是推动生态环境治理。做好河北省财政支持碳达峰、碳中和政策研究工作,深化生态保护补偿制度改革,逐步扩大重点河流流域横向生态补偿机制覆盖范围,扎实推进中央海洋生态保护修复、国土绿化试点示范项目等试点工作,推动市县健全完善清洁取暖可持续机制,助推全省生态环境持续改善。

(六)更加注重巩固衔接,大力支持乡村振兴

坚持"农业农村优先发展,资金投入优先保障"原则,加大投入力度,优化支出结构,加快推进农业农村现代化。一是突出保障粮食安全。落实农业支持保护制度,加大财政资金投入,助推现代种业提升工程实施,大力推进高标准农田和农田水利建设,继续做好耕地地力保护补贴发放工作,加强惠民惠农财政补贴资金"一卡通"管理,持续强化惠农补贴落实情况跟踪问效。二是支持农业提质增效。统筹资金推进"四个农业"高质量发展,加大先进、高端、智能化农机补贴力度,抓好农业生产社会化服务补助、蓄滞洪区运用补偿等政策落实,支持农业合作社、家庭农场等新型农业经营主体开展适度规模经营。三是扎实推进乡村建设行动。建立市县为主、省级奖补、争取中央支持的政府投入体系,集中打造一批美丽乡村、集体经济优势特色产业推进示范区,实施红色美丽乡村建设试点。四是推动巩固拓展脱贫攻坚成果与乡村振兴有效衔接。保持财政支持政策总体稳定,合理安排省级财政投入规模,确保达到国家要求;落实国家和河北省提高土地出让收益优先支持乡村振兴的政策要求,深入推进涉农资金统筹整合长效机制,研究支

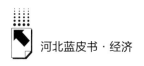

持农业信贷担保发展政策，推动农业保险高质量发展，引导和撬动社会资本与金融资本更多地投向乡村振兴。

（七）更加注重提升效能，扎实推进财税改革

聚焦改革存在的"中梗阻"和"最后一公里"落地难的问题，集中力量攻坚，推动河北省改革取得更大成效。预算管理制度改革方面，抓紧完善各项配套制度，明确责任分工，加强培训指导，及时解决存在的问题，推动河北省进一步深化预算管理制度各项改革措施全面落地；全面规范预算流程，把各项改革要求全部嵌入信息系统，大力推进预算管理一体化建设。预算绩效管理方面，持续在提高预算绩效管理各环节工作质量、提升重点项目资金绩效、强化绩效结果应用、提升各级干部绩效理念和实操能力等方面下功夫，推动绩效管理与预算管理深度融合。财政体制改革方面，要紧盯中央改革最新进展，继续推进省以下财政事权与支出责任划分，督导各市及时制定相关领域改革方案。税制改革方面，做好增值税、消费税、房地产税等政策的转换、衔接和宣传工作，确保税制改革在河北省平稳落地；扎实做好各税种调控作用政策研究储备，加强与税务等部门的税收征管信息交换，探索健全完善地方税体系。同时，稳步推进国有金融企业出资人职责划转，逐步理顺企业党建管理体制，夯实企业基础管理；持续深化非税收入电子化收缴改革。

（八）更加注重风险防范，坚决守住安全底线

把防风险摆在更加突出位置，凡事从最坏处打算，向最好处努力，做到心中有数、手中有招，牢牢把握工作主动权。一是严防政府债务风险。督促各地将政府债券到期本息足额列入年度预算，确保按时还本付息，指导政府债务高风险地区认真落实风险化解规划和应急处置预案，确保不发生法定债务风险事件。二是兜牢"三保"底线。压实各地主体责任，推动各级政府始终把"三保"支出放在优先保障位置，指导市县建立本地区保障清单，同时继续加强基层"三保"运行监控，开展县级"三保"预算编制审核，

继续实行"月报告+月报表"制度，对重点地区、重点领域实施重点关注，发现问题及时督促整改。三是严格资金使用管理。重点围绕提高资金使用绩效，完善制度、健全机制、硬化举措、压实责任，进一步强化预算约束，主动接受人大、审计等各方面监督，加强协同配合，推动各级各部门严管快用，确保财政资金安全。同时，密切关注相关领域风险，完善防范处置风险的机制。

参考文献

《政府工作报告——2021年3月5日在第十三届全国人民代表大会第四次会议上》，中华人民共和国中央人民政府网站，2021年3月5日，http：//www. gov. cn/premier/2021–03/12/content_ 5592671. htm。

《中央经济工作会议举行　习近平李克强作重要讲话》，中华人民共和国中央人民政府网站，2021年12月10日，http：//www. gov. cn/xinwen/2021–12/10/content_ 5659796. htm。

《河北省经济工作会议在石家庄召开》，"河北新闻网"百家号，2021年12月14日，https：//baijiahao. baidu. com/s? id = 1719117213674973497&wfr = spider&for = pc。

B.5
河北省现代服务业发展重点与前景展望

刘旺琳*

摘　要： 现代服务业已经成为国家发展的战略重点，也是"十四五"时期河北省发展的重要战略方向。要立足新发展格局，着眼河北省产业发展基础，推动生产性服务业向专业化和价值链高端延伸，推动生活性服务业向高品质和多样化升级，推动现代服务业同先进制造业、现代农业深度融合发展。加快推进服务业国际化、高端化、数字化、融合化、品牌化，努力提升现代服务业竞争新优势，着力构建支撑全省经济社会高质量发展的现代服务业体系。

关键词： 现代服务业　生产性服务业　生活性服务业　河北省

随着现代科学技术特别是信息网络技术的发展与进步，新的商业模式、服务方式和管理方法逐步应用于服务行业，这种依托新技术的服务业即现代服务业。新的商业模式诞生了新兴服务业态，新的服务方式和管理方法的应用提升了传统服务业的服务水平和效率。发展现代服务业，无论是对培育经济增长新动能促发展，还是对壮大第三产业调结构，抑或是对创造就业岗位惠民生，都具有积极意义。

---

* 刘旺琳，河北省发展和改革委员会国民经济综合处三级主任科员，主要研究方向为经济形势分析。

一 河北省现代服务业发展现状

（一）发展基础

近年来，河北省服务业规模持续扩大，发展质效不断提升。生产性服务业在提高生产效率、优化经济结构方面发挥着越来越重要的作用，推动着产业转型和消费升级；生活性服务业不断满足人民群众对美好生活的需要，提高了人民的生活水平，促进了居民就业，为全省经济高质量发展提供了有力支撑。

"十三五"期间，全省服务业增加值由 1.2 万亿元增至 1.9 万亿元，占地区生产总值比重逐年上升，由 2015 年的 44.6% 上升至 2020 年的 51.7%，2020 年对经济增长的贡献率达 43.5%（疫情发生前，2019 年服务业对全省经济增长的贡献率高达 73.9%）。其中，2020 年现代服务业增加值达 1.1 万亿元，占地区生产总值比重达 30.6%；服务业法人单位数量由 2015 年的 42.5 万家增至 2020 年的 94.9 万家，其中企业法人单位由 29.6 万家增至 80.8 万家，包括华夏幸福、河北物流产业集团、国和投资集团、北国人百集团、河北港口集团、河北省新合作控股集团等中国 500 强服务业企业，对经济社会发展的贡献作用日益突出，已成为全省经济发展的重要支柱和推动力量。

分行业看，面对新冠肺炎疫情的冲击和复杂严峻的国际国内形势，2020 年河北省信息传输、软件和信息技术服务业增加值 742.1 亿元，增长 16.8%；房地产业增加值 2643.0 亿元，增长 6.6%；金融业增加值 2599.6 亿元，增长 6.2%；物流业增加值 2817.5 亿元，增长 3.5%。这些服务业企业的发展有力地支撑了河北省总体经济的恢复和发展。全省规模以上服务业企业营业收入达 4382.6 亿元，生产性服务业中货物运输仓储和邮政快递服务、研发设计与其他技术服务、信息服务、人力资源管理与培训服务、商务服务营业收入分别达到 1465.6 亿元、623.4 亿元、610.3 亿元、296.7 亿元和 279.0

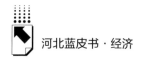

亿元。生活性服务业中居民住房服务、健康服务、文化服务、居民出行服务、水利环境和公共设施管理服务营业收入分别达到 147.1 亿元、95.7 亿元、75.3 亿元、57.7 亿元和 39.5 亿元，涌现出君乐宝、神威药业、石药集团、长城汽车等先进制造业和现代服务业深度融合试点企业。

（二）发展环境

展望"十四五"，我国进入全面建设社会主义现代化国家、向第二个百年奋斗目标进军的新发展阶段，尽管国际国内形势发生了日益深刻复杂的变化，但经济稳中向好、长期向好的趋势没有改变，服务业有机会、有必要在推动高质量发展中抢抓新机遇、实现新作为。

从国际看，世界正经历百年未有之大变局，新冠肺炎疫情全球大流行，世界经济低迷，滞胀风险与日俱增，经济全球化遭遇逆流，贸易保护主义、单边主义上升，美国持续加大对我国打压阻遏的力度，服务贸易和跨境投资的自由化、便利化面临多方面冲击，对全球服务业发展和国际分工格局产生深远影响。但与此同时，新一代信息技术推动服务网络化、智慧化、平台化，跨境电商、互联网医疗、在线教育、远程办公、"云"上会展等新业态新模式快速发展，全球服务数字化时代来临。

从国内看，人民日益增长的美好生活需要和不平衡不充分发展之间的矛盾仍然突出，创新不足、供需结构不匹配现象不同程度存在，外需对我国经济增长的作用存在不确定性，但我国已成长为世界第二大经济体、第一制造业大国和最大的货物贸易国，正在向高收入国家稳步迈进，将形成全球最大规模的中等收入群体，有雄厚的物质基础、规模庞大和最具增长潜力的消费市场，可以依托国内大市场优势，充分挖掘内需潜力，增强国内大循环的主导作用，充分发挥大国经济的规模效应和集聚效应，推动服务业高质量发展。

从河北看，省委、省政府坚持以新发展理念为引领，主动融入和服务于以国内大循环为主体、国内国际双循环相互促进的新发展格局。雄安新区加快建设，京津冀协同发展不断取得新成效，北京冬奥会的召开，北京大兴国际机场临空经济区建设不断取得新进展，县域经济、城市经济加快发展，沿海经济带发展步伐持续加快，为服务业发展创造了巨大空间。同时，相继出台各项政策举措，从生产性服务业到生活性服务业，强化服务业发展保障措施，持续优化营商环境，进一步破除制约企业发展的体制机制障碍，为加快现代服务业发展营造了良好的政策环境。

二 河北省现代服务业发展存在的问题

（一）规模效益不高

从增加值来看，2020 年广东、江苏、山东、浙江服务业增加值分别达到6.3 万亿元、5.4 万亿元、3.9 万亿元和3.6 万亿元，河北省仅为1.9 万亿元，绝对值与先进省份之间还存在较大差距。从增速来看，2020 年江苏、山东、浙江服务业增加值增速分别为3.8%、3.9%和4.1%，河北省为3.3%，发展势头略显不足。从营业收入来看，2021 年上半年河北省服务业增加值为1 万亿元，规模以上服务业营业收入为1844.9 亿元，而2021 年上半年服务业增加值同为1 万亿元的安徽省规模以上服务业营业收入达到2206.6 亿元，比河北省高20%，这说明河北省服务业效益亟待提高。

（二）供给质量不优

生产性服务业供给水平偏低。产业链发展不完善，部分行业发展尚未产业化，企业服务外包程度不高，工业设计、电子信息、现代金融等相关服务业发展薄弱，高端化专业化的生产性服务业发展明显滞后。生活性服务业有效供给不足。以住宿和餐饮业为例，2020 年河北住宿和餐饮业增加值仅为342 亿元，而与河北经济总量较为接近的安徽为698.1 亿元，即使是基本不受疫情影响的2019 年，河北住宿和餐饮业增加值也仅为389 亿元，安徽为759.4 亿元，折射出河北服务业营商环境不优、品质化精细化程度不够、市场规模不大、消费潜力不足等问题。

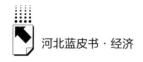

（三）区域发展不均

2020 年，石家庄、承德、张家口、秦皇岛、唐山、廊坊、保定、沧州、衡水、邢台、邯郸服务业增加值分别达到 3691.3 亿元、716.5 亿元、901.4 亿元、901.4 亿元、2780.7 亿元、2057.6 亿元、1852.0 亿元、1951.2 亿元、835.5 亿元、1065.6 亿元和 1688.6 亿元，经济体量较大的石家庄、唐山、廊坊、沧州、保定市服务业增加值较高。除石家庄、廊坊两市服务业增加值占地区生产总值比重分别达到 62.2% 和 62.3% 外，其他市服务业增加值占地区生产总值比重大都在 50% 左右，而制造业大市唐山由于工业占比较高，服务业增加值占地区生产总值比重仅为 38.6%，围绕先进制造业发展现代服务业力度不足。

（四）龙头企业不多

服务消费趋于多样化、个性化、高端化，现代服务业发展需要综合服务功能强的大型企业集团和产业联盟带动，但河北省服务业企业规模较小，服务产品单一，技术含量不高，发展层次较低，集聚化、规模化程度不够，缺乏具有行业引领能力的企业和高能级服务业平台。在"2020 中国服务业企业 500 强"榜单中，北京、浙江、上海、江苏分别有 55 家、47 家、47 家、44 家服务业企业上榜，河北仅有 17 家。从近年高速发展的行业来看，在电子商务领域，北京有京东，浙江有阿里巴巴；在现代物流领域，广东有顺丰、上海有三通一达；在电子信息领域，山东有浪潮信息，江苏有汇通达，而河北在这些新兴领域均缺少龙头企业。

（五）人才支撑不足

随着服务业数字化转型提速，人才需求日趋多元化，岗位要求日渐提高，对企业管理、信息服务、科技研发、技术推广、电子商务、金融保险、现代物流等知识密集型专业人才的需求不断增长，但河北省缺少"双一流"高校和大型龙头企业带动。高等院校与产业界联合培养服务业人才尚在摸索阶段，服务业从业人员专业素质有待提高，同时人才向京津流失较多，领军型、管理型和复合型高端人才储备较少，数字化管理者、工程师和技能人才支撑不足，难以满足现代服务业快速发展的需要。

三　河北省现代服务业发展重点与前景展望

立足新发展格局，着眼河北省产业发展基础，加快发展现代服务业，推动生产性服务业向专业化和价值链高端延伸，大力发展研发与设计、现代物流、软件和信息服务、金融服务、商务咨询等服务业；推动生活性服务业向高品质和多样化升级，加快发展健康、养老、育幼、文旅、体育、家政、物业等服务业；推动现代服务业同先进制造业、现代农业深度融合发展，加快推进服务业国际化、高端化、数字化、融合化、品牌化，努力提升现代服务业竞争新优势，着力构建支撑全省经济社会高质量发展的现代服务业体系。

（一）围绕制造业高质量发展需要，做强生产性服务业

1. 发展研发与设计服务业

以满足产业提升发展需求为导向，围绕生物医药、装备制造等优势产业和现代纺织、石油化工等传统产业，重点发展工业设计、技术转移应用、检验检测认证服务，布局前沿关键技术的研究开发。

（1）加强研究开发

围绕新一代信息技术、高端装备、新能源与智能网联汽车、生物医药、新材料等重点产业，聚焦产业链供应链关键环节"补短板""锻长板"，加强关键核心技术攻关。瞄准河北省重点产业发展和重大民生需求，在先进金属材料、输变电装备、太阳能光伏、先进轨道交通装备、高端精细化等领域攻克一批培育产业新优势的技术，在氢储能、新型显示、现代通信等领域攻克一批"卡脖子"技术，在大数据、机器人、生物医药和生物农业等领域攻克一批"撒手锏"技术，突破瓶颈，提升产品稳定性、可靠性和耐久性。鼓励企业与高校、科研机构开展技术攻关合作，支持建立前沿技术研发中

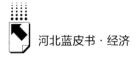

心、产业研究院、中试基地等新型研发机构，盘活并整合创新资源。

（2）发展工业设计

支持企业提升工业设计能力，促进产品外观、结构和功能优化，加快迭代升级，提升附加值。聚焦设计要素资源，围绕重点领域集中攻关，形成一批工业设计创新成果。推动特色产业集群植入工业设计，促进设计与产业的渗透融合，加速河间工艺玻璃、辛集皮革、香河家具、白沟箱包、平乡自行车童车、唐山陶瓷等区域特色产业形成专业设计产业链，培育有影响力的区域品牌。

（3）强化成果推广转化

重视重大科技成果的转化应用，探索成果转让转化收益激励改革，推进工程化、产业化环节取得突破，夯实产学研协同创新基础。推动创新成果及时与产业对接，在产业化过程中验证创新成果的实用性，促进产业发展，在商业化过程中实现创新回报，为后续创新提供动力与资金。提高制造业产业链内部创新能力，提升产业竞争力，使产业在创新中谋生路谋发展，在创新之路上做大做强。创新与产业相互融合，促进产业链和创新链同时朝着高水平、现代化、尖端化的方向发展。紧密结合产品的研发、制造、交付、维护等，围绕制造业产品的全生命周期进行创新管理，实现制造业链条延伸和价值增值。

（4）完善知识产权公共服务体系

加强知识产权服务供给，引导知识产权代理、法律、咨询、运营服务向专业化和高水平发展，引导知识产权运营向价值链高端延伸，拓展知识产权投融资、保险等增值服务功能，促进知识产权服务新模式、新业态发展。支持创建国家级、省级知识产权运营服务平台，支持省级知识产权运用服务平台开展知识产权转让、许可等运营服务。鼓励知识产权服务机构为创新主体提供全链条、专业化知识产权服务，引导知识产权服务机构为中小微企业提供服务。补齐创业孵化服务、知识产权服务等领域短板，完善知识产权投资、交易市场和公共服务体系。强化知识产权全链条保护，统筹推进行政保护、司法保护、仲裁调解、行业自律、公民诚信，加大知识产权的保护力度。

（5）发展检验检测认证服务

支持专业检验检测认证机构针对全产业链发展标准化、高度信息化、可溯源的检验检测认证体系，推动专业检验检测认证机构以高质量高水平的检验检测认证服务赢得市场公信力。支持企业完善自身产品检测、品控体系，通过过硬的品质在市场中赢得竞争优势。支持专业检验检测认证机构与企业生产紧密结合，帮助企业提升产品和服务质量。检验检测认证机构在为企业服务的过程中完善并发展检验检测认证体系，提升检验检测认证机构在全国乃至全球的公信力。依托医药产业发展基础，以企业为中心搭建检验检测等高端科技服务平台。深入推进奶业振兴，加快推动婴幼儿配方乳粉企业国家质量安全追溯体系试点建设。

2. 发展现代物流业

着力培育物流产业集群，构建开放性的现代物流体系，促进信息资源融合共享，推动实现采购、生产、流通等上下游环节信息实时采集、互联互通，提高生产制造和物流一体化运作水平。

（1）优化物流业空间布局

加快京津冀商贸物流一体化进程，积极承接北京非首都功能疏解转移，打造环首都1小时物流圈。根据产业基础和交通区位优势，进一步明确各区域中心城市的物流功能定位，形成特色鲜明的"通道＋枢纽＋网络"的物流运行体系。推动秦皇岛、唐山、黄骅港口的进一步发展，优化港口功能，完善港口集疏运体系，以港口带动腹地发展。培育空港、高铁枢纽经济区，依托枢纽设施，发展枢纽产业，带动全产业高效发展。建设省级物流产业聚集区，构建高效物流设施网络，为现代产业高效运行提供坚实保障。

（2）大力发展智慧物流

持续推进智慧物流园区和智慧物流项目建设，搭建大数据云服务平台，加强物流基础数据库建设，推广应用现代信息技术和智能装备，推动物流数字化、信息化、协同化、定制化发展。支持制造业企业使用智能化物流装备，通过先进物流技术提升生产效率。支持物流企业建设立体仓储设施，改进智能化物流装备，应用先进信息技术提升物流的计划、运作、调度和监控能力。鼓励制造业企业与物流企业开展外包服务合作，促进产业链融合发展。支持石家庄、邯郸等市建设智能物流信息服务基地，发挥智慧城市优势，促进物流智能化发展。支持秦皇岛、唐山、黄骅港口发展港口集疏运体系，打造秦皇岛港大宗货物智慧物流示范港、唐山港危险货物智能监管示范港和集装箱港车协同示范港、黄骅港无人化智能码头示范港。

（3）持续推进冷链物流

加快完善冷链物流基础设施建设，推广专业化、低碳化、智能化冷藏运输车辆。支持具备条件的农副产品批发市场、冷链物流园区和企业申报国家级骨干冷链物流基地。鼓励生鲜产品仓储物流企业与生产加工企业一体化运作，打造农副产品供应链综合服务商。持续开展京津冀农产品流通体系创新行动，推动省级农产品冷链物流监控平台与国家冷链物流监控平台对接，实现信息共享。支持供销社完善现货农产品直采直销体系，建设一批冷链物流中心（物流园区）和示范基地，逐步形成覆盖全省的"冷链物流体系骨干网"。

（4）加快发展电子商务

大力发展工业电商。支持大型企业建设电子商务平台，面向行业下游用户，提供在线下单、在线支付、物流配送等服务。支持重点行业协会组织建立行业电子商务平台，为行业内企业提供在线采购、销售、服务等。着力发展农村电商。广泛建设村级电商综合服务站，帮助农民、合作社解决开展电子商务的技术困难，推动电商在全省农村全面覆盖，帮助农民销售农副产品，扶助农村产业成长。积极发展跨境电商，积极培育省级跨境电商示范企业，鼓励跨境电商示范企业建设公共海外仓，降低中小企业开展跨境电商业务门槛，积极协调缩短跨境电商清关时间。综合保税区做好跨境电商业务保障工作，吸引跨境电商企业向综合保税区集聚。支持石家庄建设现代商贸物流中心城市，申建中国跨境电子商务综合试验区。积极培育发展电商新业态，支持推动直播带货、社交电商、短视频电商等新媒体电商规范发展。

（5）构建高效配送体系

大力发展多式联运、公路甩挂运输、网络货运平台、供应链管理、城市共同配送等新模式。实施城乡高效配送专项行动，抓好龙头示范企业和重点配送中心建设，创新物流配送模式，推广应用河北省城乡高效配送公共服务平台。吸引物流企业区域总部、集散中心、结算中心等入驻河北。健全县乡村三级快递物流配送体系，完善县级公共物流仓储配送中心，整合邮政、快递、物流、商贸流通等资源，以市场化方式建立县域物流快递共同配送联盟，实现统仓共配，补齐城乡寄递末端短板。大力发展城乡邮政快递末端综合服务站和智能快件箱（信包箱），打通农村物流"最初一公里"和"最后一公里"。

3. 发展信息服务业

大力发展软件和信息技术，推进雄安新区、石家庄、廊坊、保定、秦皇岛、张家口等地信息产业发展集聚，争取形成国内具有影响力的产业集群。

（1）加快发展工业互联网

推动工业与信息通信技术深度融合，以信息通信技术提升工业效率，让工业更好地保障新时代社会主义建设，保障人民生活水平的提升。大力发展"互联网＋"，推动互联网技术在全产业深度应用，提升行业生产水平和服务效率。支持先进工业互联网产业，推动智能制造、智能穿戴设备、新能源智能汽车等产业发展。支持工业互联网平台建设，降低企业应用工业互联网技术门槛，促进全产业工业互联网化。扶持建立工业互联网示范企业，依托先进完善的工业互联网化案例，形成方便复制推广的工业互联网转型升级方案。支持围绕工业互联网发展平台经济、共享经济和分享经济。培育发展一批工业数字化智能化服务商，针对不同行业企业开发数字化系统。重点面向设计、生产控制、生产管理等环节，推广应用信息化系统，实现智能化生产、智慧化管理。

（2）力促软件开发行业发展

支持制造业数字化转型，推动开发制造业专业软件，加快制造业关键生产环节自动化软件研发与应用。支持智慧城市建设，扶持省内软件企业面向智慧城市应用需求，开发智慧城市应用软件，加快智慧城市建设进度。支持人工智能产业发展，推动智能软件加速迭代升级，及早应用于工农业生产及

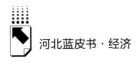

服务业，提高生产效率、服务质量。支持软件产业基地建设，鼓励京津冀软件企业在河北省共建软件产业园。加快推动中关村海淀园秦皇岛分园、石家庄动漫产业基地、保定中关村数字文物文化产业园、中国（大厂）移动游戏产业基地园区建设。

（3）发展大数据和云计算服务

鼓励国际国内互联网企业、智能手机企业、新能源智能汽车企业在省内建立数据存储、数据计算中心，带动数据存储、云计算产业链建设与发展。培育制造业数据共享平台，实现数据共享、设计共享、生产共享，完善产业链分工，实现制造业繁荣发展。培育服务业数据存储、数据计算平台，依托平台资源孵化数字化服务业，加速服务业全面数字化转型。出台实施新基建"十四五"规划，加快发展数字经济，提升数字服务能力。推进雄安新区数字经济创新发展试验区建设，支持正定数字经济产业园、怀来大数据产业基地规划建设。加快沧州、唐山等4个市及12个县（市、区）新型智慧城市试点建设，打造新型智慧城市标杆。

4.发展金融服务业

充分利用多元化金融工具，不断创新服务模式，建立主体多元、业态先进、充满活力、规范有序的金融市场体系和现代金融产业发展格局，为制造业发展提供更高质量、更有效率的金融服务。

（1）提升传统金融服务

立足服务实体经济，培育壮大金融主体，做大做强银行业、证券业、保险业。引导商业银行、证券基金、融资租赁、保险、财务等机构，补充发展投贷联动、信用贷款和知识产权质押、资产证券化等服务产品，降低融资成本，提升融资便利性，形成与河北现代产业发展相适应的金融服务体系。推进区块链、大数据和云计算等新技术与金融深度融合，引导金融机构加快数字化转型，促进金融科技在经济生活和城市治理等领域的应用。

（2）构建现代金融产业体系

大力发展文化金融、供应链金融、消费金融、科技金融等新业态，开发覆盖创新创业企业全生命周期的科技金融服务产品，构建"天使投资＋创业投资＋债券融资＋上市融资"多层次创新创业融资体系。推进金融产品和服务创新，大力发展普惠金融，鼓励发展信托投资、证券经纪、责任保险、信用保险、融资租赁等。制定互联网金融行业规范，促进互联网金融健康发展。支持中国（河北）自贸试验区增强金融服务功能、深化外汇管理体制改革、推动跨境人民币业务创新。积极承接北京疏解的金融机构总部、区域性和功能性总部，引进境外金融机构总部和地区总部。推动设立雄安银行、雄安股权交易所和金融资产交易平台，建设雄安金融科技中心，集聚一批金融科技企业，把雄安新区建成金融创新先行区。优化石家庄金融区产业生态环境，培育建设省会金融创新开发区，打造冀中南区域金融综合服务基地。

（3）加强金融风险监测预警

综合运用央行评级、压力测试、稳健性评估等手段，不断提高风险监测的前瞻性和有效性。组织开展法人银行金融风险排查，确保能够及时有效识别重大风险隐患，做到风险早发现、早预警，推动早处置。严密防范流动性风险。密切监测、重点关注银行机构流动性风险，定期对法人银行机构开展流动性压力测试。对个别流动性风险较大的机构，做好流动性支持准备，防止发生流动性风险。压实地方政府属地责任和高风险农合机构主体责任，督促机构根据自身实际制定风险处置方案。

5.发展节能与环保服务业

推动节能环保服务业发展，强化节能环保服务对制造业绿色发展的支撑作用，推动节能环保服务覆盖制造业全领域、全周期，提高传统行业绿色化水平，引导全行业绿色发展。

（1）推动节能服务发展

限制传统"两高"行业发展，存量"两高"项目实施节能降碳、环境友好改造，提高能源利用效率，杜绝环境污染。推广节能咨询、节能评估、节能设计、节能技术改造，为传统行业节能减排提供技术支撑，为新兴行业绿色发展指引方向。发展完善碳排放权体系，积极发展碳资产管理，引导行业低碳发展。加强数字信息技术在节能减排领域应用，推进重点行业废水治理设施在线监测和运行控制系统建设。扶持专业节能公司发展，鼓励企业在节能技术方面加大研发资金投入力度。支持石家庄、秦皇岛、唐山等地建设节能环保产业园，积极打造国家级环保科技研发基地。

（2）促进环境与污染治理服务

加强城镇污水、垃圾、医废、危废收集处理等环境基础设施改造建设，补齐医废危废收集处理短板，提升雨污分流水平，全面消除黑臭水体。推广低碳交通工具，淘汰老旧燃油运输车辆，加快新能源和清洁能源汽车在城市公交、出租汽车、城市配送、港口、机场等领域推广应用，推广氢燃料电池重卡等交通运输设施。统筹新能源设施规划建设，促进公共充电桩、换电站发展，鼓励私家充电桩建设，支持社区、物业配合协助业主建设私家充电桩。支持石家庄、邯郸、衡水、秦皇岛、唐山5市国家绿色货运配送示范城市建设发展。

（3）发展回收与利用服务

加强废旧物品回收设施规划建设，完善城市废旧物品回收分拣体系。完善资源回收与利用体系，实现资源回收利用全行业、全周期覆盖，实现资源社会价值最大化。支持废旧电子产品、元器件回收处理产业链发展。积极打造家电销售和废旧家电回收处理产业链，探索实施家电企业生产者责任延伸目标制度。大力支持电池回收处理产业，支持企业和科研机构在电池回收处理技术方面加大研发投入力度，特别是新能源汽车动力电池回收处理，提高动力电池中贵重金属的回收利用率，规范动力电池回收处理流程，促进动力电池回收行业健康茁壮发展，为新能源汽车发展、换代提供坚实支撑。

6.发展商务服务业

大力发展与现代产业需求相适应的法律服务、咨询服务、会计服务、工程设计、勘察设计、专业中介、广告策划等商务服务，助力制造业企业健康合理高效发展。举办多种形式的高质量商务会展活动，做强中国国际数字经济博览会、廊坊国际经济贸易洽谈会等会展品牌，形成具有国际知名度的专业品牌会展。

7. 发展人力资源管理服务业

大力吸引人才落户河北省，尤其是尖端技术人才、前沿产业人才、"双一流"高校应届毕业生，进一步发展壮大河北省人才队伍。发展健全人才奖励机制，提升人才管理水平，保障人才就业，促进人才技有所用、学有所用，为人才发挥才智做好坚实保障。规范劳务派遣、人力资源服务外包等人力资源服务，支持高级人才寻访、人力资源管理咨询等人力资源服务业态发展。

（二）提升人民生活获得感幸福感，做优生活性服务业

1. 发展居民和家庭服务业

完善城市生活服务网点规模、布局、业态结构和服务功能，推动构建以步行 15 分钟左右为服务半径的便捷化生活服务圈。

（1）合理规划布局社区服务设施

支持社区完善公共服务设施，依据社区规模建设满足社区居民需求的卫生服务中心（站）、体育健身设施，统筹设置幼儿园、菜市、维修点、便民超市等，支持社区公共厕所建设。推动社区老年便利服务设施建设，发展上门护理、老年自助餐等特色服务，保障老年人享受便利服务。推动社区儿童便利服务，规范托幼行业健康发展。推动社区充电便捷服务，加大公共充电桩建设力度，在社区层面为新能源汽车产业蓬勃发展做好坚实支撑。提升社区服务便利性，加快建设"5 分钟便利店 +10 分钟农贸市场 +15 分钟超市"便利生活圈，增加养老、托幼、家政服务供给。

（2）着力培育市场主体

支持中小家政、护理、餐饮等企业健康发展，鼓励企业为居民提供专业、特色服务，促进居民服务业繁荣发展。鼓励生活性服务业企业提升服务质量，提供全方位的生活性服务，打造人民信赖的品牌综合服务商。积极建设居民服务网络平台，利用现代通信技术，提供便捷的居民服务。建设居民服务评价体系和质量分级认证机制，促进居民服务良性发展。

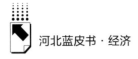

2.发展健康养老服务业

推动健康产业向数字化、信息化、智能化发展，健全覆盖全生命周期、满足多样化需求的医疗服务体系。深入推进医养结合，完善养老服务基础设施，扩大养老服务供给。

（1）多元化发展智慧医疗

构建移动医疗、远程诊疗等新业态新模式。积极对接京津优势医疗资源，建设三地5G远程医疗信息系统，实现病理信息、影像图片的实时共享。开展基于在线视频、VR等技术的移动式院前急救、远程诊断、远程影像会诊、远程监护、远程机器人手术，推进5G技术在互联网医院、医学影像、数字化手术室、卫生应急指挥等领域应用，推广在线健康咨询和健康管理服务。

（2）推动养老产业发展

发展智慧养老、居家养老、社区养老、机构养老、绿色养生、中医养生等养生养老产业。鼓励社会力量全面深度参与医养康养产业建设发展。企业在竞争中提升服务品质，机构为老人提供惠民服务，社区帮助老人解决养老困难。积极探索、创新医养结合新做法。着力推进"食、药、医、健、游"五位一体融合发展，打造京郊医养基地、"京津第二居所"和国际医疗康养休闲基地产品。发挥石家庄、秦皇岛国家级康复辅助器具产业综合创新试点城市优势，做大做强康复辅助器具产业，促进"医、养、康"全产业链蓬勃发展。

3.发展文体旅游业

推动文化科技、艺术创作、动漫游戏、旅游文化等产业融合联动发展，培育数字娱乐、网络直播、数字出版、数字创意等数字文化新业态。

（1）整合优化旅游资源

以发展全域旅游为方向，推进文化旅游融合发展，提升文化旅游景区和经典游线建设，重点发展休闲旅游、红色旅游、研学旅游、数字旅游，培育文化遗产旅游、工业旅游、乡村旅游等业态。推进科技驱动和数字赋能，促进文化和旅游深度融合，积极发展休闲度假、旅游观光、创意农业等，培育云旅游、云演艺、云娱乐、云直播、云展览、沉浸式体验等新型消费模式，提升休闲农庄、特色民宿、乡旅客栈、自驾露营、户外运动和养老养生基地建设。

（2）发展文化创意等产业

积极发展数字文化，建设数字文化设施，将传统工艺美术品数字化，培育数字化非物质文化遗产。积极弘扬优秀的传统燕赵文化，引导新时代的燕赵文化健康发展，鼓励人民积极传承与弘扬燕赵文化，实现文化作品创作量质齐升。推动长城、大运河国家文化公园试点建设，办好中国吴桥国际杂技艺术节和中国·石家庄国际动漫博览交易会。依托核心旅游资源，重点发展旅游演艺、文创商品、文旅街区、冰雪旅游、度假酒店等高端旅游业态。文化创意产业不断创新，通过"文化就地取材＋生产企业""统一打样生产＋营销平台"的模式，为非物质文化遗产传承人提供文化交流、产品展示空间。

（3）鼓励发展体育赛事、体育培训、户外运动、竞赛表演相关产业

维护好、运行好现有体育设施，积极建设人民群众需要的各项体育设施，积极开展大众健身服务，切实满足人民群众的体育健身需求。支持兴办健身组织，支持足球、篮球、乒乓球等协会发展，支持兴办各类体育俱乐部。结合河北省地理优势和人文环境，积极组织马拉松、太极拳、滑雪等赛事，积极与京津联合申报承办高水平国际体育赛事。支持体育器械产业健康蓬勃发展，保障体育用品和服务供给，在张家口冰雪运动装备、肃宁渔具、平乡自行车等产业集群的带领下，形成体育器械产业促进体育事业、体育事业推动体育产业发展的大好格局。

（三）推进产业深度融合

1. 现代服务业与先进制造业深度融合

支持先进制造业企业向上、下游开展服务业务，向产品研发、产品设计、营销服务等环节延伸，以高端服务提升先进制造业竞争力。鼓励钢铁龙头企业和领军企业向钢铁产业系统集成总承包服务商转变。在现有制造业集

群和工业园区内，搭建研发设计、知识产权、信息服务、金融、商贸、物流、会展等服务平台，使产业集群成为集成制造与服务功能的产业链集合，不断提升全产业价值链的竞争力。在服务业集群内，完善创新创业投资环境，完善知识产权创造、运用和保护法律体系，促使先进制造业企业共享信息知识资源。

2. 现代服务业与现代农业深度融合

加快推进面向农业农村的现代服务业发展，推进农村产业融合发展示范园建设。构建农业产业化服务体系，实现农业生产方式转变和升级，促进农民增收。瞄准农村电商、农村物流、农业旅游、创意农业等方向，加快构建全程覆盖、区域集成的新型农业社会化服务体系，实现农业全环节提升、全链条增值、全产业融合。支持培育和发展以龙头企业为核心、农民合作社为纽带、家庭农场和专业大户为基础的农业产业化联合体。加快发展"智慧农业"，推广"互联网＋农业科技综合服务"模式，支持创建农村产业融合发展示范园区。

3. 服务业内部各领域深度融合

运用大数据、云计算、移动互联网等现代信息技术，着力促进服务业内部文化与旅游、医疗与养老、贸易与物流等各领域交叉渗透和资源整合，打造特色文旅消费中心等综合新兴服务产品。支持发展良好的服务业企业跨地区、跨行业经营，提供服务系统解决方案。支持建设服务业综合平台，带动新创企业、小微企业发展，共建"平台＋模块"产业集群。

参考文献

《河北省人民政府关于加快推进现代服务业创新发展的实施意见》，江苏省发展和改革委员会网站，2018 年 10 月 30 日，http：//fzggw. jiangsu. gov. cn/art/2018/10/30/art_ 4640_ 7833561. html。

《关于印发〈河北省新时代服务业高质量发展的实施意见〉的通知》，河北省企业联合会网站，2020 年 1 月 21 日，http：//www. hbec. cn/WebSite/Info. aspx？Id ＝23958&

ModelId = 1。

《关于加快推动制造服务业高质量发展的意见》，中华人民共和国中央人民政府网站，2021 年 3 月 16 日，http：//www. gov. cn/zhengce/zhengceku/2021 – 03/23/content_5595161. htm。

《国务院办公厅转发国家发展改革委关于推动生活性服务业补短板上水平提高人民生活品质若干意见的通知》，中华人民共和国中央人民政府网站，2021 年 11 月 2 日，http：//www. gov. cn/zhengce/content/2021 –11/02/content_ 5648192. htm。

《河北省国民经济和社会发展第十四个五年规划和二〇三五年远景目标纲要》，定州市人民政府网站，2021 年 7 月 21 日，http：//www. dzs. gov. cn/col/1598581502444/2021/07/21/1626859890959. html。

产业发展篇
Industry Development

B.6
河北打造国内领先新能源产业集群研究

李书锋*

摘　要： 河北省拥有新能源产业发展良好的自然禀赋，也拥有良好的工业基础。河北打造国内领先新能源产业集群具有先天优势。但是，河北也存在高端专业技术人才匮乏、关键技术对外依赖度高、新能源消纳能力不足等问题。为了打造国内领先新能源产业集群，河北要重点发展张家口、承德等地新能源应用产业集群，保定风能和太阳能发电装备产业集群、张家口和邯郸氢能装备产业集群等，以及以新能源汽车为代表的新能源新业态产业集群。针对新能源产业集群发展存在的问题，河北要积极创新产业发展体制机制，强化新能源技术研发，拓展产业发展资金渠道，聚集产业发展高端人才，努力提高新能源消纳能力。

---

* 李书锋，经济学博士，河北省委党校公共管理教研部教授，河北省省级财政专业人才库成员，河北省委宣传部舆情办特约调查员，主要研究方向为宏观经济分析、产业经济。

关键词： 新能源　产业集群　河北省

党的十九大以来，河北深入贯彻习近平生态文明思想，积极谋划落实碳达峰、碳中和行动目标，全力推进新能源产业高质量发展，打造国内领先新能源产业集群，以新能源产业发展推动能源消费结构优化升级，不断为全省和京津地区经济社会发展提供绿色动力。

一　河北新能源产业发展基础

（一）河北新能源产业发展的自然禀赋

河北是我国北方新能源资源比较富集的省份，在地形地貌、纬度、气候等因素的共同作用下，河北的风能、太阳能、生物质能、地热能等新能源资源丰富，为河北新能源产业发展奠定了良好的基础。

1. 风能

河北风能资源主要分布在张家口、承德坝上地区，秦皇岛、唐山、沧州沿海地区以及太行山、燕山山区。风能资源技术可开发量达 8000 万千瓦以上，其中陆上技术可开发量超过 7000 万千瓦，近海技术可开发量超过 1000 万千瓦。

2. 太阳能

河北太阳能资源仅次于青藏及西北地区，年辐射量为每平方米 4981 ~ 5966 兆焦，全省可开发量约为 9000 万千瓦，具备地面电站、农光互补、光电建筑一体化等多种形式的开发条件。

3. 生物质能

河北可能源化利用的生物质能资源量约有 2000 万吨。其中，农作物秸秆除了用于还田、养殖、造纸等，仍有约 1046 万吨可供能源化加工使用；林业采伐剩余物、加工剩余物等可利用量约为 570 万吨。

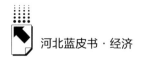

4. 地热能

河北地热能资源主要分布于燕山、太行山褶皱带和河北平原沉降带等区域。浅层地热能可利用资源量为 0.11 亿吨标煤，中深层地热能可利用资源量为 49.7 亿吨标煤。

除了风能、太阳能和生物质能以外，河北还有少量水能资源，抽水蓄能电站的可开发量约为 1600 万千瓦。

（二）河北新能源产业发展现状

1. 新能源应用

截至 2020 年底，河北新能源装机规模达 4761 万千瓦，占全部电力装机的 47.6%；一次电力年发电量达 593.3 亿千瓦时，占全社会用电量的 17.3%。

（1）风力发电迅猛增长

截至 2020 年底，河北风电装机规模达 2274 万千瓦，居全国第三位，实现了从"风电大省"到"风电强省"的历史性跨越。2020 年，全省规模以上风力发电企业达 90 家，风力发电量达 340.5 亿千瓦时，同比增长 15.3%。其中，发电量排名前五位的企业分别是河北丰宁建投新能源有限公司、河北大唐国际丰宁风电有限责任公司、国华爱依斯（黄骅）风电有限公司、国电天唯康保风能有限公司和建投燕山（沽源）风能有限公司，发电量分别达 16.7 亿千瓦时、15.9 亿千瓦时、11.6 亿千瓦时、11.2 亿千瓦时和 10.4 亿千瓦时。

（2）太阳能发电取得长足进展

截至 2020 年底，全省光伏发电装机规模达 2190 万千瓦，居全国第二位。2020 年，规模以上太阳能发电企业 130 家，比上年增加 29 家，太阳能发电量为 99.5 亿千瓦时，同比增长 16.1%。其中，年发电量排名前五位的企业分别是唐县森兴新能源开发有限公司、海兴东方新能源发电有限公司、张北禾润能源有限公司、张北能环新能源有限公司和阳原东润新能源开发有限公司，发电量分别为 3.8 亿千瓦时、3.8 亿千瓦时、3.6 亿千瓦时、3.4 亿千瓦时和 3.2 亿千瓦时。

（3）积极开发利用生物质能

2020 年，全省生物质发电投入量为 90.8 万吨标准煤，发电量 23.3 亿千瓦时。其中，年发电量排名前五位的企业分别是中电行唐生物质能热电有限公司、河北中电京安节能环保科技有限公司、国能吴桥生物发电有限公司、国能成安生物发电有限公司和衡水泰达生物质能发电有限公司，发电量分别达 3.0 亿千瓦时、2.4 亿千瓦时、2.4 亿千瓦时、2.3 亿千瓦时和 2.2 亿千瓦时。

（4）氢能发展处于初期阶段

依据《河北省 2020 年氢能产业重点项目清单（第一批）》数据，2020 年全省氢能建设重点项目共 43 个，涵盖制氢、氢能装备、加氢站、燃料电池、整车生产、应用示范、技术研究的氢能全产业链条，总投资约 87 亿元，其中在张家口市布局项目 21 个。

2. 新能源装备

截至 2020 年底，全省规模以上企业新能源相关产业总体发展速度较快。全省太阳能电池产量为 683.9 万千瓦，同比增长 21.7%；单晶硅产量为 635228.7 万克，同比增长 7.0%；变压器产量为 10677.9 万千伏安，同比增长 17.3%；锂离子电池产量为 3525.2 万只，同比下降 3.5%，但是 2020 年 12 月，锂离子电池产量迅速回升，达到 357.7 万只，同比增长 68.7%。河北光伏组件生产企业主要包括保定天威英利新能源有限公司、晶澳太阳能科技股份有限公司、晶兴电子材料有限公司、秦皇岛博硕光电设备股份有限公司等，主要分布于保定、邢台等地。

河北拥有较大规模风电设备及相关企业 20 多家，包括风电整机组装企业（保定天威、国电集团、惠德风电等）、风机叶片生产企业（中能风电、华翼风电等）、风电逆变控制器生产企业（科诺伟业、吉风风能等），以及天翼叶片模具、顺恒玻璃纤维、昊沃螺栓、凯斯达法兰盘等配套件生产企业和研发中心、检测机构等多家配套企业，初步形成由风电整机组装，叶片、控制系统及相关配套产品组成的风电设备产业集群，主要企业集中在保定、张家口。

此外，全省新能源新业态发展良好。生产新能源汽车 56363 辆，同比增长 25.3%。

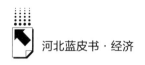

二 新能源产业发展面临的形势

（一）国际形势

在全球共同应对气候变化的大背景下，欧盟、北美、日本等经济发达国家和地区纷纷制定和更新新能源发展战略，加速向清洁化、低碳化新能源时代迈进。以新能源为代表的战略性新兴产业重大技术创新不断涌现，风能、太阳能、氢能等关键技术不断实现突破，新能源汽车、分布式能源、能源互联网等领域蓬勃兴起，各主要国家纷纷将新能源作为科技创新的战略制高点和产业转型发展的着眼点。新能源产业成为最富有活力、最具前景的战略性新兴产业。同时，新能源产业科技含量高，资金投入大，产业融合度高，对经济发展的带动效应明显，已经成长为引领经济发展的新动能，越来越受到世界各国的重视。

2009 年，美国率先提出了新能源战略，这是新能源产业快速发展的重要里程碑。美国加速推进新能源替代传统化石能源，也推动了经济增长模式的重大转变，给世界能源和经济发展带来深远影响。2020 年，新能源发电量已经占美国发电量的 20.4%。欧洲新能源占电力供给的 30.8%，其发电量已经超过化石燃料。世界其他国家和地区也大力发展新能源产业。

（二）国内形势

从国内看，我国经济已由高速增长阶段转向高质量发展阶段，党的十九大报告明确提出建设美丽中国。要建设美丽中国和贯彻落实碳达峰、碳中和任务，实现 2025 年非化石能源占一次能源消费比重提高至 20% 左右的目标，必须大力发展新能源。为了在国际产业竞争中占据有利地位，促进我国新能源产业和经济社会可持续发展，国家制定了《可再生能源发展"十三五"规划》《能源技术革命创新行动计划（2016—2030 年）》《"十三五"国家战略性新兴产业发展规划》等，作为指导我国新能源产业发展的行动纲领。

在新形势下，全国各地纷纷将新能源产业作为促进经济发展的战略性产业，出台各类发展规划、行动方案、扶持政策，大幅增加对新能源产业的投入，积极引导社会资源向新能源产业倾斜，新能源产业发展速度显著提高，产业竞争日益激烈。目前，我国部分省份新能源产业规模明显扩大。这些省份开始着力构建新能源产业集群，把新能源产业打造成促进经济发展的新增长极。截至2020年3月，全国新能源企业数量超过10万家，全国并网风电装机容量达28153万千瓦，同比增长34.6%；并网太阳能发电装机容量达25343万千瓦，同比增长24.1%；生物质发电装机容量达2952万千瓦，同比增长22.6%。

产业转型升级示范区和京津冀生态环境支撑区的发展定位对河北能源生产、环境保护、产业创新等方面提出了更高的要求。新能源产业不仅是环境友好的战略性新兴产业，也是发展低碳经济、建立现代产业体系的重要内容。河北应该把握历史机遇，率先发展新能源产业。近年来，河北以调整产业结构、能源结构为契机，制定了《河北省可再生能源发展"十三五"规划》《河北省印发氢能产业发展"十四五"规划》等新能源发展规划，着力推进新能源产业化、集群化发展。

三　新能源产业集群发展存在的问题

（一）高端专业技术人才匮乏

河北新能源及其相关领域高端人才匮乏，研发力量相对薄弱，创新平台和设施不完善，自主创新能力不强，关键技术研究滞后，支撑示范区新能源应用的综合技术创新体系不够完善。以新能源汽车为例，截至2021年7月，新能源汽车专利数量排名前五位的省市分别是江苏、广东、浙江、北京和安徽，其中江苏新能源汽车专利申请数量高达16700项，广东和浙江新能源汽车专利数量均超过1万项。此外，由于高端专业技术人才匮乏，未来全省新

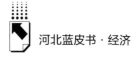

能源产业集群的技术路线存在很大的不确定性，可能增加未来整个产业集群的发展风险。

（二）关键技术对外依赖度高

河北太阳能光伏发电、风力发电和生物质能技术比较成熟，但是在全省重点发展的氢能技术上相对落后。从总体看，我国氢能产业技术水平整体落后于国际主流水平，氢能产业领域的一些尖端技术大多被美、日、德等发达国家掌握。目前，我国氢能产业已在液氢储罐、氦制冷循环设备等一些环节掌握核心技术。但与发达国家相比，关键零部件主要依靠进口，燃料电池的关键材料包括催化剂、质子交换膜以及炭纸等还需进口；关键组件制备工艺亟须提升，膜电极、双极板、空压机、氢循环泵等部件与发达国家相比存在一定差距。因此，河北发展氢能产业时不得不引入国外先进技术，这在提升产业发展水平的同时，也造成了部分关键技术对外依赖度高的局面。

（三）新能源消纳能力不足

截至 2020 年底，河北风电装机规模为 2274 万千瓦，风力发电量为340.5 亿千瓦时。光伏发电装机规模为 2190 万千瓦，太阳能发电量为 99.5亿千瓦时。但是，2020 年河北风电、光伏发电保障性并网规模分别为 600万千瓦和 1584 万千瓦，远低于全省新能源装机规模（见表 1）。

表 1　2020 年河北各市风电、光伏发电保障性并网规模

单位：万千瓦

城市	风电	光伏	城市	风电	光伏
石家庄	—	200	保定	—	150
承德	300	250	沧州	—	150
张家口	300	300	衡水	—	100
秦皇岛	—	50	邢台	—	150
唐山	—	100	邯郸	—	100
廊坊	—	30	定州	—	4

此外，全省新能源发电量增速十分迅猛，风力发电量和太阳能发电量均居全国前列。2016～2020年，风力发电量从209.3亿千瓦时增长到340.5亿千瓦时，年均增长12.9%。太阳能发电量从26.5亿千瓦时增长到99.5亿千瓦时，年均增长39.2%（见表2）。但是，相对于快速增长的新能源发电量，河北新能源消纳能力相对不足，弃风和弃光现象依然存在。2021年，国家发展改革委和国家能源局规定河北新能源电力消纳责任权重最低值为16.5%，2022年为17.93%。相对于快速增长的新能源电力总量，河北电网新能源消纳能力建设压力很大。

表2　2016～2020年河北风力发电量和太阳能发电量

单位：亿千瓦时

	2016年	2017年	2018年	2019年	2020年
风力发电量	209.3	249.6	282.6	317.7	340.5
太阳能发电量	26.5	37.4	56.6	79.4	99.5

（四）产业集群产业链尚需完善

河北风力发电和太阳能发电产业发展历史悠久，实力相对雄厚，在全国处于领先地位。两大产业的装备制造在保定市和邢台市形成比较完整的产业链，但是产业链的某些环节还比较薄弱。河北太阳能光伏制造业所需的重要原料多晶硅产能较低，与河北太阳能光伏制造大省的地位不符。河北还不能制造风力发电装备中一些关键零部件如电控系统、齿轮箱等，或者与先进水平相比还有一定差距。氢能产业的产业链更加薄弱。目前，河北燃料电池发动机功率、寿命和续航里程有待提高，氢气的储存和运输技术存在瓶颈，市场培育有待加强。

（五）部分新能源产业盈利难

目前，风力发电和太阳能光伏发电的成本依然高于水力发电和以煤为燃料的火力发电，如果没有国家政策扶持，新能源发电企业很难实现盈利。由于技术不成熟，氢能利用成本更高。建设一座日加氢能力为500千克、加注压力为35兆帕的加氢站需要投入约1200万元，其中设备成本约占70%，是传统加油站的3倍。此外，加氢站维护运营成本、税收费用等诸多因素使得加氢站加注成本为13~18元/千克，高价格导致氢能难以打开消费市场，商业化加氢站很难实现盈利。因此，省内加氢站多为政府投资运营的示范项目。

四 河北新能源产业集群发展重点

（一）新能源应用产业集群

1. 张家口新能源应用产业集群

张家口是华北地区风能和太阳能资源最丰富的地区之一。依托资源优势，张家口把大力开发新能源作为推进产业转型的主攻方向，新能源产业集群化发展成效显著。截至2020年底，全市新能源装机规模达2003.2万千瓦，其中风电装机规模为1380.6万千瓦、光伏装机规模为614.6万千瓦、生物质发电装机规模为6.5万千瓦、光热发电装机规模为1.5万千瓦。张家口市新能源消费量占比已达到30%以上，处全国领先水平。目前，张家口新能源应用产业集群拥有众多优质高效的新能源项目，沽源"奥运风光城"、张北风光热储输多能互补集成优化示范项目正在积极推进；尚义抽水蓄能电站、百兆瓦先进压缩空气储能国家示范项目开工建设。在国家能源局、国家电网公司支持下，智能输电通道建设不断加快，±500千伏多端柔性直流示范工程及张北—雄安1000千伏特高压输变电工程分别于2020年6月和8月建成投运。项目建成可增加1650万千瓦新能源电力外送，并满足向京津冀和华中负荷中心持续输送绿色电力的需求。在绿色电力直供方面，张家口市将绿色能源与高耗能大数据产业有机结合。张北云联数据中心、数据港张北数据中心、阿里庙滩数据中心、阿里小二台数据港数据中心、怀来秦淮数据中心等项目已经全面采用新能源直供，投入运行服务器 80 万台。

2. 承德新能源应用产业集群

新能源产业是承德市的支柱产业之一。截至 2020 年底，承德市新能源装机规模达 754.3 万千瓦，全年发电量达 132 亿千瓦时，分别占全市电力总装机和总发电量的 80.6% 和 62.0%。新能源产值已突破 110 亿元，在承德市地区生产总值中的占比达到 7.47%。承德投产、在建的风电项目总规模为 589.9 万千瓦，已完成装机 458.3 万千瓦，并网 420.9 万千瓦，核准在建及开展前期项目 131.6 万千瓦；建成及在建的光伏发电项目 49 个，总规模 224.8 万千瓦。其中，建成大型地面电站 41 个，装机 114 万千瓦；世界最大装机规模 360 万千瓦的丰宁抽水蓄能电站首台机组年内将投产发电。生物质发电取得长足发展。承德建成、在建和核准的生物质发电项目共 4 个，总规模 11.4 万千瓦。其中，兴隆 3 万千瓦生物质热电联产项目正在抓紧建设，平泉 3 万千瓦、宽城 3 万千瓦生物质发电项目已完成核准；承德地热现有丰宁洪汤寺、围场山湾子、隆化七家、茅荆坝，承德县头沟等 8 处地热资源被开发利用，主要用于洗浴疗养、养殖及饮用水加工。承德浅层地热供暖面积达 477 万平方米，污水源热能供暖面积达 19.9 万平方米。"十四五"时期，承德计划新增风电、光伏发电装机 1200 万千瓦以上，到 2025 年全市清洁能源装机将突破 2000 万千瓦。

3. 燕山—太行山和沿海新能源应用产业集群

按照国家发展改革委等部门要求，在国家级扶贫开发重点县和燕山—太行山集中连片特困地区，加快推进光伏扶贫电站建设，推动发展规划容量不小于 50 万千瓦的光伏发电领跑技术基地。保定市涞源县作为河北省沿太行山光伏规模化应用示范带重点县之一，已规划光伏发电装机容量 1040 兆瓦，预计总投资 112.5 亿元；风电总装机容量 560 兆瓦，总投资 52 亿元。保定市曲阳县已经建成和在建光伏发电装机总量 1200 兆瓦。依据《河北省海上风电场工程规划》，全省海上风电场按照总装机容量 560 万千瓦进行规划建设，其中，唐山区域 430 万千瓦，沧州区域 130 万千瓦。2020 年，河北省首个海上风电项目——唐山乐亭菩提岛海上风电场全部风机并网发电。该项

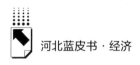
目装机总容量300兆瓦，共安装75台单机容量为4兆瓦的风电机组，预计年发电量7.6亿千瓦时。

（二）新能源装备产业集群

1. 保定风能和太阳能发电装备产业集群

保定市在国家级新能源与能源设备产业基地的基础上，建立了以风力发电、光伏发电为重点，以输变电及电力自动化设备为基础的新能源设备企业群，其目标是建设集研发、生产、物流于一体的世界级新能源产业集群。目前，保定新能源装备产业集群包括光伏发电、风力发电、新型储能、高效节能、输变电及电力自动化等六大产业。产业集群拥有太阳能、风能及输变电、蓄能设备制造骨干企业170多家，其中包括众多全国同行业的龙头企业，新能源产业增加值在全市规模以上工业总增加值中的比重超过10%。目前，保定是国内最大的太阳能光伏设备生产基地，龙头企业英利集团为世界领先的太阳能光伏企业。保定拥有涵盖风电叶片、整机、控制等关键设备自主研发、制造、检测等的完整的风电产业链条。中航惠腾风电设备股份有限公司是国内生产规模最大的风电叶片制造企业，产量占国产叶片的90%。在输变电设备制造上，保定天威集团拥有完整的产业链，大型发电机组主变压器约占国内产量的45%左右。随着中国兵装集团、国电集团、中船重工等一批重量级战略伙伴加盟，保定新能源装备产业集群建成了国内最大的光伏发电、风力发电、节电设备制造三大完整产业链，成为全国新能源产业创新和发展的战略平台。

2. 张家口、邯郸氢能装备产业集群

张家口作为河北省氢能产业发展核心，进行氢能全产业链布局，打造"氢能张家口"，未来发展目标定位于国际知名"氢能之都"。在产业链上游，借助当地丰富的风电、光电资源打造零碳制氢基地，开展加油站与加氢站合建示范工程，建立基础设施网络。在产业链中游，引入大型先进企业建设燃料电池生产项目。在产业链下游，借助"冬奥会"契机布局氢燃料电池汽车，探索建设分布式热电联供示范项目。目前，张家口累计投运新能源

汽车突破 3000 辆，其中，氢燃料电池公交车 224 辆。年产氢气 1400 吨的海珀尔制氢项目建成投运，全球最大风电制氢项目——沽源风电制氢综合利用示范项目具备生产条件。

邯郸氢能产业起步较早，是全球最大的水电解制氢设备生产基地，也是全国重型压力容器、氢气储运装备制造领域的重要基地。依据《邯郸经济技术开发区加快氢能产业发展实施方案（2020—2022 年）》，邯郸市将全面提升氢能全产业链工业化生产能力。氢能装备产业园内核心企业——派瑞氢能科技有限公司的业务覆盖了氢能"制氢—储运—加注"全产业链，涉及水电解制氢、化石燃料制氢、氢能运输、海洋氢能等诸多领域。2020 年，邯郸市氢能装备产业园每小时产气 1000 立方米的制氢电解槽顺利交付，该电解槽是 2022 年北京冬奥会氢气供应关键保障项目的核心设备。邯郸经济技术开发区将建设集氢能产业园、氢能创新研究院、加气站、氢能示范区、氢能装备制造基地于一体的氢能源产业集群。园区计划在"十四五"时期达到产值 500 亿元的产业规模。

3. 邢台太阳能装备产业集群

邢台作为首批全国创建新能源示范城市之一，高度重视新能源产业发展，着力打造国家新能源产业基地。邢台初步形成了包括太阳能光伏、光电、光热、电池装备、电池材料、风电机组在内的新能源产业集群，以及包括单晶硅、太阳能电池、电池组件等在内的完整产业链条。其中，晶澳（邢台）太阳能有限公司太阳能光伏组件的光电转化率处于世界领先地位。邢台经济开发区被国家科技部、工信部认定为"国家光伏高新技术产业化基地"和"太阳能光伏新型工业化产业示范基地"。2020 年，河北邢台经济开发区已集聚新能源企业近 20 家，新能源产业主营业务收入约 190 亿元，2025 年的目标是 300 亿元。

（三）新能源新业态产业集群

新能源汽车及其相关产业是当前新能源的新业态之一，包括新能源汽车制造、充电桩、换电站等产业。全省以新能源整车为龙头，带动相关产业发

展。全省积极推动北汽福田汽车公司张家口宣化年产 1000 台燃料电池客车
生产基地项目、长安客车公司定州年产 1000 台氢燃料电池整车生产项目、
张家口康盛股份公司年产 1500 台新能源专用车整车制造厂项目建设；推动
保定长城汽车氢能源乘用车研发项目建设，2022 年冬奥会前推出氢燃料电
池乘用车样车；邢台市充分发挥现有汽车产业基础优势和资源优势，重点培
育红星、御捷、奥捷斯等新能源汽车企业，积极支持新能源汽车企业发展充
电桩、换电站等产业。

五　促进河北打造国内领先新能源产业集群对策措施

（一）创新产业发展体制机制

在既有新能源产业政策的基础上，进一步探索促进新能源产业集群化发
展的新机制、新政策，研究制定有利于新能源产业集群化发展的管理办法和
体制机制。利用自贸区先行先试的优势，努力实现自贸区制度创新与新能源
发展相结合，为新能源产业生产和贸易提供便利；着力推进能源电力体制改
革，建立健全新能源无障碍上网制度，建立适应新能源大规模融入电力系统
的新型规划管理体制、京津冀新能源一体化发展机制；建立新能源之间互相
促进机制，探索将难以入网的风电和光电用于氢能产业的方式，形成有利于
新能源产业发展的体制机制和外部环境。

（二）强化新能源技术研发

以河北新能源产业集群技术需求为导向，围绕产业链部署创新链，强化
新能源技术研发。首先，加强河北新能源技术研发平台建设。支持华北电力
大学重点能源实验室、英利集团"光伏材料与技术国家重点实验室"和
"国家能源光伏技术重点实验室"、中国船舶集团第七一八研究所氢能技术
研究中心等国家级和省级研发平台建设，密切关注国内外技术发展趋势。其
次，强化协同创新。加强与中科院、清华、北大、中信通等顶尖科研院所、

高校深度对接合作，领跑产业高端。再次，强化核心技术突破。针对河北相对薄弱的技术环节，加快推进新能源核心、关键技术攻关，提升科技服务产业的水平，降低对外技术依赖度。最后，做好新技术示范。雄安新区作为国家打造的贯彻新发展理念的创新发展示范区，具有极强的窗口效应。将雄安新区作为河北新能源产业研发与示范应用重点，努力发挥其窗口效应，助力全省新能源产业大发展。

（三）拓展产业发展资金渠道

通过拓展新能源产业资金来源渠道，加大对新能源产业集群的投资力度。一是整合产业发展专项资金，集中全省高新技术重大项目、科技研发、技术进步和财政新增资金扶持新能源产业集群发展；二是鼓励新能源企业、科研机构积极承担国家重大科技计划，获取中央财政资金支持；三是鼓励金融机构对新能源产业集群提供发展资金，增加信贷支持；四是支持新能源龙头企业在国内外主板、中小企业板和创业板上市，积极利用社会资金；五是鼓励企业开展国际合作，争取清洁发展机制或国际金融机构的新能源发展资金支持；六是完善新能源并网成本补偿机制，提高补偿资金利用效率。

（四）聚集产业发展高端人才

营造河北新能源产业发展良好的外部环境，吸纳高层次人才，确保新能源产业集群人才需求。建立河北新能源人才培养基地，鼓励省内高等院校设立新能源专业，增加新能源专业硕博学位授予点，努力促进相关专业博士后流动站建设；实施新能源人才引进工程，吸引新能源产业集群发展所需的高级复合型人才、高级技术研发人才；加强河北与京津高端人才制度对接，完善高端科技人才交流互动机制，鼓励京津高等院校、科研机构与河北建立联合人才培养基地，充分利用京津等地人才、技术优势，逐步形成市场主导、企业主体、政府扶持的新能源人才集聚机制。

（五）提高新能源消纳能力

2020 年，河北是风电和光伏发电装机最多的省份之一，但河北也是全国弃风率和弃光率最高的省份之一。进一步提高新能源消纳能力是推动河北新能源产业集群进一步发展的重要举措。如建立适应新能源特点的电力市场体制机制，落实新能源发电全额保障性收购制度，鼓励新能源参与电力直接交易；积极开展各类新能源消纳利用示范项目。大力推进新能源在供热、供气、工业、农业、交通、建筑等领域的应用，扩大新能源应用领域；着力提高电网调峰能力，合理规划建设抽水蓄能、大容量储能等灵活调峰电源，大力建设储能设施；完善跨区域电力交易机制，在京津冀区域范围内，建立统一的能源协同管理体系，提升向京津及其他地区输送电力的能力。

参考文献

《河北省国民经济和社会发展第十四个五年规划和二〇三五年远景目标纲要》，定州市人民政府网站，2021 年 7 月 21 日，http：//www. dzs. gov. cn/col/1598581502444/2021/07/21/1626859890959. html。

《国家发展改革委　国家能源局关于 2021 年可再生能源电力消纳责任权重及有关事项的通知》，中华人民共和国国家发展和改革委员会网站，2021 年 5 月 21 日，https：//www. ndrc. gov. cn/xwdt/tzgg/202105/t20210525_ 1280790_ ext. html。

国家统计局能源统计司：《中国能源统计年鉴 2020》，中国统计出版社，2021。

《关于印发〈河北省氢能产业链集群化发展三年行动计划（2020—2022 年）〉的通知》，河北省能源局网站，2020 年 7 月 14 日，http：//hbdrc. hebei. gov. cn/web/web/nyj_ jyzb_ gzdt/2c94738473338191901735692bb5e5ab9. htm。

B.7
河北省战略性新兴产业发展政策研究

段小平 *

摘　要： 战略性新兴产业是培育发展新动能、推动高质量发展的根本动力，也是河北经济加速发展、跨越赶超的关键所在。近年来，河北省战略性新兴产业规模持续壮大、发展亮点不断涌现、集聚发展能力稳步增强、对全省经济发展的贡献率稳步提升，但也面临产业发展质量总体不高、创新内生动力不足、集聚发展程度不高、政策集成不够等问题。本报告提出了河北省战略性新兴产业发展的总体思路与重点方向，从优化战略性新兴产业布局、做大做强企业市场主体、培育产业发展平台、提升产业创新能力、优化产业发展政策等方面，提出了加快河北省战略性新兴产业发展的政策建议。

关键词： 战略性新兴产业　产业布局　新动能　河北省

　　"十四五"是我国开启全面建设社会主义现代化强国的重要阶段，也是河北省加速新旧动能转换、重塑发展新优势的关键时期。培育发展战略性新兴产业，对河北省实现产业基础高级化、产业链条现代化，培育发展新动能、抢占发展新高地、重塑发展新优势，建设现代化经济强省、美丽河北具有重要的战略意义。

---

* 段小平，河北省社会科学院财贸经济研究所副所长，副研究员，主要研究方向为产业经济、农业农村经济。

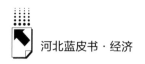

一 河北省战略性新兴产业发展的现状分析

战略性新兴产业代表着世界新一轮科技革命和产业变革的方向，是培育发展新动能、获取未来竞争新优势的关键产业。近年来，河北省全面贯彻落实党中央国务院决策部署，紧紧抓住京津冀协同发展、河北雄安新区规划建设、2022 年冬奥会筹办等重大历史机遇，深入实施创新驱动战略。全省战略性新兴产业加速发展，对全省经济社会发展的引领支撑作用日益增强。

（一）产业规模持续壮大，新兴产业快速崛起

河北省战略性新兴产业呈现快速发展的良好态势。2020 年，河北省规模以上高新技术产业增加值同比增速达到 7.8%①，增速快于规模以上工业 3.1 个百分点。其中，生物医药健康产业增加值同比增长 15.0%，新能源产业增加值同比增长 13.7%，信息智能产业增加值同比增长 6.1%，新材料产业增加值同比增长 6.2%。各种高新技术产品产量快速增长。2020 年，河北省集成电路产量达到 4705 万块，同比增长 660.2%；新能源汽车产量 5.6 万辆，同比增长 25.3%；工业机器人产量达到 3669 套，同比增长 26.5%；太阳能电池产量达到 683.9 万千瓦，同比增长 21.7%。到了 2021 年，河北省战略性新兴产业继续保持较高增长态势，且增速明显加快。2021 年前三季度，河北省规模以上工业战略性新兴产业增加值同比增长 11.4%。其中，城市轨道交通设备制造同比增长 120%，生物化学农药及微生物农药制造同比增长 40.2%，显示器件制造同比增长 35.3%，中成药生产同比增长 32.4%。从高新技术产业占比看，2020 年，全省规模以上高新技术产业增加值占工业增加值比重为 19.4%，比 2015 年提高 3.4 个百分点。2016 ~ 2020 年，全省工业高新技术产业增加值年均增速达到 11.18%，大大超出同

---

① 本文数据来源于《2020 年河北省国民经济和社会发展统计公报》和 2021 年河北省统计局公布的相关数据。

期工业增速。高新技术产业的快速发展，为河北省经济由投资驱动的粗放式增长向科技创新驱动的内涵式增长转变打下重要基础。

（二）创新主体快速壮大，发展潜力持续释放

河北省围绕生物医药健康等重点领域，滚动实施200项省级高技术产业化和应用示范项目，组织实施省级战略性新兴产业重点技改项目797项。腾讯、阿里、百度、京东、浪潮、360集团等互联网龙头企业相继落地河北省。科大讯飞、金风科技、维信诺、秦淮数据、亿华通等一批国内知名企业在河北省建设新兴产业重大项目。全省战略性新兴产业和高新技术企业发展呈现数量增加、质量提升的良好态势。涌现出长城汽车、中车唐车、奥润顺达、石药集团、中信戴卡、先河环保、科林电气等一批细分领域的高新技术企业、"专精特新"企业、"小巨人"企业和制造业"单项冠军"。涵盖了新一代信息技术、高端装备制造、生物医药健康、新材料、新能源与智能电网装备、新能源汽车、节能环保等战略性新兴产业重点领域。2015~2020年，河北省高新技术企业从1628家增加到9400家，增长477.4%；科技型中小企业从2.9万家增长到8.7万家，增长200.0%。康泰医学、天秦装备等一批战略性新兴产业企业实现上市融资，石药集团、华北制药、以岭药业、石家庄四药、神威药业等5家企业入选中国医药工业百强，东旭集团、晶龙实业、风帆股份、乐凯集团等4家企业入围中国电子信息百强。2021年前三季度，河北省高技术制造业法人单位达到8.2万个，同比增长9.6%。

（三）创新平台快速壮大，创新能力显著提升

"十三五"期间，河北省科技研发投入力度持续加大，自主创新能力稳步增强。2016~2020年，河北省研发经费投入总量年均增长12.5%，研发投入强度年均增长0.11个百分点，均高于全国平均水平，区域综合科技创新水平指数从全国第24位上升至第20位。2020年，河北省研发经费投入总量达到634.4亿元，研发投入强度达到1.75%，连续4年稳居全国第16位。全省省级以上创新平台总量达到2212家，国家级科技企业孵化器达到

43 家，数量居全国第 9 位；省级以上重点实验室 263 家，省级技术创新中心 782 家，省级产业技术研究院 141 家。在高速动车组、创新药物、高效光伏组件、通信与导航、环保监测与控制等重点领域取得重要技术突破，形成了一批重要自主知识产权专利和技术标准。有 51 项科研成果获国家科学技术奖励，其中，2018 年、2019 年连续两年获得国家科技进步奖一等奖，科技进步贡献率从 2015 年的 46% 提高到 2020 年的 60%。2020 年全省战略性新兴产业创新百强企业获得授权专利 3500 件，户均达到 35 件；其中，发明专利达到 650 件，户均达到 6.5 件。

（四）特色集群加速发展，增长亮点不断涌现

河北省生物医药、轨道交通装备等优势产业持续稳步增强，大数据、物联网、新能源汽车、新型显示器、机器人、智能制造等新兴产业迅速崛起壮大，太赫兹超材料等未来产业加紧布局。石家庄生物医药产业、廊坊大数据产业、唐山轨道交通装备产业、秦皇岛集成电路产业、张家口可再生能源产业、保定新能源与智能电网产业、承德钒钛新材料等在全国同领域占有重要地位。鹿泉光电与导航、固安新型显示、张家口氢能、香河机器人、安国现代中药等战略性新兴产业示范基地、特色产业链供应链加速提升壮大。张家口可再生能源示范区成为国内可再生能源开发的"领航者"，石家庄生物医药产业集群的重组蛋白高科技医药产业园等 5 个项目列入国家产业集群银企合作目录，基地综合竞争力在全国排名由 2016 年的第 11 位上升到 2020 年的第 7 位，集聚优势日益显现。

（五）协同创新全面加强，成果转化效应显现

河北省深度融入京津冀协同发展，全面推进与京津等地的科技、人才、产业对接，大力发展先进制造业、现代服务业和战略性新兴产业，建设新型工业化基地。2016～2020 年，河北省累计承接京津电子信息、生物医药、装备制造等重点工业项目 500 余个，投资金额超过 4000 亿元。北京现代沧州第四工厂、张北大数据中心等一批产业转移重大项目建成投产。河北·京

南国家科技成果转移转化示范区、雄安国际科技成果展示交易中心、保定·中关村创新中心、中科同创衡水创新中心、北京大学邯郸创新研究院、中关村海淀园秦皇岛分园、清华大学智能装备研究院、中科院雄安创新研究院等高端平台加快建设。京津研发、河北制造的新模式初步形成。

（六）改革创新不断深化，营商环境持续优化

"十三五"期间，河北省先后出台《河北省战略性新兴产业发展三年行动计划》《河北省数字经济发展规划（2020—2025年）》《关于支持数字经济加快发展的若干政策》《关于落实国务院〈新时期促进集成电路产业和软件产业高质量发展的若干政策〉的工作方案》《河北省生物医药产业链集群化发展三年行动计划》《河北省通用航空产业链集群化发展三年行动计划》等政策文件，从财政、科技、金融、人才等方面对大数据与物联网等战略性新兴产业发展予以强力支持。同时，持续推进"放管服"改革，优化营商环境，深化开发区体制机制改革，试行分税制财政管理体制，健全完善投资项目审批制度，有序推进聘任制、薪酬制改革，加快推动企业高端化、智能化、绿色化转型，全面激活战略性新兴产业发展活力。

二 河北省战略性新兴产业发展面临的主要问题

总体来看，河北省战略性新兴产业发展规模持续壮大，质量效益稳步提升，但与先进省市的发展水平相比，还存在一定差距，主要表现为以下四个方面。

（一）战略性新兴产业发展质量还不够高

在河北省的战略性新兴产业中，有不少企业还处于产业链价值链的中低端，拥有的核心关键技术少，高附加值的整机产品少，知名品牌产品少，总体竞争优势还不够明显，与发达省市相比差距更加明显。2020年，河北省规模以上高新技术产业增加值占工业增加值比重为19.4%，同期，安徽省

占比达到43.8%，江苏占比达到37.8%，浙江占比达到33%，显示河北省战略性新兴产业的发展空间仍然很大。

（二）创新发展的内生动力不足

当前，河北省财政科技投入总体不高，企业创新资金投入占总投入比重较低，各类创新平台数量较少，团队科研人员数量少，行业顶尖人才和学科领军人物总体匮乏，整体创新水平不高。2020年，河北省研发经费投入强度为1.7%，比全国平均水平低0.7个百分点；全省研发人员占专业技术人员的比重为10.7%，拥有院士17人，占全国1%左右；拥有的国家级创新平台占全国3%左右，远不能满足河北省传统产业改造提升与战略性新兴产业发展的需求。

（三）战略性新兴产业集聚发展不够

河北省战略性新兴产业布局相对分散，产业集聚度不高，产业规模总体较小，在国内外有重要影响和地位的战略性新兴产业集聚区少，上下游产业链条延伸不够，产业链、供应链、创新链协同发展能力不强。河北省的高新技术成果承接转化基础条件建设相对滞后、政策吸引力不强，京津优质创新资源"引不来、接不住"的问题依然突出。全省多数企业为传统产业，产品技术含量不高，建有技术研发中心、配备专门研发人员的企业数量少，高端创新团队、创新人才不多，拥有专利的企业数量少，专利价值总体不高。

（四）战略性新兴产业的政策集成不够

当前，河北省对高新技术成果转化规律和战略性新兴产业企业成长规律的研究还不够，支持战略性新兴产业发展的机制有待健全，支持企业发展的投融资政策、创新人才引进培养政策、知识产权保护政策、科技成果转化落地政策有待完善。一些政策在落地过程中存在"肠梗阻"，企业融资难、融资贵问题依然存在，支持产业发展的政策集成不够。

三　河北省战略性新兴产业发展总体思路与对策措施

"十四五"时期是河北省战略性新兴产业加速发展的关键时期。应立足新发展阶段,全面、准确贯彻新发展理念,主动融入新发展格局,深入实施创新驱动发展战略,以推动高质量发展为主题,以深化供给侧结构性改革为主线,以改革创新为根本动力,以核心重大项目建设为重点,加快以高新技术、先进适用技术改造提升传统产业,加强关键核心技术攻关和科技成果产业化,提升产业创新能力,推动数字经济与实体经济融合发展,加快战略性新兴产业集群化发展,增强产业链供应链稳定性和竞争力,抢占经济、科技竞争制高点,为建设现代化经济强省、美丽河北提供强大动力。

(一)统筹谋划,构建战略性新兴产业发展新格局

抓住京津冀协同发展、河北雄安新区建设等重大战略机遇,依托全省各地的资源优势、区位交通优势和产业发展基础,全面贯彻主体功能区战略规划和国土空间总体规划,持续优化战略性新兴产业布局,强化资源要素整合,提升产业链、供应链、创新链、物流链现代化水平,构建战略性新兴产业发展新格局。

一是打造雄安新区高端高新产业发展引领区。瞄准国际科学前沿和国家重大战略需求,重点发展现代生命科学和生物技术、大数据与人工智能、互联网与信息服务、新材料、数字文化创意等战略性新兴产业,超前布局、研发一批引领产业变革的颠覆性技术,开展量子信息、脑科学、细胞治疗、智能仿生材料等前沿技术研究,建设国际一流科技创新和成果产业化新高地。加快建设5G等智能基础设施和感知体系,推动布局信息网络实验、生命科学创新研究、新一代人工智能等创新平台,打造国家数字经济创新发展试验区。

二是加快建设战略性新兴产业集聚区。以石保廊创新成果转化区、沿海中高端转型发展区、冀南特色产业集聚区、张承绿色生态产业示范区为核

心,加快集聚各类创新资源要素,培育发展一批战略性新兴产业集聚区,夯实全省经济高质量发展的基础。石家庄、保定、廊坊借力京津技术、智力资源,重点发展新一代信息技术、人工智能、高端装备制造、生物医药、新能源与智能电网、新材料、智能网联汽车等产业。秦皇岛、唐山、沧州等沿海地区发挥临海、港口优势,发展高端装备制造、生物医药健康、海工装备、港口智慧物流等产业,打造蓝色经济增长极。邢台、邯郸、衡水等发挥制造业基础和资源优势,发展高端装备制造、生物制药、信息智能、新材料、新能源、新能源汽车、应急装备等新兴产业,引领先进制造业迭代升级。张家口、承德两市依托区域资源、生态优势,发展可再生能源、冰雪装备、大数据与云计算、通用航空、智能仪器仪表、生物育种、先进环保等产业,打造绿色生态产业引领示范区。

三是培育战略性新兴产业核心增长极。以国家级、省级高新区、经济开发区、中国(河北)自由贸易区、保税区等为载体,承接战略性新兴产业项目,集聚国内外资源要素,打造一批特色鲜明、产值规模大、竞争优势强的新兴产业集聚区。鼓励各市县,结合各地功能定位,培育壮大行业龙头企业,打造一批战略性新兴产业发展增长极。

(二)做强主体,培育战略性新兴产业发展新优势

1.实施企业、项目"双引"行动

招商引资是战略性新兴产业实现跨越式发展的重要途径。要抓住京津冀协同发展等战略机遇,用好中国数字博览会、廊坊国际经济贸易洽谈会等国际性展会,瞄准世界500强、中国500强、京企、央企等重点企业,开展精准招商、产业链招商,着力引进一批高新技术和战略性新兴产业头部企业、高端项目。要瞄准全省战略性新兴产业重点行业、重点企业,做好前期项目调研、筛选,精准对接,全力引进一批"大、好、优"的项目,不断培植发展新优势。要完善项目签约后持续跟踪机制,做好相关要素保障,推动项目如期投产达产。

2. 实施企业主体"双育"行动

实施龙头企业培育行动，围绕战略性新兴产业重点领域，筛选一批主业突出、创新能力强、带动作用大的骨干优势企业，强化要素保障和高效服务，落实降本减负政策，打造具有业态主导力和核心竞争力的龙头企业。支持优势骨干企业实施兼并重组、强强联合，组建大型企业集团，提高产业集中度，实现规模化、集约化发展。实施中小企业梯度培养计划，引导中小企业专注于核心业务，提高专业化生产、服务和协作配套能力，提升市场竞争力，形成一批细分市场占有率高、掌握核心关键技术的"专精特新"企业。支持龙头企业围绕核心零部件、新装备、新材料、新工艺，带头开展基础研究和前沿技术攻关，引领带动全产业链发展，全力打造"头部企业＋中小微企业"创新生态圈。

3. 实施产业链条"双补"行动

要围绕新一代信息技术、生物技术、高端装备制造、新能源、新材料、先进环保、新能源汽车与智能网联车等重点领域，全面深入梳理全省战略性新兴产业链条发展情况，集中开展补短板、补弱项行动，全力打通产业链堵点、断点，增强产业链供应链抗风险能力。推动生物医药、太阳能光伏、氢能、大数据、机器人、现代通信、新型显示等优势产业、关键节点的龙头企业做大做强，加快补链、拓链、延链，打造具有战略性、全局性的完善的产业链体系。

（三）建强平台，打造战略性新兴产业发展新高地

1. 实施开发区承载能力提升行动

建议对标雄安新区，高起点、高标准编制全省高新技术产业开发区、经济开发区总体发展规划，建设一批主导产业突出、产业链条完整、公服设施配套、集群效应明显的战略性新兴产业特色园区。建议统筹整合财政、金融、土地等资源要素，加大全省开发区道路、水利、电力等基础设施投入，完善公共基础设施和服务设施，推动实现高标准"九通一平"，提升开发区承载能力。加大土地收储力度，强化用地内涵挖潜，提升战略性新兴产业承

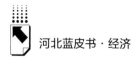

载能力。完善开发区招商引资和薪酬管理制度,提升主动招引、承接战略性新兴产业的积极性。

2.实施产业集群发展行动

推进建设50个省级战略性新兴产业示范基地,以河北(雄安新区)国家数字经济创新发展试验区建设为引领,加快提升张家口可再生能源示范区、石家庄国家生物产业基地、京津冀大数据综合试验区、保定新能源装备与技术中心、北戴河生命健康产业创新发展示范区建设质量和发展水平。探索建立战略性新兴产业集群发展协同机制,支持战略性新兴产业示范基地构建集协同创新、成果转化、示范应用、产权服务、科技金融等功能于一体的产业链合作共同体,提升集群产业链供应链稳定性。鼓励资源富集、业态主导力强的集群争创国家级、省级战略性新兴产业集群试点,构建产业集群梯次发展体系,促进产业集群间链式衔接、资源共享、协同发展。

3.实施企业数字化转型行动

深入推进战略性新兴产业领域的企业数字化转型,推进大数据、物联网、人工智能与制造业深度融合,加快传统产业流程再造和全链条数字化改造。建设完善河北省企业上云公共服务平台,促进企业研发设计、生产加工、经营管理、销售服务等业务数字化。组织实施数字化转型伙伴行动,推动产业数字化转型,建设智能制造示范工厂、数字化车间,完善智能制造标准体系。推动低成本、模块化、数字化技术、设备系统的集成应用,提高战略性新兴产业集群内部的产能利用率和资源整合能力。

(四)强力创新,培育战略性新兴产业发展新动能

1.建设产业创新发展平台

聚焦战略性新兴产业未来发展,高质量建设一批省级以上企业技术中心、工程研究中心、重点实验室、技术创新中心、产业创新中心等创新平台,提升关键共性技术研发和成果产业化能力。积极争取国家重大科技基础设施建设,重点推进涿州模式动物表型与遗传研究国家重大科技基础设施、中国农业大学作物分子育种创新中心、中科院雄安创新研究院等重大创新平

台建设。加大对外经济技术交流合作，支持企业采取并购高新技术企业、合作建设境外研发中心、购买外国专利等多种方式，利用国际创新资源、创新团队、创新成果，提升河北省战略性新兴产业创新能力。

2. 聚集创新团队、创新人才

深入实施"人才强冀""百人计划""巨人计划""青年拔尖人才支持计划""河北省三三三人才工程"，引进培育战略性新兴产业发展急需的、掌握核心技术的领军人才、创新型人才和经营管理人才。鼓励高校院所优秀科研人员、海外高层次人才、留学生团队携成果到河北创办科技型企业。实施紧缺高技能人才培养工程，加快培养高新技术和战略性新兴产业急需的技能型人才、创新型人才。完善人才支持政策，采取"一事一议""一人一策"等多种方式，引进战略性新兴产业领域的高层次人才、急需紧缺人才、特殊专业技术人员。加大人才政策的支持力度，妥善解决各类人才家庭居住、配偶就业、子女就学等问题，解决人才发展的"后顾之忧"。营造多元化、包容性的人文环境和宽容失败、鼓励创新的理念氛围。

3. 突破核心关键技术

以河北省战略性新兴产业需求为导向，围绕高端装备制造、生物医药、集成电路、航空航天、电子信息、新能源、新材料、节能环保等战略性新兴产业领域的重大关键共性技术、产业薄弱环节，组织实施一批引领型重大科技专项和新技术应用示范工程，集中攻克一批重大科技"卡脖子"技术，形成一批具有自主知识产权的创新成果，推动一批京津重大科技成果在河北省落地转化，努力打造战略性新兴产业新的增长点。

（五）政策集成，全力打造战略性新兴产业发展新境界

1. 加大财政支持力度

落实国家和河北省委、省政府支持战略性新兴产业的政策，持续加大对战略性新兴产业发展的财政支持力度。采取政府贴息、产业投资基金引导、贷款风险补偿等多种方式，对战略性新兴产业发展予以资金支持。鼓励符合条件的高新技术和战略性新兴产业企业申报国家、省、市各类专项，争取各

类补助资金,支持企业开展新产品、新技术研发应用。加强财政资金、金融资本、社会资本的协同配合,建立以政府资金为引导、企业投资为主体、社会资本广泛参与的多元化投入体系。

2. 拓宽融资渠道

搭建政银企平台,鼓励政策性金融机构采取投贷结合、低息贷款等方式对高新技术和战略性新兴产业项目进行支持。鼓励金融机构开展知识产权抵押融资、合同仓单质押、股权质押等融资产品创新,加大对高成长性企业的融资支持力度。支持商业性金融机构改进完善适应战略性新兴产业特点的信贷管理和贷款评审制度。鼓励设立专业化创业投资基金、天使投资基金,为科技型中小企业、早中期创业企业提供融资服务。支持有条件的企业到创业板、中小板等资本市场进行直接融资。鼓励符合条件的企业通过上市、企业债券、公司债券、短期融资券、中期票据、中小企业集合债等方式融资。

3. 推动产业协同发展

深度承接北京非首都功能疏解,有效引进京津科研资源,转化京津科研成果,吸引高端人才(团队)到河北创建、共建科技创新平台、科技成果转化基地。持续深化河北与京津地区有关部门、高等院校、科研院所的对接合作,支持行业优势企业与京津大专院校、科研院所建立创新合作关系,共建科技研发中心、科技成果孵化基地,促进创新资源优化整合。完善京津冀战略性新兴产业发展的配套政策和利益共享机制,推进京津冀技术市场一体化,共建成果转化项目库。

4. 营造良好环境

持续深化商事制度改革,推广"最多跑一次""一网通办"便利化服务模式,清理规范涉企收费,提高政府服务效能。落实放宽民营企业市场准入政策,清理各类隐性壁垒、歧视性政策。落实减税降费政策,营造开放、公平、普惠市场环境。完善试错容错纠错机制,对新产业、新业态实施包容审慎监管,为新生事物留足发展空间。

5. 强化政策支持

落实鼓励企业自主创新的税收政策,开展各类税收政策宣讲培训,指导企业用足用好有关优惠政策。探索建立企业享受税收优惠绿色通道。推动技术研发费用加计扣除、高新技术企业所得税优惠、科研仪器设备关税减免、首台（套）重大技术装备风险补偿等政策红利落地落实。完善用地政策，对重大战略性新兴产业项目，实施"一事一议""一企一策"的供地模式，优先纳入全省重点项目计划和年度土地利用计划，优先满足用地占补平衡需要，力争做到战略性新兴产业项目用地应保尽保。出台符合战略性新兴产业发展特点的环保政策，对战略性新兴产业涉气污染物零排、微排、低排企业以及技术含量高、能耗低、污染小的新一代信息技术、生物医药、高端装备制造等产业，优先予以保障。

参考文献

朱瑞博：《中国战略性新兴产业培育及其政策取向》，《改革》2010 年第 3 期。

李晓华、吕铁：《战略性新兴产业的特征与政策导向研究》，《宏观经济研究》2010年第 9 期。

郭金平主编《河北经济社会发展报告（2016）》，社会科学文献出版社，2016。

B.8
数字赋能助推河北省传统制造业
转型升级对策研究

王　勃*

摘　要： 随着数字化发展的不断加快，传统制造业的生产方式发生了深刻变革，数字化已成为推动传统制造业转型升级的强大动力。河北省主动顺应数字经济发展潮流，不断推进传统制造业数字化转型升级，数字经济拉动增长效应逐渐增强，但是还存在制造业数字化水平较低、新业态新模式发展缓慢、科技创新能力不足等问题。因此，河北省要有步骤分阶段推进技术改进，落实政策支持，系统规划布局传统制造业数字化转型，积极培养技能型人才，注重数据团队培养，发挥改革创新在企业全流程中的重要作用，改进业务流程，优化效率提升功能。数字赋能推动传统制造业转型升级，重塑河北产业发展新格局。

关键词： 数字经济　传统制造业　转型升级　河北省

在数字经济时代，传统制造业的转型升级不是从技术层面上进行简单的互联网化、智能化或者信息系统的升级，而是树立大数据思维、运用新一代信息技术手段对企业的业务结构、工作流程进行全面优化和根本性改革。通过大数据、云计算、人工智能、物联网、区块链等技术在研发、制造、销售、服务等领域的深度应用，改变传统制造业原有的生产方式、组织方式、

---

* 王勃，中共河北省委党校讲师，主要研究方向为产业经济。

商业模式、价值链分布和竞争格局，增强研发创新能力，提高人员素质，改进业务流程，最终实现传统制造业的转型升级，重塑未来产业格局。这是一场对传统制造业进行的全方位、彻底的变革。面对数字化的迅猛发展，河北作为传统制造业大省，应抓住数字化发展的有利时机，加快传统制造业转型升级。

一 数字经济发展趋势为传统制造业 转型升级提供了发展方向

（一）把握数字经济发展规律已成为中国制造业发展的基本要求

2021 年 10 月 18 日，习近平总书记在中共中央政治局第三十四次集体学习时，强调把握数字经济发展趋势和规律，推动我国数字经济健康发展。近年来，互联网、大数据、云计算、人工智能、区块链等技术加速创新，日益融入经济社会发展各领域全过程，数字经济发展速度之快、辐射范围之广、影响程度之深前所未有，正在成为重组全球要素资源、重塑全球经济结构、改变全球竞争格局的关键力量。要站在统筹中华民族伟大复兴战略全局和世界百年未有之大变局的高度，统筹国内国际两个大局、发展安全两件大事，充分发挥海量数据和丰富应用场景优势，促进数字技术与实体经济深度融合，赋能传统产业转型升级，催生新产业新业态新模式，不断做强做优做大我国数字经济。

为此，我国制造业的发展，必须顺应数字经济发展规律，促进数字经济赋能实体经济发展。把握数字化、网络化、智能化方向，推动制造业、服务业、农业等产业数字化，利用互联网新技术对传统产业进行全方位、全链条的改造，提高全要素生产率，发挥数字技术对经济发展的放大、叠加、倍增作用，推动数字经济和实体经济融合发展。推动互联网、大数据、人工智能同产业深度融合，加快培育一批"专精特新"企业和制造业单项冠军企业。推进重点领域数字产业发展，聚焦战略前沿和制高点领域，立足重大技术突破和重大发展需求，增强产业链关键环节竞争力，完善重点产业供应链体系，加速产品和服务迭代。

（二）发展数字经济提升制造业竞争力成为世界各国的重要战略

全球经济复苏乏力，各种不确定性因素影响增多，世界人口老龄化程度加深，世界各国纷纷布局新一轮工业增长领域，特别是依靠数字经济增强传统产业竞争能力。德国积极践行"工业4.0"，提出未来一揽子计划，投资科学、研究和未来技术，同时借助德国人工智能战略提升德国和欧洲人工智能技术的竞争力；美国发布《关键与新兴技术国家战略》，在通信及网络技术、数据科学及存储、区块链技术、人机交互等领域构建技术同盟，保持世界领先地位；欧盟委员会提出了"2030数字罗盘"（Digital Compass）计划，强调加强数字人才队伍建设、数字基础设施、企业数字化转型、公共服务的数字化，为未来十年欧洲成功实现数字化转型指明了方向；英国发布《国家数字战略》旨在进一步推动数据在政府、企业、社会中的使用，并通过数据的使用推动创新，提高生产力，创造新的创业和就业机会；法国发布《使法国成为突破性技术主导的经济体》报告，遴选出法国有领先潜力且需要国家集中战略支持的市场，并开发与数字化解决方案相适应的技术和服务；日本发布《科学与技术基本计划第六版》，适应新形势并推进数字化转型，构建富有韧性的经济结构，在世界范围内率先实现"超智能社会5.0"；韩国政府提出了《基于数字的产业创新发展战略》，以"数字+制造业"为核心，提高韩国优势制造业中产业数据利用率，增强韩国制造业的竞争力。

（三）加快制造业数字化转型成为我国政府及各省市重要的行动计划

我国高度重视数字经济与实体经济融合，利用数字化实现传统制造业转型升级。工信部发布两化融合等三大"十四五"规划、制造业数字化转型行动计划，制定行业数字化转型路线图，面向原材料、消费品、安全生产等重点行业领域，培育一批平台。国务院国资委组织实施国有企业数字化转型专项行动计划，突破关键核心技术，培育数字应用场景，打造行业转型样板。江苏省提出"关于推动传统制造业数字化转型的建议"，提高制造业设计、制造、管理和服务水平，推动生产方式向数字化、柔性化、智能化转变。浙江省出台《浙江省全面改造提升传统制造业行动计划（2017—2020年)》，排在首位的就是数字化转型工程，计划强调大力推进智能化技术改造、加快企业上云发展、培育"互联网＋"新模式新业态，加快规模以上工业企业智能化改造诊断全覆盖，深化分行业试点示范，建成一批示范生产线、示范企业，大力推广应用微智能制造系统，推动研发设计、生产、管理、营销等环节数字化，大力发展网络化协同制造、个性化定制、服务型制造，拓展产品价值空间，实现从制造向"制造＋服务"转型升级。支持传统制造业龙头企业建设基于互联网的"双创"平台。广东省推进《制造业数字化转型实施方案（2021—2025年)》，聚焦10个战略性支柱产业集群，包括新一代电子信息产业、绿色石化、智能家电、汽车、现代轻工纺织、软件与信息服务、生物医药与健康产业、现代农业与食品产业集群等，以深化新一代信息技术与制造业融合发展为主线，以工业互联网创新应用为着力点，深入推进制造业数字化转型和高质量发展，明确了四条路径："一企一策"推动行业龙头骨干企业开展集成应用创新，进一步加强数字化顶层设计；"一行一策"推动中小型制造企业加快数字化普及应用，加快"上云上平台"；"一园一策"推动产业园和产业集聚区加快数字化转型；"一链一策"推动重点行业产业链、供应链加快数字化升级。

（四）支持传统制造业数字化转型升级成为河北重要的战略部署

河北省是传统制造业大省，历来重视传统制造业转型升级过程中的数字化提升。早在2016年，河北省人民政府出台《关于加快制造业与互联网融合发展的实施意见》，指出发展制造业与互联网融合新模式，培育经济发展新动能，重点推进智能制造、发展网络化协同制造、推广个性化定制及强化服务型制造。2020年，河北省人民政府印发《河北省数字经济发展规划（2020—2025年)》，围绕传统产业数字化改造，推动一批重点产业园区率先转型，支持曹妃甸区、邯钢工业区、丰南沿海工业区等在钢铁行业，石家庄循环化工园区、沧州渤海新区、任丘市经济开发区等在化工行业，丰润经济技术开发区、秦皇岛经济技术开发区等在交通装备行业，开展数字化转型试验示范。河北工信厅印发《推动互联网与先进制造业深度融合发展工业互联网导向目录（2020年）》，支持"制造业＋互联网"新模式应用，开展个性化定制、智能化制造、网络化协同、服务化延伸以及数字化管理。2021年，河北省印发《关于大力发展工业互联网平台加快推进工业化和信息化深度融合的工作方案》，强调加快传统产业数字化改造，以推动平台在规模以上工业企业应用为重点，推动个性化定制、智能化制造、网络化协同、服务化延伸、数字化管理等新型制造模式应用，建立省级工业互联网创新发展重点项目库，通过试点示范项目典型经验推广应用，建立省级两化融合百强企业清单，开展"一企一策"帮扶，带动和促进一万家规模以上工业企业生产组织模式优化、资源高效配置和质量效率提升。

二 传统制造业转型升级面临的难点与困境

河北省是华北地区的经济人口大省，不仅拥有丰富的矿产资源和生态旅游资源，而且诞生了一大批超级企业和"中国制造"，汽车、制药、钢铁等领域在国内乃至全球都拥有一席之地。但河北省经济发展缓慢，产业升级步伐较慢，这是因为长期以来河北省的经济发展主要依靠物质资源的消耗和制造业。目前随着环保和绿色发展理念的不断深化，河北省产业发展的资源优势正在逐步消失，并且制造业大而不强、产品附加值不高、产业集群规模效应较小等问题长期存在，导致了河北省经济难以适应全球数字经济时代产业发展的新要求。当前，河北正处在千载难逢的重要战略机遇期，京津冀协同发展、雄安新区规划建设和北京冬奥会筹办等重大国家战略和国家大事同期实施；中国（河北）自由贸易试验区开局起步，为河北数字经济发展提供坚实基础和持久动力；中国国际数字经济博览会永久落户河北，将成为全国数字经济最新成果展示的国家级平台和全球数字经济交流合作的世界级平台。而数字经济迅猛发展为河北制造业转型升级创造了良好的环境，数字经济基础产业以及数字技术对传统制造业有重要的影响，能够降低制造业的生产成本；通过数字化管理技术的应用，能够充分提高制造业的生产、组织效率；通过整合行业数据、全程可分析，能够细化产品市场，创造新的需求供给模式，建立新的围绕产业链和上下游之间行业的竞争与合作关系。可以说，数字经济对于传统制造业的改造提升、转型升级能够起到非常大的作用。近些年，河北省抢抓机遇，传统制造业数字化转型不断取得新的突破，但仍存在一些短板。

（一）数字产业化发展虽实现新突破，但发展水平距先进省份仍有一定差距

目前，雄安新区数字经济创新发展试验区规模发展、京津冀大数据综合试验区建设成效显著，各个特色鲜明的重点园区加快建设，环北京大数据产业集聚格局逐步显现，河北省数据存储优势不断增强。"互联网+"行动计划、工业诊所"百千万行动"深入实施，全省累计培育企业级、行业级工业互联网平台54家，155家企业成为两化融合管理体系贯标的国家试点。中电科13所、54所，中船重工718所等科研机构科技成果产业化步伐加快，阿里巴巴、腾讯、华为、浪潮、中兴等企业与河北的合作进一步深化，全省大数据与物联网、信息技术制造、人工智能与智能装备等领域快速发展。东旭集团、晶龙实业、风帆公司和中国乐凯4家企业入围"2019中国电子信息百强"，中移系统集成入围"2019中国软件与信息技术服务百强"。

2020年，全省数字经济规模达1.21万亿元，同比增长10.5%，占地区生产总值的比重达33.4%；而当年中国数字经济总体规模为39.2万亿元，在GDP中的占比达到38.6%。在5G助推下，河北工业互联网步伐加快。2020年工业互联网带动经济增长指数为73.5，高于48.8的全国平均水平，排名全国第七位；工业云平台应用率增速为10.5%，企业工业设备上云率为15.94%，均居全国第二位；关键工序数控化率连续五年高于全国平均水平3.5个百分点以上，居全国第五位，数字经济拉动经济增长效应逐渐增强。长

城汽车拥有先进的 L4 级别城市自动驾驶、5G 远程无人驾驶、全自动代客泊车等智能驾驶技术，已成长为河北先进装备制造业的代表性企业；河钢集团中央数字中心数字化平台、产业链协同平台、铁铁工业品在线超市、铁铁网络货运平台；新奥集团旗下数字产业核心企业新智认知亮相 2021 数博会，立足多年的城市运营经验，为城市全场景全周期数智运营提供技术方案。全省签约项目超 200 个，签约总金额超 1500 亿元。河北数字经济正在成为推动产业高质量发展的重要支撑力量。

但是与先进省份相比，河北省数字产业发展规模、质量仍存在一定差距。从总量看，2020 年数字经济增加值规模广东省排名全国第一，达到 5.2 万亿元，占地区生产总值比重达 46.9%，超过地区生产总值同期增速；福建数字经济规模达 2 万亿元，而同期河北省数字经济规模 1.21 万亿元，占地区生产总值比重为 33.4%。从占比看，北京、上海数字经济规模占比超过了 50%，广东数字经济规模占比超 40%，而河北省占比 33%，仍有一定差距；从增速上看，2020 年贵州数字经济规模增速超过 15%，增速连续 6 年排名全国第一，福建数字经济规模增速为 17.6%，而河北省数字经济规模增速仅为 10.5%。因此，河北省与先进省份相比仍有差距，需进一步提高数字经济发展速度、规模与质量。

（二）产业数字化步伐加快，但制造业数字化水平较低

随着"互联网＋"行动计划、工业诊所"百千万行动"等深入实施，互联网与各行业、各领域深度融合，155 家企业成为两化融合管理体系贯标国家试点；全省累计培育企业级、行业级工业互联网平台 54 家，中信戴卡、河钢集团、凌云工业等企业积极建设数字化车间，开展网络化协同、个性化定制等新模式。全省两化融合发展指数排名全国第 12 位，比 2020 年前进 2 个位次，比 2012 年首次发布时前进 9 个位次，是国家发布两化融合指数以来的历史最好水平。建设石家庄、邯郸 2 个国家电子商务示范城市，培育省级以上电子商务示范园区 17 个、示范企业 40 个，行业电商、农村电商、创新型电商、跨境电商等平台建设步伐加快，2020 年全省电子商务网络零售

额占社会消费品零售额比重达 19.7%。省、市、县、乡四级农业信息服务体系基本建立，省级农业数据中心和"农业云"初步建成，物联网在高端蔬菜生产、禽畜养殖等方面得到广泛运用。但是从整体上看，制造业数字化水平较低，河北省制造业企业信息化建设主要集中在自动化生产线改造、财务、办公、采购、销售等单项应用，处于集成提升阶段以上的企业占比仅为12.6%。工业各行业信息化程度参差不齐，离散制造业信息化水平明显低于流程制造业；多数中小企业数字化改造动力不足，生产环节的数字化、网络化、智能化程度较低。

（三）支撑制造业数字化转型的信息基础设施水平位居全国上游，但新业态新模式发展缓慢

截至 2020 年底，全省互联网省际出口带宽、光缆线路总长度、移动电话基站、互联网宽带接入端口、固定宽带接入用户数均居全国第 7 位，IPTV 用户数居全国第 6 位，互联网普及率超过全国平均水平，全省行政村光纤宽带通达率、4G 信号覆盖率达到 99% 以上。物联网应用快速推进，车载智能终端、医疗健康服务、智能城市建设等垂直领域的物联网终端用户数居全国第 9 位。全省已建成开通 5.3 万个 5G 基站，实现了省内设区市、雄安新区主城区、北京冬奥会张家口崇礼赛区 5G 信号的连续覆盖。但是，新业态新模式发展缓慢。河北省的人居环境、政务服务、政策激励、企业家精神等与发达省（市）有较大差距，经济发展活力不足，创新创业氛围不浓，人工智能、区块链、新零售等互联网新业态、新模式原创少，缺少共享经济、平台经济等领域的优势企业，制造业数字化转型需要的业态模式创新支撑不足。

（四）科技创新发展迈上新台阶，但较全国平均发展水平还有差距

2020 年，全省新增国家级高新技术企业 2200 家、科技型中小企业 1.2万家；国家重点实验室、国家工程中心等国家级创新平台增加到 102 家，省级创新平台总数达到 2110 家，万人发明专利拥有量同比增长 17.8%，技术合同成交总额增长 16.6%。全省科技进步贡献率从 46% 提高到 60%，国家

级高新技术企业从1628家增加到9400家，增长近5倍，科技型中小企业从
2.9万家增加到8.7万家，51项科研成果获国家科学技术奖励，获奖项目和
等次创历史新高。但是从全国整体来看，创新能力不强依然是制约河北省产
业升级和技术进步的重要短板。2020年，全省R&D经费投入强度为
1.75%，居全国第13位（见表1）；万人发明专利拥有量为4.5件，仅为全
国平均水平的28.5%。在信息技术领域，全省缺少影响力较强的研发机构
和知名高等院校，高端人才集聚水平低，尤其缺乏精通信息化与生产制造的
复合型人才。截至2020年，贵州数字经济人才规模达到36.42万人，为大
数据产业发展凝聚提供了强劲动力和智力支持。因此，河北省迫切需要加强
支撑数字经济发展创新的人才队伍建设。

表1 2020年部分省市规模以上工业企业R&D经费及排名变化

单位：亿元，%

排名	地区	R&D经费	R&D经费投入强度	同比增长	与上年排名对比
1	广东	3479.9	3.14	12.31	不变
2	江苏	3005.9	2.93	8.15	不变
3	北京	2326.6	6.44	4.16	不变
4	浙江	1859.9	2.88	11.38	不变
5	山东	1681.9	2.30	12.52	+1
6	上海	1615.7	4.17	5.98	−1
7	四川	1055.3	2.17	21.16	+1
8	湖北	1005.3	2.31	4.95	−1
9	河南	901.3	1.64	13.66	不变
10	湖南	898.7	2.15	14.16	不变
11	安徽	883.2	2.28	17.14	不变
12	福建	842.4	1.92	11.77	不变
13	河北	634.4	1.75	11.95	+1
14	陕西	632.3	2.42	8.16	−1
15	辽宁	549.0	2.19	7.96	不变
16	重庆	526.8	2.11	12.18	不变
17	天津	485.0	3.44	4.75	不变

资料来源：国家统计局。

三 数字赋能河北传统制造业转型升级的对策措施

由于河北的传统制造业产品结构复杂，产品样式种类繁多、尺寸有标准和非标准的区别，能够预测大规模量产的有家用电器和新能源汽车品类，但是生产加工机械更多的是非标准类产品，而且在全流程生产过程中，主要生产信息无法得到有效沟通，传统生产的工序之间在上下游无法得到有效的问题反馈，需要用数字化生产流程优化管理。此外，我国职业教育起步较晚，用工层次无法适应不断变革的生产需求，人才缺口也是制约传统制造业转型升级的重要因素。传统制造业要实现数字化的转型升级，要以培育数字化企业、构建数字化供应链产业链、打造制造业数字化生态等为重点工作。企业必须从整体上系统推进数字化改革，通过引进专业人才，注重管理改革，确保动员上下级群属关系，企业数字化改革的核心就是不断解决效率和需求之间的关系，确保生产消费系统积极响应，通过数据挖掘价值，创造数据来获取盈利。

（一）筑牢技术基石，有步骤分阶段推进企业数字化转型升级

河北传统制造业必须认识到数字化转型要分阶段有步骤推进，处理好发展与变革之间的关系，做好一切动员改革准备。首先，要围绕客户不断变化的需求，通过变革产业链上下游关系，推动技术升级改造。应该说，满足不断变化的客户需求才是数字化转型过程中始终要坚持的第一原则，而数据挖掘能够发掘客户潜在需求特征，并及时准确地反馈到企业生产过程中。传统制造业要在坚持信息化建设的基础上，构建起反馈客户需求动态变化的服务平台。不仅要在生产过程中实现智能制造，还要在售后环节及时动态反馈，提供在线检验检测，远程操控协调，预防性检验检修等全产业链服务，有效实现全流程在线管理。其次，要提升企业内部部门之间协作水平，通过两化融合实现机构协调。要加强管理效率，强调部门合作

协调理念，建立协调规则体系，有效统一联合部署行动。搭建起部门之间信息协调共享的平台机制，有效畅通生产过程中信息化和自动化的全流程改造，最大限度提高管理效能。最后，要确保生产过程实现最优化管理。要以标准化、专业化和精益化来要求生产全过程，通过产品制造、生产标准以及生产管理效率的提升来促进生产的可持续发展。可以运用数字信息管理系统加强审批协调，简化业务流程，确保管理沟通信息畅通，鼓励员工积极加入生产过程优化系统，增强企业创新能力和管理水平，实现员工成长与企业共赢。

（二）落实政策支持，系统规划布局传统制造业数字化转型

在各种政策措施及河北省政府出台的一系列政策的大力支持下，各地政府要意识到传统制造业在数字经济驱动下实现转型升级，不仅要依靠企业自发进行改革，也要通过系统规划与政策支持，推进企业转型，形成企业、政府、行业协调发展的格局。政府要通过出台资金补助、政策协调等多项措施构建转型过程中的长效政策协调机制。要强化宣传理念，以数据作为政府管理与企业生产最为重要的资产工具，企业要以客户服务流程和生产过程优化为发展目标，不断提升数据资产的盈利能力和管理模式。建立现代企业管理制度，推动市场化改革，适应不断变化的需求环境。强化信息在企业内部流动协调的机制，通过智能制造优化生产流程，更多依靠数据优化生产流程，进行设计改造提升，强化用户在生产、销售和服务过程中的参与度，强化定制产品在未来生产中的作用，最终实现零库存企业生产流程。要不断强化数据的规范化管理，系统定义数据的统一标准、流程模式、技术方案及流通渠道，从整体上对其进行设计，优化数据管理流程。最后，就是特别强调数据安全的重要性，未来网络时代数据安全成为影响数据发展的重要因素，一定要筑牢主动抵御数据风险的意识，通过电信基础设施的建设、云计算数据中心的建立，在网络安全管理企业和行业机构之间共同建设整个制造业安全生产的技术防线。

（三）积极培养技能型人才，注重数据团队培养

传统制造业的两化融合是未来河北省工业发展的重要方向，不仅能够使企业快速适应不断变化的竞争环境，还能够有效提升生产和流通的效率。在生产技术不断迭代升级的过程中，必然会产生新的工作机会以及特殊的岗位要求。这就需要企业和社会培养高素质且能够快速适应生产变革的技术工人和管理人才。政府和企业要深刻认识人才培养的重要意义，构建关键岗位需求模式，强化数据团队的培养，通过创造激励人才竞争和合作的环境，建立人才孵化的机制，创造人才干事创业的积极环境。要通过人才引进政策，加强对技能型人才和拥有先进技术与生产能力的人才的吸收引进，针对具备数据管理能力的人才和精通专业技术的技术专家，做好各项服务保障工作。同时注重自身员工的培养，加强教育培训，使其掌握数字化变革下所需的各项工作技能，不仅要激发其生产能力，还要加强创新技能培养。同时强化跨界人才的培养，选拔一批技术骨干成为管理人才，引进具有管理能力和技术水平的专业管理干部人才，强化技能型管理团队的培养，系统推进管理变革。

（四）强化改革创新，优化流程提升效率

未来数据和技术将成为最重要的改革创新工具和渠道，河北传统制造业在数字化转型过程中，除了要加强团队建设，强调系统推进数字化变革外，还要强调管理、生产和市场化的改革创新。要在管理理念和层级上减少不必要的生产管理流程，对于复杂的管理职能要进行简化优化，部门之间协调配合的信息流和管理程序要进行合并重组和优化升级。要改变在原有的单一生产流程中上下级协调困难的局面，变单一生产为标准化生产制造，将设计图纸从二维变为三维，进行数字化改造，提升设计能力，将传统作坊式的生产方式变为智能化生产的自动生产线，不断优化产品生产和设计、市场和服务之间的协同制造，在全流程实现系统协同。不断提升资源利用效率和水平，将数据作为企业重要的生产工具，赋能传统制造业的转型升级。

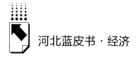

参考文献

中国电子技术标准化研究院：《制造业数字化转型路线图（2021）》，2021 年 9 月。

《2021 年〈河北省政府工作报告〉解读》，河北省人民政府研究室网站，2021 年 3 月 12 日，http：//yjs. hebei. gov. cn/news/zcjd/2021 – 03 – 12/920. html。

B.9
河北省装备制造业高质量发展对策研究

贾志刚*

摘　要： 装备制造业是国之重器。本报告以此立论，在阐释河北省装备制造业基本情况的基础上，重点就其发展现状、存在问题进行论述。存在的突出问题是创新能力不足、对外依存度偏高、协同发展态势不够、产业配套偏弱、产业结构偏重、人才支撑不强。针对上述问题，本报告在分析产业发展趋势的基础上，提出了增强产业创新能力、加快产业数字化融合转型、提高产业链掌控能力、打造装备制造品牌、提升产业集聚水平、借势培育新型动能、推动对外开放合作、加强人才技术支撑、提升发展保障能力等对策与建议。

关键词： 装备制造业　产业结构　河北省

　　装备制造业是国之重器。发展装备制造业对于壮大实体经济、促进产业转型升级、实现经济高质量发展具有重要意义，是打造国民经济隆起带、提升区域竞争力的关键举措。近几年，河北省装备制造业不断提质升级、持续发展，成为制造业的第一支柱和支撑全省工业经济增长的首要力量。但与高质量发展新要求相比，产业发展的瓶颈依然明显，创新能力相对较弱、关键零部件自主研发不足、产业链价值链中低端等问题没有得到实质改善。为此，河北省要立足新发展阶段、贯彻新发展理念、服务新发展格局，紧扣时代需求，不断提升技术水平和创新能力，推动河北省装备制造业迈向高质量发展新阶段。

---

　　* 贾志刚，中共河北省委党校教授，主要研究方向为公共管理、政府经济学。

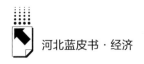

一 河北省装备制造业的基本情况和发展现状

（一）基本情况

装备制造业作为一个基础性产业为国民经济的发展和国防建设提供技术装备，同时作为一个战略性产业，其具有工艺技术含量较高、产业关联度较大、带动发展能力较强、资源能源消耗较低的特点。一般包括普通机械制造、专用设备制造、金属制品制造、交通设备制造、电气机械制造、电气器材制造、通信设备制造、电子设备制造、仪器仪表制造等。

河北省是装备制造大省，产品门类广泛，国民经济行业分类中涉及装备制造业的8个大类61个中类213个小类产品均有生产，共计3000多个品种；经过不断精心培育和打造，形成了相对完善的产业链条，产业增加值持续增长，经济实力不断壮大，产业规模日益雄厚。从2014年起，装备制造业全面超越冶炼及压延加工业，坐上了河北省制造行业的头把交椅。

一个产业要发展，投资规模是重要基础，产业集聚是有效的载体，技术创新是核心动力。河北省遵循产业发展规律，始终坚持把装备制造业作为主攻方向去谋划，作为未来战略支撑产业去打造，以"稳、转、智、推"为主线，坚持质量第一、效益优先，按照创新驱动、规范高效、转型升级、智能发展、协同共进的总体思路，先后出台一系列政策文件，重点发展船舶、工程装备、能源装备、专用设备、车辆装备、基础产品等领域。通过优化布局、完善链条、调整结构、培育高端，不断增加资金投入、构筑产业园区、开展技术创新、推行兼并重组等举措，为河北省装备制造业又好又快发展、实现由量到质的飞跃提供了强有力的保障。

（二）发展现状

1.产业增速持续加快

"十三五"期间，河北省坚持"供给侧+需求侧"两端发力，以科技创新和技术改造促进产业转型升级，装备制造业持续保持较快增长。2017 年产业增加值同比增长 12%，之后一直保持较快的增速。2021 年前三季度装备制造业增加值同比增长 18.3%，是 2017 年以来的最高值，比 2020 年高出了 11.4 个百分点，比全省工业增速高出了 9.6 个百分点。全省规模以上工业增加值占比达到 19.8%，为全省工业发展提供了 33.8% 的增长贡献率，装备制造业对经济的拉动和贡献率均居河北省七大支柱产业之首。

2. 产业规模跃上新台阶

2020 年底，河北省装备制造业规模以上企业数量 4738 家，实现营业收入 8953.79 亿元，占全省工业的比重为 21.26%。装备制造业对全省工业增长的贡献率达到 17.78%；在产业规模增加的基础上，转型升级效果明显，产品质量不断提升，产品结构得到优化，高端类产品增长较快。

3. 创新能力不断增强

河北省坚持创新驱动战略，产业创新能力不断增强。省级产业技术研究院 47 家，省级以上重点实验室 45 个，省级以上技术创新中心 370 个。高速永磁电机被中国高科技产业化研究会评价委员会认定"达到国际先进水平"，大型动梁式龙门自动铺丝机床打破了发达国家对我国复合材料自动铺丝技术的封锁，高地隙中耕拖拉机车轮和大马力超宽后单轮填补了我国在农机车轮领域的空白。

4. 竞争优势明显提升

涌现了一批在全国有明显竞争优势的产品，新能源汽车年产量达 5.6 万辆，动车组 404 辆，城市轨道车辆 180 辆，锂离子电池 3525.2 万只，太阳能电池（光伏电池）683.9 万千瓦。新能源汽车、特种机器人、无人机、高速动车组和城市轨道交通系统、高压输变电设备等产品达到国际先进、国内领先水平。在农机装备、纺织机械、环保装备等专用装备领域形成了一批具有竞争优势的"专精特新"小巨人企业和名牌优势产品。

5."两化"融合水平提升

新一代信息技术与先进装备制造技术融合发展，全面提升企业研发、生

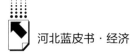

产、管理和服务的智能化水平。数字化研发设计工具普及率达到65%，关键工序制造装备数控化率达到52%，建成智能工厂、数字化车间500个。

6. 产业集群不断优化

河北省装备制造业开发区数量达85个，居全国之首（见图1）。以开发区为依托，围绕智能装备、先进轨道交通、汽车、新能源装备、专用装备、基础配套装备等领域，培育一批具有竞争优势和影响力优势的产业集群，主营业务收入超百亿元的产业集群达到20个，其中，千亿元以上的有3~5个。石家庄打造了国内唯一的集通用航空、轨道交通、新能源汽车于一体的大型装备制造产业园；唐山引进和培育了40多家机器人企业，形成了集研发、生产、销售、服务于一体的机器人产业基地，建成了京津冀地区最大的轨道交通装备产业基地；保定打造了输变电设备及新能源设备制造集群、汽车产业集群；沧州形成了千亿级汽车产业集群；廊坊打造了机械制造、精雕数控机床等高端装备制造产业集群；邯郸建成了高档数控机床和农机基地等。这些产业集群都具有较强的市场竞争力。

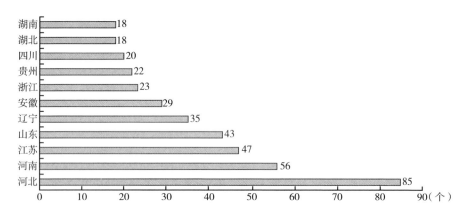

图1　装备制造开发区数量位于全国前10位的省份

资料来源：中商产业研究院。

7. 领军型企业不断壮大

在装备制造业优势领域，河北省共培育百亿元以上企业10~15家，其中，千亿元以上企业2家。2021年7月，中国装备制造行业协会发布了

"2021 年中国装备制造业 100 强", 河北省共有 12 家企业入榜, 与北京、广东、山东、江苏、浙江一并成为六大制造业强省 (市) (见表 1)。

表 1   2021 年中国装备制造业 100 强河北入榜企业

排名	企业名称	所属行业
20	冀南钢铁集团有限公司	黑色冶金
35	敬业集团有限公司	黑色冶金
38	河北津西钢铁集团有限公司	黑色冶金
44	长城汽车股份有限公司	汽车及零部件制造
50	金鼎钢铁集团有限公司	一般有色
59	河北新武安钢铁集团文安钢铁有限公司	黑色冶金
62	河北新金钢铁有限公司	黑色冶金
73	石药控股集团有限公司	药品制造
76	德龙钢铁有限公司	黑色冶金
79	河北天柱钢铁有限公司	黑色冶金
80	河北诚信集团有限公司	化学原料及化学品制造
87	晶澳太阳能科技股份有限公司	光伏产品制造

资料来源: 中国制造企业协会。

二   河北省装备制造业存在的问题及形势分析

(一) 存在的主要问题

河北省装备制造业尽管有了长足发展, 但与新发展阶段建设现代化经济强省、美丽河北的时代任务相比, 发展的不平衡不充分问题依然突出, 重点领域、关键环节的发展任务依然艰巨, 创新能力不足、对外依存度高、产业结构不合理、竞争力不强等瓶颈依然存在。

1. 创新能力不足

创新是经济高质量发展的原动力, 也是增强装备制造业竞争实力的核心手段。长期以来, 习惯于把装备制造业当成一个传统产业, 轻研发、重产出, 研发资金投入不足, 制约了河北省装备制造业尤其是高端制造业的健康发展。2020 年我国研究与试验发展 (R&D) 经费投入总量突破 2.4 万亿元,

R&D 经费投入强度达到 2.40%。河北省同期 R&D 经费投入仅为 634.4 亿元，R&D 经费投入强度仅为 1.75%，比全国平均值低 0.65 个百分点，与制造业竞争力较强的地区相比也有较大差距，仅占广东 R&D 经费投入的 18%、北京的 27%、江苏的 21%、浙江的 34%（见表 2）。

表 2　2020 年全国部分地区 R&D 经费投入与投入强度

单位：亿元，%

地区	R&D 经费投入	R&D 经费投入强度
全国	24393.1	2.40
北京	2326.6	6.40
广东	3479.9	3.14
江苏	3005.0	2.93
浙江	1859.9	2.88
陕西	1681.9	2.42
山东	632.3	2.30
安徽	883.2	2.28
辽宁	549.0	2.19
河北	634.4	1.75

资料来源：国家统计局网站。

2. 对外依存度高

企业研发投入不足，缺乏自主知识产权，在关键核心技术上高度依赖国外技术；新技术、新产品研发不足，产业缺乏核心竞争力，核心关键技术"受制于人"的问题未能得到根本解决，高端产业价值链有所缺位；在设计制造、项目管理以及总承包能力等方面专业化程度较低，过度依赖单机、实物量的增长。

3. 协同发展不够

装备制造业发展需要企业、高校、科研机构等协作主体的协同互动。协同发展不够限制着河北省装备制造业的高质量发展。一是各类创新主体功能定位不清，导致创新资源分散，难以形成完整的产业链，不能有效实现协同发展态势；二是产业链不完整，也就难以形成完善、有效的创新链条，难以吸引高端人才，产业、创新、人才"三链"缺乏紧密联动、有效协作，先进的生产技术和生产工艺难以形成现实生产力，制约着河北省高端装备制造业的培育和发展；三是产业链协作能力不强，上下游企业缺乏紧密合作，龙头企业创新要素集聚力不强，难以发挥应有的引领优势。

4. 产业配套偏弱

研发强度低于全国平均水平，企业自主创新的内在动力不足，创新平台基础条件偏弱；产业化程度及保障能力不足，产业层次偏低，缺少超大型企业引领，大部分装备制造业企业还处于产业链和价值链的中低端。

5. 产业结构偏重

装备制造业结构偏重，集中体现为传统制造如金属制品、通用设备制造、专用设备制造、电气机械和器材制造占比较高，而计算机、通信和其他电子设备制造，仪器仪表制造，新能源技术设备，制造食品机械制造等占比较低。河北省资源环境容量不足，生态环保结构性、根源性、趋势性压力尚未得到根本缓解，随着碳达峰、碳中和各项任务加快落地，资源环境约束对产业转型升级提出更高要求，要实现高质量发展，亟须打造绿色产业，加快培育绿色低碳核心竞争力。

6. 高素质人才不足

创新人才是产业发展的技术支撑，这又恰恰是河北省先进制造业的一个"短板"。装备制造业所需要的高素质、高技能人才严重不足，与之相关的职业教育发展严重滞后，职业教育供给与市场需求存在匹配度不高的现象。人才短缺成为河北省乃至全国装备制造业快速发展的瓶颈。

（二）发展形势

1. 迎来了发展机遇

一是政策支持。制造业稳，实体经济才稳。制造业投资成为中国经济增长的动力引擎。通过扩大长期贷款、减税降费、研发费用加计扣除、增值税留抵退税等政策，国家持续加大力度支持制造业发展。二是构建新发展格局。"十四五"时期，我国开启了全面建设社会主义现代化国家新征程，要构建以国内大循环为主体、国内国际双循环相互促进的新发展格局，庞大的国内市场为装备制造业稳定发展提供了持久动力；共建"一带一路"国家和地区的基础设施建设和发展任务，也为装备制造业的发展拓展了国际市场空间，河北省装备制造企业由此获得更多走出去的机会。三是"双碳"目标的推动。为了实现可持续发展，世界各国推出减少温室气体排放的种种生态发展政策，一些发达国家已经实现了碳达峰，正在朝碳中和目标发展，我国也提出碳达峰、碳中和的行动方案。在环保升级和"双碳"目标促进下，采取先进制造技术、实现绿色创新，成为锻造制造业竞争力的重要抓手，所以装备制造业尤其是高端、绿色的装备制造业迎来了难得的发展机遇。

2. 平添了发展动力

一是技术的推动。新一轮科技革命和产业变革为河北省装备制造业发展提供了动力和关键支撑。数字经济的迅猛发展，各种新兴数字化技术如大数据、云计算、人工智能、互联网、物联网等势必对制造业产生深刻的影响，推动着产业向高技术方向发展。二是数字化发展。数字经济迅猛发展，在数字经济的影响下，数字化转型、智能化发展的需求巨大，促使装备制造业向更加智能化、复合化方向发展，装备制造业的质量、效率、动力都将发生重大变革。这无疑加速了整个行业的转型升级。三是"两化"融合。信息化为装备制造业实现由"制造"到"创造"的转变提供了基础，插上了翅膀。信息技术与装备制造技术的高度融合，推动装备制造业实现了从设计到制造、从生产到服务的一体化集成应用，提高了整个产业的信息化水平。

3. 面临的追赶压力

河北省装备制造业发展的压力主要源自世界制造强国的高技术优势、国际产业转移态势和国际贸易的新动向。美国的技术遏制给我国先进制造业发展带来了诸多障碍。一是技术遏制。以美国为代表的西方国家，凭借自身的高科技实力，对我国采取种种技术遏制措施，在技术转移、出口、投资等领域设置种种障碍。我国装备制造企业面临一系列来自国外的高科技限制类措施，面临的风险挑战长期而严峻。二是产业链、供应链遭受冲击。在百年未有之大变局背景下，"逆全球化"浪潮给全球产业链、供应链的分工合作机制带来严重的冲击与挑战。三是一些发达国家制造业回流和重新振兴。2008年美国发生的债券危机引发全球的金融危机，2012年欧债危机也加重了各国的经济危机，一些先进工业化国家为了摆脱、减轻危机带来的经济衰退，纷纷推出制造业回流与振兴计划，重点支持本国发展先进制造业和新兴产业，这无疑对我国的装备制造业尤其是先进、高端制造业形成"挤压"效应；一些新兴国家利用后发优势，出台优惠政策招商引资，放大了对我国装备制造业的"挤压"效应；新冠肺炎疫情的持续导致装备制造企业供应链被迫阻断，加重了装备制造业的固有压力。

三 河北省发展装备制造业的思路及措施

"十四五"时期，是河北省加快建设现代化经济强省、美丽河北的关键五年，也是以工业设计催生新发展动能、助力实现制造业高质量发展的关键时期。作为经济发展的支柱产业，河北省装备制造业要立足新发展阶段，贯彻新发展理念，构建高端化、智能化、绿色化的先进制造业体系。一是立足产业基础高级化，强化工业基础和技术创新，加强关键核心技术攻关，提高关键环节和重点领域创新能力，健全产业技术基础体系；二是提升产业链现代化水平，围绕12个重点产业和18条重点产业链，通过锻造长板、补齐短板、疏通"堵点"、弥补"断点"，畅通产业内循环、构建产业大生态，增强产业链、供应链的抗风险能力；三是聚焦绿色、高端、智能、服务，推动装备制造业绿色化、高端化、智能化、服务化转型升级；四是打造世界级先进制造业集群，利用好京津冀产业协同发展红利，推动三地产业互联、政策互通、资源共享、平台共建、场景共用，借助"研发总部＋制造基地"跨区域集群发展模式，以省重点承接平台为依托，打造具有全球竞争力的先进制造业集群；五是淘汰落后产能，推进"智能＋绿色"两化融合，整改淘汰一批落后产能，提升装备制造业下限，促进传统装备制造业转型升级，推动河北省从"制造大省"向"制造强省"跨越。

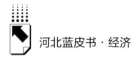

（一）以构建"产、学、研、用"技术创新体系为目标，不断增强产业创新能力

创新是产业发展的第一动力，是装备制造业实现高质量发展的抓手。创新能力较弱一直是河北省装备制造业发展的瓶颈，阻碍产业和企业参与市场竞争的进程。要增强自主创新能力，以技术创新引领装备制造业升级。一是构建"产、学、研、用"相结合的技术创新体系，突出企业主体地位、坚持以市场为导向、准确把握市场需求，全面提高产业的自主创新能力；引导和鼓励大中型企业建设研发机构，支持行业领军企业牵头组建产业技术创新联盟，与省内和京津高校、科研院所开展联合攻关，推动技术和产业发展实现新突破。二是聚焦核心领域技术攻关，以成套高端装备、工业软件、关键材料、基础零部件等为重点，集中攻克一批前瞻性关键技术、核心技术，形成拥有自主知识产权、具有竞争力的知名品牌和"拳头产品"，提升产业核心竞争力。

（二）以网络化技术为手段，加快产业数字化融合与转型

数字经济已成为经济增长的新引擎。要巩固河北省制造业大省地位，增强装备制造业比较优势，必须加速推进装备制造业的数字化、网络化、智能化融合与转型。一是推进数字化转型。数字化转型是实现产业高质量发展的"内燃机"，把数字技术嵌入产业发展全过程，推动数字技术与产业深度融合。二是推进网络化转型。鼓励装备制造企业利用网络化技术，发展众包设计、协同制造、个性化定制、柔性制造、精准营销等新型产品与服务制造；支持企业利用物联网、云计算、大数据等技术，开展故障预警、远程维护、质量诊断、远程优化等在线增值服务，实现从"微笑曲线"低端向附加值高的两端跃升。三是推动智能化转型。以汽车、轨道交通、机器人、高档数控机床等领域为重点，有序开展智能生产单元、智能生产线、智能工厂建设，推动制造企业向智能化转型。

（三）以补齐短板为落脚点，着眼提高产业链掌控能力

河北省装备制造业具备完整的工业体系、较强的生产能力和较完善的配套能力，但还存在明显短板，部分基础性关键技术、核心零部件自主化能力弱，产业链不完善。新冠肺炎疫情的发生，更加凸显了产业链自主可控的重要性。提高产业链的掌控能力，一是补齐短板，缩小重要产业链、产业链关键环节与先进水平的差距。补齐短板的措施就是加强高端装备、关键"卡脖子"技术、核心零部件、基础材料、重要科学仪器、工业软件等科研攻关，以减轻高技术产品对国际供应链的依赖。二是锻造长板，打造技术领先、产品一流、性能优异的领域，推动重大技术装备向高端化、智能化发展。三是打通产业链的断点、堵点、卡点，发挥产业协同创新优势，鼓励产业链上下游企业协同配套、服务外延，加强产业链的本地配套能力和多生产线协调保障能力。

（四）以品牌意识为导向，努力打造装备制造"河北品牌"

实现装备制造业高质量发展必须狠抓质量，推进品牌建设，这也是建设"创新驱动、跨越赶超的现代化河北"的重要抓手。打造装备制造品牌，一是树立品牌就是质量的意识，抓品牌就是抓质量，引导企业树立以质量和信誉为核心内容的品牌意识，围绕研发创新、生产制造、质量管理和营销服务全过程，提升内在素质，打造自身品牌。二是对照品牌找差距，品牌就是标准，瞄准品牌这个标准，从技术、材料、工艺、管理等各环节摆问题、找差距，提出改进、提升措施，全面提高装备制造产品的质量和品质。三是运用先进管理模式和方法，优化工艺流程，提升供给质量和水平，鼓励并购国际品牌、开展商标国际注册，促进品牌的国际化进程，全面提升河北企业的知名度和影响力。

（五）以特色化、差异化为发力点，提高产业集聚水平

产业集群发展是提升装备制造业竞争力的有效途径，也是制造业向中高

端迈进的必由之路。提高产业集聚水平，一是强化企业集聚，增强产品配套能力。加强产业的园区建设，自觉按照"引进龙头—链式聚集—打造集群"发展思路，引导龙头企业和上下游相关企业在园区集聚，推动产业链条向两端布局与延伸，提高产业的附加值。二是坚持走特色发展之路，打造特色明显的竞争新优势，加快培育壮大一批优势突出、特色明显、专业化程度高的产业集群，以先进轨道交通、新能源、节能和新能源汽车、机器人等领域为重点，通过特色化、差异化发展，有效避免装备制造集群出现产业雷同、同质竞争的现象。

（六）以雄安新区为载体，借势培育全省经济发展新动能

雄安新区建设是国之大计，高标准高质量建设雄安新区需要河北省全力支持、积极配合和联动发展。雄安新区建设为河北省制造业发展提供了难得的机遇。河北省必须抓住机遇，培育装备制造业发展新动能。一是承接好基础设施配套建设。雄安新区建设空间广阔，河北省相关企业要利用好得天独厚的产业和资源优势，对接雄安新区一系列重大工程建设，重点发展工程机械设备、专用设备、金属制品、汽车制造、电气机械和器材、通用设备等产业。二是做好与雄安新区的产业布局对接和配套联动，将河北省相关企业纳入装备制造优势产业集群，实现产业发展配套联动的"双赢"。三是借势雄安新区的创新资源，弥补河北省创新能力的不足。雄安新区的功能定位是承载北京非首都功能，越来越多的高端高新产业落户，企业总部、研发部门、高校、科研院所迁入，由此带动北京的人才和项目迁移，这为河北省借雄安之势提供了难得机会，要制定相关政策支持企业加强合作，也可以在新区周边谋划一批产业园区，吸引京津高端高新企业设立生产制造基地，培育河北省装备制造业发展新动能。

（七）以"一带一路"为契机，加速推进对外开放与经济合作

经济全球化背景下，世界经济体系密不可分，坚持对外开放，推动全球产业链、价值链深度融合，是顺应世界经济发展大势的必然选择，也是拓展

发展空间、实现装备制造业高质量发展的有效途径和战略举措。推进对外开放，一要加快重点企业"走出去"步伐。抢抓"一带一路"倡议带来的机遇，借力国际产能合作，鼓励河北省企业加快全球生产布局，建设海外研发、生产和营销中心，积极融入全球价值链分工，让国际市场竞争倒逼河北省装备制造业转型升级。二要提高装备制造业"引进来"水平。聚焦河北省装备制造产业链重点环节，加强高端技术和设备引进，鼓励汽车、轨道交通、机器人等领域企业与国际知名企业合资合作，推动引资、引技、引智有机结合。抓住京津冀协同发展机遇，进一步加强与央企以及京津两地知名装备制造企业的战略合作，力促河北省装备制造业发展实现新突破。

参考文献

李会霞：《大力推动河北装备制造业高质量发展》，《河北日报》2018 年 12 月 19 日。

《"十四五"我省将打造世界级先进制造业集群》，《河北经济日报》2021 年 6 月25 日。

赵姗：《大变局时代：中国高端装备制造业的新机遇》，《中国经济时报》2020 年 12 月 1 日。

区域创新篇

Regional Innovation

B.10
新发展格局下环雄安县域
高质量发展思路与对策建议

高自旺 *

摘　要： 环雄安县域是雄安新区与周边地区高效分工合作的核心过渡带，
是构建河北省乃至京津冀内循环体系的重要组成部分。本报告简
要述评了相关理论文献，总结了环雄安县域社会、生态、经济、
数字金融、土地市场的现状特征及发展趋势，提出了做优京津雄
配套制造业与服务业、做强专业特色鲜明的未来产业、做好保障
产业链供应链安全稳定的区域节点等环雄安县域高质量发展思
路，以及深化顶层设计、创新平台载体、加强要素保障、优化投
资环境等对策建议。

关键词： 环雄安县域　雄安新区　新发展格局

---

* 高自旺，河北省社会科学院经济研究所助理研究员，主要研究方向为区域经济。

《河北雄安新区规划纲要》中明确提出，加强雄安新区与周边地区协调发展，统筹推进新型城镇化建设，推进协同规划、产业联动，打造协同发展示范区的新样本。该文件还提出划定周边管控区，加强新区与部分周边地区的统一开发。雄安新区管委会出台的《关于支持新区三县传统产业转型升级工作的指导意见》中提出，积极引导雄安新区传统产业企业向周边地区转移，构建雄安新区与周边地区的分工体系。2020年，雄安基本实现高污染和高能耗企业全退出，"两高"企业主要转移到雄安与周边区县（市）共建的区外承接园区。雄安周边部分地区面临着开发受统一管控、"两高"企业大批输入的区域发展新形势，资源基础、发展程度存在差异，亟须向高质量发展模式转型升级，这在给环雄安县域崛起带来机遇的同时，也带来了严峻挑战。基于此，本报告探讨了雄安周边地区发展现状及雄安建设对周边地区产生的影响，并提出一系列政策措施以期助推环雄安县域高质量发展。

一 文献综述与理论分析

雄安新区与环雄安县域呈现典型的"中心—外围""中心城市与边缘城市""都市区与郊区"的城市区域特征，双方互为依赖、相互支撑。环雄安县域发展成效显著影响着雄安新区的发展质量，雄安新区开发建设也高度影响着环雄安县域的经济、社会、生态发展走向。与本报告观点相关的文献主要有以下几类：一是城市化发展的相关问题，如城市规模、城市集聚效应等；二是中心城市与边缘城市的关系、功能定位及相互影响等方面问题；三是城市群一体化的协同治理问题；四是高质量发展问题的相关研究。

关于城市化与城市规模的相关理论研究。城市化是社会经济发展的必然选择，城市化涉及人口城市化、土地城市化等，但其实质是人口城市化。[①]同时，一个城市的规模化发展具有最优规模，在城市规模达到最优规模之

---

① 王桂新：《城市化基本理论与中国城市化的问题及对策》，《人口研究》2013年第6期。

前，城市化进程发挥着集聚效应的正外部性，城市享受着规模效益带来的好处；当城市规模达到最优规模之后，继续推动城市化，特别是人口城市化，可能会产生高水平的外部成本这一负外部性。正外部性和负外部性相互制约，共同影响城市化发展成效，对于决策者而言，最佳决策方案就是找到最优城市规模。① 北京的高度城市化带来了拥挤、高成本等"大城市病"，由此，建设雄安新区以疏解北京非首都功能。要素集聚、产业集聚是城市化进程的重要驱动力，而城市化发展到一定规模、阶段后，也必然会推动城市群发展。② 传统城市问题变成了更大概念、更大地理范围的城市区域治理问题。可以说，超过最优规模的进一步城市化，会助推城市郊区发展，边缘城市也会得到重视。

关于中心城市与边缘城市分工合作问题。边缘城市是用来解释美国郊区化现象的术语，③ 其他定义还有外围城市、卫星城市等。人口郊区化、服务业郊区化、就业全面郊区化是推动边缘城市发展的重要动力机制。中国的城市化是由地方政府、开发商联合下复杂的土地财政驱动的，政府主导郊区工业卫星城开发，行政干预产业转移，并且郊区一度是工业、居住混合的土地利用模式，郊区和中心城区的联系不够紧密。④ 可以说，中国的边缘城市发展正是以开发区建设为导向的、极具中国特色的城市化进程。自然发展情况下，当中心城市进入郊区化发展阶段，要素、产业外溢加速，其周边的开发区具备率先承接上述资源的优势，而得以优先发展成为与中心城市生产、生活、生态需求相配套的边缘城市。⑤ 对于边缘城市的发展，其功能的多样化和中心城市的高效分工成为影响其高质量发展的关键因素。开发区的空间形

---

① 王小鲁、夏小林：《优化城市规模 推动经济增长》，《经济研究》1999年第9期；王小鲁：《中国城市化路径与城市规模的经济学分析》，《经济研究》2010年第10期。
② 苏雪串：《城市化进程中的要素集聚、产业集群和城市群发展》，《中央财经大学学报》2004年第1期。
③ 孙一飞、马润潮：《边缘城市：美国城市发展的新趋势》，《国际城市规划》2009年第1期。
④ 李祎、吴缚龙、尼克·费尔普斯：《中国特色的"边缘城市"发展：解析上海与北京城市区域向多中心结构的转型》，《国际城市规划》2008年第4期。
⑤ 程慧、刘玉亭、何深静：《开发区导向的中国特色"边缘城市"的发展》，《城市规划学刊》2012年第6期。

态、区位、规模、产业结构等也制约着边缘城市的发展路径。对雄安新区而言，其周边县域正是未来雄安的"开发区"，是"大雄安"经济圈内的"边缘城市"，因此雄安周边地区要充分发挥地缘优势。[①] 随着雄安新区传统产业的转移、高端高新产业的发展、集聚效应的加速，雄安周边地区很可能形成"环雄安污染带""环雄安贫困带"等。[②] 因此，雄安新区与环雄安县域的协同发展机制值得重视，而环雄安县域的高质量发展路线，现有文献并未进行详细论证。

关于城市群一体化的协同治理问题。城市群体系是物质流、信息流、知识流、能源流有机耦合的综合性空间集聚体。[③] 当前，我国城市群在发展过程中仍存在效率较低、恶性竞争、实质一体化程度较低、行政干预较多、集聚负效应大等显著问题。[④] 因此，城市群一体化的治理机制研究仍是一个兼具学术性与实践性的问题。从以雄安新区为研究对象的文献来看，李兰冰等认为应该加强城市治理模式创新、建设高质量营商环境平台、设立国际化对外开放平台，以优化雄安新区制度环境。[⑤] 叶振宇认为应该加强规划引导、园区共建、平台合作。[⑥] 李晓华和陈若芳认为必须站在"大雄安"的视角构建产业生态系统，以雄安建设带动河北集聚发展。[⑦]

关于高质量发展的相关研究。金碚认为高质量是高增长的下一阶段，是发展模式从数量到质量的转型升级，而新时代下五大新发展理念正是高质量发展的确切内涵。[⑧] 刘志彪认为均衡、"四化协同"、要素市场化、共享分

① 武义青、冷宣荣：《推动建立雄安新区与周边地区协同发展新格局》，《燕山大学学报》（哲学社会科学版）2019 年第 4 期。

② 陈璐：《把握京津冀高质量协同发展的关键问题》，《中国社会科学报》2020 年 7 月 22 日。

③ 方创琳等：《中国城市群结构体系的组成与空间分异格局》，《地理学报》2005 年第 5 期。

④ 方创琳：《中国城市群形成发育的新格局及新趋向》，《地理科学》2011 年第 9 期。

⑤ 李兰冰、郭琪、吕程：《雄安新区与京津冀世界级城市群建设》，《南开学报》（哲学社会科学版）2017 年第 4 期。

⑥ 叶振宇：《雄安新区与京、津及河北其他地区融合发展的前瞻》，《发展研究》2017 年第 7 期。

⑦ 李晓华、陈若芳：《"大雄安"区域产业生态的构建研究》，《北京工业大学学报》（社会科学版）2020 年第 1 期。

⑧ 金碚：《关于"高质量发展"的经济学研究》，《中国工业经济》2018 年第 4 期。

配、地区政策与产业政策的平衡，生态财富，基于内需的开放，高水平制度供给是推动高质量发展的关键因素。[①] 李金昌等认为可以从经济、创新、绿色、生活、社会等五个方面构建高质量发展评价体系。[②] 方创琳认为我国新型城镇化高质量发展区域可以划分为五大类型，包括城市群区域、粮食主产区、农林牧区域、贫困区域、民族自治区域。[③]

综上所述，关于中心城市—边缘城市、城市化、城市群治理、高质量发展的理论研究有很多，但都并未明确提出环雄安县域发展的基本思路、创新模式及相应的对策建议，而这正是本篇报告探讨的核心问题。

二 环雄安县域发展现状分析

（一）环雄安县域的社会发展现状分析

环雄安市县（区）有九个，包括保定市的高碑店市、定兴县、徐水区、清苑区和高阳县，沧州市的任丘市，以及廊坊市的文安县、霸州市和固安县。人口密度是衡量城市规模的重要指标，公路密度可以衡量城市区域交通基础设施建设水平，互联网普及情况可以衡量地区通信基础设施发展水平，这些都是城市发展的重要基础。而教育资源和医疗资源是衡量人力资本知识水平和健康水平的重要指标。鉴于数据可用性，从这五个方面可以大致衡量支持地区经济进步的社会发展情况。人口密度和公路密度方面，除了文安县，其他县域人口密度均高于所处地级市人口密度，且九个市县（区）的人口密度均高于河北省平均水平，其中任丘市的人口密度最高、固安县的公路密度最高。互联网普及率方面，除了高碑店市、徐水区、高阳县，其他各县域的通信基础设施发展程度均低于全省平均水平。

---

① 刘志彪：《理解高质量发展：基本特征、支撑要素与当前重点问题》，《学术月刊》2018 年第 7 期。
② 李金昌、史龙梅、徐蔼婷：《高质量发展评价指标体系探讨》，《统计研究》2019 年第 1 期。
③ 方创琳：《中国新型城镇化高质量发展的规律性与重点方向》，《地理研究》2019 年第 1 期。

用每万人口的中学教师与小学教师数量衡量地区的教育资源，发现仅徐水区、高阳县、固安县的中学教师资源高于全省平均水平；任丘市中学教师资源高于沧州市；高阳县、任丘市、文安县、霸州市、固安县的小学教师资源高于全省平均水平，但霸州市、固安县的小学教师资源仍低于廊坊市平均水平。医疗技术人员资源方面，高碑店市、徐水区、清苑区、高阳县、任丘市、文安县、霸州市均高于所处地级市平均水平，但仅有任丘市、霸州市高于全省平均水平（见表1）。

表1 环雄安县域社会发展情况

区域	人口密度（万人/平方公里）	公路密度（每平方公里土地的公路长度）（千米/平方公里）	互联网普及率（每千人口的互联网接入户数）（户/千人）	每万人口中学教师数量（人）	每万人口小学教师数量（人）	每万人口医疗技术人员数量（人）
河北省	0.041	1.050	304	40.930	50.928	63.141
保定市	0.055	1.026	279	40.275	47.413	28.042
高碑店市	0.092	1.753	406	38.246	35.982	46.877
定兴县	0.085	1.246	251	30.951	36.475	27.508
徐水区	0.088	1.199	306	44.540	32.400	49.984
清苑区	0.080	1.398	251	34.933	40.150	39.529
高阳县	0.074	1.399	394	49.831	63.373	53.555
沧州市	0.055	1.166	291	36.794	52.250	28.267
任丘市	0.094	1.594	250	39.338	55.438	72.177
廊坊市	0.075	1.784	427	39.559	58.658	33.480
文安县	0.054	1.574	285	38.601	60.827	42.215
霸州市	0.082	1.641	267	37.971	53.114	67.239
固安县	0.075	2.181	288	52.010	54.892	32.689

资料来源：《河北省经济年鉴2020》与《中国县域统计年鉴2020》；部分缺失数据采用了《河北省经济年鉴2019》。

（二）环雄安县域的生态发展现状分析

新发展阶段下，各级政府在寻求经济发展的同时，对环境问题尤为关心。环境规制是城市、企业发展的重要考虑因素。可以说，生态保护是城市发展的重要基础。根据"2018 年河北省重点污染企业名录"，全省重点污染企业 2183 家，保定市 505 家、沧州市 188 家、廊坊市 110 家，其中，高碑店市 11 家、定兴县 20 家、徐水区 18 家、清苑区 15 家、高阳县 71 家、任丘市 9 家、文安县 3 家、霸州市 34 家及固安县 6 家。高阳县是全省重点污染企业数量第二的县域，仅低于第一位的保定市满城区，由此可见，环雄安县域的生态环境治理仍面临较大压力，这些重点污染企业的存在也严重威胁着雄安新区的生态环境。PM$_{2.5}$浓度是衡量一个地区雾霾治理情况以及该地区生态是否达到优异的重要指标。从动态的年均 PM$_{2.5}$浓度数据来看，2014~2019 年，河北省及保定市、廊坊市的年均 PM$_{2.5}$浓度均逐年下降，2019 年沧州市 PM$_{2.5}$浓度略有反弹，九个县域中除了高阳县和任丘市均持续下降，任丘市 PM$_{2.5}$浓度的变化趋势与沧州市的变化相似（见表2）。整体上，2019 年环雄安县域的年均 PM$_{2.5}$浓度相较 2014 年几乎下降了一半，这表明环雄安县域生态得到了极大改善，也为雄安新区生态保护提供了良好屏障。

表2 2014~2019 年河北省及环雄安县域年均 PM$_{2.5}$浓度

区域	2014 年	2015 年	2016 年	2017 年	2018 年	2019 年
河北省	66.984	57.902	53.727	49.324	43.356	42.080
保定市	89.304	74.194	68.996	62.007	53.202	50.955
高碑店市	104.618	89.948	81.643	70.496	60.420	56.834
定兴县	113.145	96.778	86.551	76.635	64.409	61.725
徐水区	115.478	96.336	86.262	75.946	63.990	59.090
清苑区	123.312	102.432	90.024	80.913	66.264	65.045
高阳县	119.863	107.285	93.364	83.789	67.157	68.401
沧州市	86.774	79.537	71.560	65.012	55.068	56.466
任丘市	115.334	105.752	92.896	82.656	66.388	68.592
廊坊市	95.560	83.758	75.406	66.620	58.373	56.116

区域	2014 年	2015 年	2016 年	2017 年	2018 年	2019 年
文安县	105.226	92.908	86.504	77.655	65.596	65.140
霸州市	97.871	84.179	79.006	69.702	61.281	58.062
固安县	93.812	79.186	70.973	61.567	54.985	51.672

资料来源：华盛顿大学全球地表 $PM_{2.5}$ 浓度数据。

（三）环雄安县域的经济发展现状分析

产业结构方面，根据《中国县域统计年鉴 2020》中 2019 年各县域数据，以第三产业增加值与第二产业增加值的比值来衡量产业结构，发现高碑店市、定兴县、清苑区、高阳县、固安县的数值均大于 1，说明这些地区已形成以服务业为主的产业结构；徐水区、文安县、霸州市数值均小于 1，说明这些地区的产业仍以工业为主。从环雄安县域的产业发展方向来看，高碑店市以汽车制造、机械制造、饮品食品、建筑建材、箱包加工为支柱产业；定兴县以休闲食品、汽车及零部件为主导产业；徐水区以汽车及零部件、吊装装备、环保涂料、储能蓄能为主导产业；清苑区以制香、机械、新材料为主导产业；高阳县以纺织、汽车农机配件、电器电料为主导产业；任丘市以石油化工、新型建材、电力器材、交通设备制造为主导产业；文安县以汽车及零部件、新材料、高端装备、现代食品为主导产业；霸州市以都市食品、特色家具、电子信息、智能装备为主导产业；固安县以航空航天、生命健康、电子信息为主导产业。整体上，环雄安县域轻工制造与重工业并重、劳动密集型产业与资本技术密集型产业齐发展，拥有食品、家具、纺织等传统产业的同时，也具备新材料、电子信息等战略性新兴产业的发展基础。

地区经济发展程度方面，夜间灯光数据在很大程度上可以反映地区的经济发展程度，相比人均地区生产总值指标，可以有效避免统计偏差及统计口径不一的问题。从环雄安县域的夜间灯光亮度均值来看，高碑店市、任丘市、霸州市三大县级市及徐水区、固安县远超其他市县（区）（见表3），且环雄安县域经济发展成效超过全省平均水平。但定兴县、文安县、固安县经济发展水平仍低于所处地级市的平均水平。可见，环雄安县域经济实力较强，但发展程度不均衡。

表3 2015~2020年河北省及环雄安县域夜间灯光亮度

区域	2015年	2016年	2017年	2018年	2019年	2020年
河北省	0.465	0.506	0.629	0.657	0.767	0.827
保定市	0.372	0.462	0.625	0.682	0.828	0.958
高碑店市	0.645	0.745	1.151	1.197	1.373	2.340
定兴县	0.247	0.315	0.377	0.379	0.520	0.863
徐水区	0.683	1.114	1.869	2.046	2.329	2.934
清苑区	0.428	0.526	0.921	1.057	1.160	1.201
高阳县	0.541	0.617	0.967	1.157	1.405	1.393
沧州市	0.643	0.721	0.967	1.028	1.143	1.227
任丘市	1.380	1.552	2.121	2.355	2.781	2.781
廊坊市	1.642	1.878	2.238	2.283	2.713	3.160
文安县	0.724	0.770	1.000	0.961	1.156	1.382
霸州市	2.618	2.955	3.416	3.349	3.648	3.869
固安县	1.086	1.019	1.389	1.489	1.840	2.093

资料来源：An Extended Time-series (2000–2018) of Global NPP-VIIRS-like Nighttime Light Data。

（四）环雄安县域的数字金融发展现状分析

目前，数字要素已成为经济发展的关键要素之一，数字金融可以提高实体经济发展效率，是影响地区经济发展的重要因素。金融发展方面，地区金融机构网点数量可以在一定程度上体现地区金融竞争、金融发展程度。根据中国银行保险监督管理委员会金融许可证信息，任丘市、霸州市、高碑店市金融机构网点数量最多，分别达到157家、107家和104家，三地产业发展所依赖的金融资源优异。2016~2020年，数字金融方面，九大县域数字金融指数整体上逐年增长，固安县、高碑店市、霸州市数字金融发展程度领先其余县域，固安县数字金融指数最高，高碑店市的数字金融指数增长最快。从分指标来看，固安县数字金融覆盖广度和数字化程度最高，高碑店市数字金融使用深度最高（2016年除外）（见表4）。

表4 2016～2020年环雄安县域数字金融发展情况

指数	区域	2016 年	2017 年	2018 年	2019 年	2020 年
数字金融指数	高碑店市	85.79	103.27	108.98	117.04	118.58
	定兴县	85.94	98.01	99.48	107.11	109.05
	徐水区	85.40	101.82	105.12	108.32	110.82
	清苑区	81.64	98.42	102.57	105.65	106.98
	高阳县	84.53	99.26	101.85	108.64	110.70
	任丘市	89.30	102.50	103.66	111.75	113.56
	文安县	85.45	98.44	97.36	105.69	109.30
	霸州市	89.19	101.49	104.16	112.96	115.81
	固安县	94.90	108.84	111.78	119.25	121.08
数字金融覆盖广度	高碑店市	96.64	98.46	97.74	100.07	101.81
	定兴县	90.11	91.06	89.46	92.76	94.78
	徐水区	91.29	91.64	91.88	93.59	96.10
	清苑区	88.33	88.95	89.27	91.26	93.04
	高阳县	92.60	93.39	91.84	94.51	95.99
	任丘市	93.00	93.58	92.16	94.94	96.11
	文安县	92.17	92.76	90.21	93.05	95.51
	霸州市	96.38	97.08	95.72	98.13	100.07
	固安县	96.82	98.63	98.83	101.14	102.64
数字金融使用深度	高碑店市	96.99	136.15	147.04	161.82	160.97
	定兴县	89.04	115.42	118.31	132.56	136.26
	徐水区	80.22	121.31	126.85	131.80	137.58
	清苑区	77.27	117.10	122.76	126.08	131.86
	高阳县	95.07	122.34	122.78	139.72	145.63
	任丘市	94.53	123.63	123.01	141.59	147.51
	文安县	82.83	112.90	107.96	124.01	133.94
	霸州市	95.61	126.08	125.53	142.65	149.58
	固安县	99.21	131.53	136.04	153.73	157.80
数字化程度	高碑店市	29.64	59.44	76.99	91.68	96.90
	定兴县	66.55	89.37	98.36	108.29	106.72
	徐水区	75.36	100.00	109.40	114.31	110.83
	清苑区	67.52	95.76	109.84	116.06	107.82
	高阳县	38.75	76.67	96.91	98.84	95.83
	任丘市	67.54	93.54	106.48	113.05	109.45
	文安县	68.02	90.94	101.72	114.15	110.06
	霸州市	53.75	71.39	93.22	107.96	106.40
	固安县	80.76	101.31	110.44	116.41	115.23

资料来源:《北京大学数字普惠金融指数（2011～2020年）》。

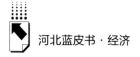

（五）环雄安县域土地市场发展现状分析

土地要素是产业发展特别是工业发展的重要基础条件，土地可用数量、土地价格均是影响工业生产成本的重要因素。利用大数据技术从中国土地市场网收集了 2016～2020 年以及 2021 年 1～10 月环雄安县域的土地转让情况，发现整体用地转让方面，土地转让价格波动较大，如高碑店市、任丘市、霸州市、固安县呈现先涨后跌再涨再跌的波动趋势，定兴县呈现先跌后涨再跌的趋势，徐水区呈现先涨后跌再涨的趋势，清苑区、高阳县呈现先跌后涨再跌再涨的趋势，文安县是先涨后跌再涨再跌再涨。再进一步细分土地用途类别，工业用地方面，除了固安县有明显波动下跌趋势，其他县域工业用地转让价格均呈显著的波动中上涨的趋势，如定兴县工业用地价格分别从 2016 年的每公顷 149.96 万元涨到了 2021 年的每公顷 570.21 万元，平均每公顷土地价格涨了 420.25 万元，增长幅度达到了 280%。徐水区、清苑区、高阳县、任丘市也均实现工业用地转让价格翻一番（见表 5）。由此可见，环雄安县域的工业用地价格整体上增长明显，其原因可能是工业用地数量减少以及恶性炒作。总之，工业用地价格上涨将深刻影响环雄安县域制造业以及环雄安县域与雄安新区分工体系的发展。

表 5　2016 年至 2021 年 1～10 月环雄安县域土地市场情况

单位：万元/公顷

转让类型	区域	2016 年	2017 年	2018 年	2019 年	2020 年	2021 年 1～10 月
整体用地转让	高碑店市	692.81	1065.08	1630.85	1097.08	1189.15	309.21
	定兴县	90.36	67.91	584.44	1553.32	1080.01	277.53
	徐水区	276.51	1481.65	1887.33	835.67	622.79	1067.74
	清苑区	1491.45	1353.61	1521.93	366.08	1041.79	1919.68
	高阳县	560.72	347.99	1393.96	451.99	392.54	1459.53
	任丘市	546.14	739.30	530.66	1381.15	1765.07	1533.56
	文安县	1140.16	2504.01	1282.43	1347.84	421.03	1650.95
	霸州市	1256.27	2153.88	1758.40	1915.17	1641.70	1583.13
	固安县	1879.90	2545.76	1404.45	4386.48	3418.90	387.97

转让类型	区域	2016 年	2017 年	2018 年	2019 年	2020 年	2021 年 1～10 月
工业用地转让	高碑店市	276.08	525.72	474.72	504.47	435.39	513.08
	定兴县	149.96	—	418.33	420.07	536.26	570.21
	徐水区	289.64	372.19	527.53	549.43	498.87	612.94
	清苑区	346.57	379.06	436.35	506.04	646.94	792.86
	高阳县	270.33	119.72	810.15	175.18	525.36	579.87
	任丘市	292.12	316.38	321.00	355.14	581.82	645.17
	文安县	276.84	434.76	494.97	489.16	486.49	468.60
	霸州市	389.53	494.09	459.53	425.41	506.80	592.72
	固安县	1056.03	837.12	908.89	668.42	880.34	1044.30

注："—"为数据缺失。
资料来源：中国土地市场网。

四　新发展格局下环雄安县域高质量发展的新思路

(一)瞄准京津雄科技与产业发展前景，做优配套产业与对接服务

京津冀协同发展进入攻坚克难的关键时期，雄安与周边地区一体化发展进入重要的起步阶段，环雄安县域面临对接雄安、对接京津的两大重要任务，承担协调区际关系、打造发展转型样本的重要职能。一是继续瞄准北京科技中心"放大招"，积极布局与北京科技挂钩、共生的配套产业。以固安县为环雄安县域承接北京科技、产业输出样本，推广"固安经验"的区域协同发展实践工作。二是在"京津研发、河北转化、河北制造"的逻辑下，更加重视"雄安研发、周边制造"，依托环雄安重点园区基地、交通路网，瞄准雄安的高端高新产业，重点布局关联配套产业，围绕雄安新区创新链加快布局环雄安产业链，做优"大雄安"科技高地和制造高地，推动形成科技、产业跨区域互补相融共济的区域现代经济体系样本。三是依托徐水区、清苑区等城市市区，以高碑店市、固安县等县域为重要节点，围绕雄安新区

产业链创新链，重点布局配套"人才链""服务链""政策链"，打通雄安新区与环雄安县域的"知识链""能力链""价值链"。分区分级分类做好雄安科技产业的相关服务配套，做优产才、产服跨地融合，加快打造服务雄安、衔接雄安的服务业项目新标杆，促成环雄安县域在制造业、服务业的全方位全领域全环节融入雄安新区，推进实现融入京津冀世界级城市群的整个社会经济大循环。

（二）聚焦制造业转型发展大趋势，做强专业特色鲜明的未来产业

"十四五"规划明确指出，前瞻谋划未来产业，重点布局智能、未来网络、基因技术、量子技术、氢能储能等前沿科技、产业领域，谋划布局一批未来产业。未来产业是高科技密集、高附加值、高环保型、高健康赋能型的前沿产业，推动未来经济、社会、生态、生活等领域发生重大变革。

环雄安县域发展未来产业应聚焦三大领域。一是做强电子信息和智能制造领域未来产业。一方面，雄安新区以人工智能、大数据、虚拟现实、区块链、数字经济、物联网等新一代信息技术为重点产业发展方向之一。固安等县域具备丰富的电子信息产业资源。电子信息产业或智能产业仍将是未来经济、科技发展的重点领域。环雄安县域应做大做强电子信息产业，重点是围绕雄安智能科技发展转化需求，做好制造业基础支撑。另一方面，以环雄安县域的装备制造优势产业为突破口，加快数字智能技术与装备制造业的融合发展，打造环雄安县域智能制造集群。二是做强绿色低碳领域未来产业。世界各国陆续发布碳中和目标，我国也发布了"双碳"目标，环境友好型产业将是未来制造业、国际贸易发展的重要前沿领域。一方面，环雄安县域应加快推动制造业低碳变革，积极布局引进低碳技术、促进清洁能源进工厂、高耗能工艺改造、排放污染物高效收集等适应未来制造业发展的工厂环境、技术环境、产业环境，推动传统制造业加快脱碳减排、实现碳近零排放。另一方面，积极布局符合能源变革需求的新能源产业，依托任丘市、定兴县、清苑区、徐水区等电力设备强市县

（区），加快发展适应未来能源要求与需求的新能源装备制造业。三是做强大健康领域的未来产业。生命科学和生物技术是现在及未来资本关注的热点、人力资本发展的重要依赖、科技水平的重要体现，未来雄安新区将大力发展生命科学和生物技术。而环雄安县域亟须结合雄安新区的科技发展方向及雄安人才的健康需求，加快谋划布局大健康产业，实现立足雄安、服务雄安、配套雄安的发展规划。近期，可依托环雄安县域的多个食品产业小微集群，加快开拓食疗结合型产业，加快布局涉及医疗、康养、度假的诊治、恢复、训练、体验的大健康全产业链条，加快产品与服务的集成，提升环雄安健康产业的支撑能力及水平。

（三）围绕统筹安全和发展，做好增强产业链供应链安全稳定性的区域节点

贸易摩擦、疫情大流行等均严重威胁我国产业链供应链的安全稳定。产业链供应链的安全问题大致涉及能源、粮食产业产业链供应链的基础保障问题，以及制造业产业链供应链自主可控的经济体发展问题。环雄安县域应高度重视制造业产业链供应链的安全稳定。一是加强县域产业集群的关键核心技术攻关，以增强产业链供应链的安全稳定性。支持产业集群内龙头企业产业链供应链的"小环节、最终品"的"两头顾"，加快打造产业链"朋友圈"，联合企业、产学研平台、企业技术中心，聚焦产业链知识产权"真空地带"，构建"专利破空"创新联合体，加快突破产业链"卡脖子"技术、核心技术环节，以科技进步航稳产业链供应链之大船。二是构建富有生命力的环雄安产业链生态。一方面，做好环雄安企业与企业、生产制造与生产服务、产业链上游与下游、产业链与产业链的关联信息统筹，研究制定环雄安产业链县域协调对接有效机制，打破环雄安产业链可能存在的"信息孤岛""产业孤岛""企业孤岛"，率先畅通环雄安产业链、供应链、信息链内循环。另一方面，构建政府与大型市场主体共引领的机制，做大园区产业集群，优化政策环境，加快产业链梳理与产业链造链、延链、补链、强链同步，推动在地企业

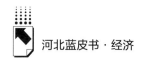

转型升级和优质企业项目招引联动，以实施锻长板补短板工程，稳定环雄安县域产业链供应链之基本盘。

五　促进环雄安县域高质量发展的对策建议

（一）注重环雄安县域顶层设计，深化前瞻谋划布局

一是支持成立环雄安县域建设领导小组。积极构建环雄安市县（区）长定期联席会议沟通机制，统筹环雄安县域的高规格谋划、全方位布局，负责环雄安县域开发的重大项目、建设事宜，打破环雄安县域开发的行政壁垒，建立健全环雄安建设的利益共享机制、补偿机制，推动环雄安县域招商引资协力、重大项目共聚，推进环雄安县域一体化开发进程。二是完善顶层设计，以"一盘棋"思维促成环雄安县域开发共建共享。建议由环雄安县域相关部门、智库专家学者、龙头企业等联合成立专项规划、计划编制组，开展环雄安县域发展转型规划或计划编制工作，研究制定支持发展的相关配套政策。聚焦产业上下游之间的有机联系，以及企业、集群与创新等资源，科学制定区域产业发展思路、阶段性目标、推进时间节点，编制好环雄安县域产业地图、招商地图，以及重点企业、重点项目清单，将环雄安县域的重大发展项目列入河北省"十四五"时期重点项目清单、将环雄安县域列为河北省"十四五"时期重点发展区域。三是强化考核督导机制。建议政府相关部门制定促进环雄安县域进一步开发、产业转型发展的细化方案，分解目标任务到年度计划，压实责任，将环雄安县域开发、重大项目落地情况纳入对市县（区）相关部门、干部的工作考核体系。

（二）描绘未来发展蓝图，创新平台载体支撑

聚焦环雄安县域开发的未来景象，前瞻谋划创新型发展载体。一是积极策划布局适应新动能需求的未来城区。未来社区是近年浙江省主打的经济增长新场景、城镇化的新方案，其是生产、生活、生态有机耦合的新模

式、新业态、新机制，较为适应环雄安县域尺度开发的区域载体发展模式需要。围绕服务雄安新区建设、县域空间转型升级，河北省可借鉴浙江省"始版桥社区""云帆社区"建设经验，率先在环雄安县域布局未来城区，构建以人为本、文化内驱、特色鲜明、科技先进、生态优良的多方共建共享的创新型未来城区。分类别、分主题建设多元共生互融的新型产业载体、产融结合型载体、服务业新载体。二是推动环雄安县域全面对接自由贸易试验区雄安片区建设。依托自贸区雄安片区、雄安新区跨境电子商务综合试验区的政策优势，加快探索工业电商平台、跨国并购信息平台等数字平台建设，促成环雄安县域共享自贸区雄安片区的政策优惠，共建"大雄安"特色跨境工业电商试验区，推动环雄安县域成为雄安新区外向型产业发展的腹地支撑。

（三）增加要素资源投入，推动政策工具集成

一是以重点园区基地为对象，加强项目土地资源利用效率评价，加快对产出效果差或长期未落地项目的清退，加快对环雄安县域土地资源信息的重新梳理，提升土地资源集约化利用水平，坚决做好土地利用精准施策，研究一事一议、一链一策的精准模式，保障环雄安县域制造业发展的土地供给及成本优势。二是创新融资科技、政策的支持方式。充分发挥雄安"金融岛"作用，加强雄安金融科技、监管沙盒、信用体系等数字金融业态对环雄安开发区、园区基地投融资支持。加强推动数字金融科技在环雄安县域产业的落地应用，加快信息整合、资源共享，破解中小微企业融资难题。同时，支持环雄安重点产业区域共享雄安新区各类金融试点政策，紧抓雄安新区金融开放创新利好，全力打造河北省投资的"外资窗口"，促进外商投资股权投资类企业（QFLP）试点开展环雄安县域专项投融资工作，引导优质外资服务环雄安县域的重大项目建设。三是积极推动环雄安县域的园区基地与国内顶尖高校、科研院所开展战略合作，建设一批具有人才承载力、吸引力、培育力的高端高新专业人才基地，成为"大雄安"区域发展的"人才池"。

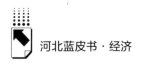

（四）完善投资项目审批制度，推动重大产业项目更快、更好地"落地生根"

一是将优化营商环境作为"一号工程"，研究制定针对特定目标产业的超常规营商环境运作办法，以环雄安开发区、工业园区为载体，开展重点目标产业超常规营商环境试点，打造一批特色产业领域营商环境的新型"会客厅"样本。二是认真落实《国务院办公厅关于同意河北、浙江、湖北省开展行政备案规范管理改革试点的复函》的相关要求，谋划将环雄安县域的重点开发区及园区纳入试点区域，设立企业投资的行政备案事项范围等清单，围绕区域重点发展的国民经济行业门类，加快开展行政备案规范管理改革试点。三是迭代推进投资项目审批全流程改革，推动强区放权、分区分类试行"拿地即开工""承诺即开工""租赁即开工"等投资项目备案审批"极简化"模式，深入推进投资项目"标准地＋承诺制"改革、加快推动区域评估制度实施，研究设立"人才＋科技＋基金＋载体"产业项目评审落地"绿色通道"，加强大项目、好项目整体引入建设。

B.11
创新河北省吸纳京津科技成果转化方式和举措研究[*]

张金杰[**]

摘　要： 京津尤其是首都北京是我国创新资源和成果最密集的地区，当前京津科技成果已呈现加速向外扩散转化的趋势。同时，京津冀协同发展已进入向纵深推进的新阶段，河北省吸纳京津科技成果转化，既有先天地缘、人缘和国家重大战略支持的优势，又有产业转型升级的强烈需要，然而从总体上看，河北省吸纳和利用京津创新成果资源水平并不高。创新吸纳京津科技成果转化方式和举措，吸引更多的科技成果在河北省转化孵化，对于河北省创新发展、高质量发展极为重要。本报告将理论与实践相结合，总结区域吸纳科技成果转化的条件和需求，分析河北省吸纳京津科技成果转化的问题和不足，并结合实际提出创新河北省吸纳京津科技成果转化举措的建议，为河北省推动相关工作提供了参考。

关键词： 科技成果转化　京津冀协同　河北省

一　对科技成果跨区域转化的基本认识

科技成果转化是指对科学研究与技术开发所产生的具有实用价值的科技

---

* 本报告为2019年度河北省省级科技计划软科学研究专项项目"完善我省吸纳京津科技成果转化机制和政策研究"（项目编号:19455320D）阶段性研究成果。

** 张金杰，河北省宏观经济研究院副研究员，主要研究方向为区域经济、城市经济。

成果进行后续试验、开发、应用、推广，直至形成新产品、新工艺、新材料、新产业等的活动，实质上是科技成果从供给方向需求方转移、从知识形态转化为实体产品或商品的过程。理论分析和实践证明，科技成果跨区域转化具有以下几个特征。

（一）科技成果转化每个阶段的活动都有可能发生区域转移

科技成果从产生到产业化通常可分为四个阶段，即科技成果应用创意阶段、技术二次开发和中试阶段、转化项目落地孵化阶段、孵化企业发展壮大阶段。虽然各个阶段之间具有较强的关联性，但每个阶段活动的开展都需要一定的条件支撑。需求条件不同导致科技成果转化具有跨区域发生的可能。比如，科技成果应用创意阶段较易发生在相关领域产业基础较好、技术应用市场广阔的区域；技术二次开发和中试阶段最易发生在相关领域加工制造水平较高、零部件配套能力较强的地区；科技成果转化项目落地孵化阶段易发生在产业生态良好、中小企业竞争压力小的区域环境里；孵化企业发展壮大阶段易发生在发展成本较低、产业基础较为雄厚的地区。

（二）承接科技成果转化的地区具有一定的条件优势

从现实情况看，科技成果转化每个阶段都发生跨区域转移的案例并不是很多，科技成果持有者会综合考虑，结合科技成果转化的实际需要，选择条件最优的地区作为科技成果转化项目的落地区域。从科技成果转化需求条件看，产业配套、市场竞争、政策支持、要素支撑、运营成本等情况，都是影响科技成果转化的重要因素，区域发展条件越完善、越优越，成功吸纳科技成果转化的可能性就越大。而在现实中，具备一至两项发展条件优势的区域不多，而同时具备多项优势的区域就更少。比如，从产业配套条件看，与科研成果领域相同且具有较强配套能力的区域就很少。因此，承接科技成果转化的地区是少数具有发展条件优势的区域。

（三）吸引科技成果转移孵化的基本条件是本地良好的产业配套能力

新时代，全球产业发展与科技创新日益紧密，两者之间的布局关系也发生了重要变化，由过去的"在这里创新、就在这里生产"演变至"在这里创新、到那里去生产"，再到今天的"在哪里生产，就在哪里创新"，科技资源围绕产业布局向产业发达地区转移的趋势愈加明显。区域吸纳科技成果转移转化，良好的产业配套能力是基础条件。首先，本地主导产业与要转化的科技成果在领域上是否一致；其次，产业层次是否够高，经验表明，产业层次越高，吸纳科技成果转化能力就越强；最后，产业是否具备链群化发展优势，实践证明，具备产业生态或集群优势的区域是吸纳科技成果转化能力最强的地区。

（四）区域吸纳科技成果转化的捷径是打造需求条件的比较优势

科技成果转化是一项环节较多、过程复杂的活动，对产业配套、创新基础、政策支持、市场竞争、要素支撑以及公共服务等方面要求较高。一个区域很难做到在所有方面都具备优势，同时有些需求条件在短时间内难以得到改善，比如推动产业转型升级、提升自主创新能力，都是一个长期的过程。因此，区域尤其是一些相对落后的地区要想吸纳科技成果跨区域转移，其捷径之一便是挖掘自身条件，放大长板，在一至两个领域打造形成比较优势，以此增强区域竞争力，提升科技成果转化吸纳能力。

（五）科技成果转化项目落地的决定条件是良好的中小企业发展环境

科技成果转化实质上是创新创业的过程。科技成果转化最终成果之一是孵化出一批科技含量高、发展前景好的中小企业，而中小企业的脆弱性决定了其成长、壮大必须在优渥的发展土壤和环境中。因此，科技成果转化项目最终能否承接来、落得下、发展好，关键在于区域是否拥有有利于中小企业特别是科技型中小企业生存发展的优良生态环境。阿里巴巴集团创始人当初在北京和上海创业都没能成功，而在杭州能成功，归根结底是因为当时杭州拥有更适合中小企业发展的政策、制度、市场及竞争环境。

二　京津科技成果跨区域转化的趋势

京津尤其是首都北京科技资源丰富，高端人才荟萃，科技实力雄厚，是全国科技创新中心、科技成果高地，是全球高等院校、创新机构、创新平台最密集的区域之一。多年来，首都北京对全国科技创新辐射带动力不断增强，再加上受到自身空间用地紧张、发展成本趋高、制造功能相对弱化、中小企业竞争压力大等因素限制，科技资源成果外溢的趋势愈加明显。驻北京高等院校、科研院所陆续在全国各地建设了大量的科技成果转化机构和平台，北京向外省市技术输出的规模持续扩大（见表1、图1和图2）。

表1　2013～2020年北京向外省市技术输出情况

年份	北京向外省市技术输出合同		北京向外省市技术输出合同成交额	
	数量（项）	同比增长（%）	成交总额（亿元）	同比增长（%）
2013	33538	3.4	1615.9	16.7
2014	37212	11.0	1722.0	6.6
2015	37447	0.6	1878.7	9.1
2016	38928	4.0	1997.2	6.3
2017	44287	13.8	2327.3	16.5
2018	47454	7.2	3014.9	29.5
2019	47897	0.9	2866.9	-4.9
2020	—	—	3718.5	29.7

资料来源：2013～2020年北京市技术市场统计年报。

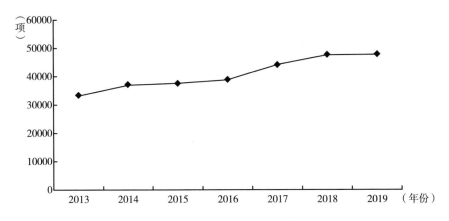

图1　2013～2019年北京向外省市技术输出合同数量

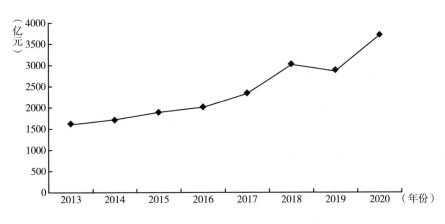

图2　2013～2020年北京向外省市技术输出合同成交额

三　河北省吸纳京津科技成果转化基本条件分析

（一）区位得天独厚，但综合竞争力不强

河北省内环京津，具有天然的承接京津科技成果转化的区位优势。随着京津冀协同发展深入推进，京唐城际、京雄高速等快速路加快建设，京津冀一体化综合交通运输体系更加完善，河北省的区位优势将更加明显。河北省

虽为经济大省，但整体实力和综合竞争力却一直下降，地区生产总值全国排名从 2015 年的第 6 位滑落至 2020 年的第 12 位，人均地区生产总值在全国的排名靠后。与先进地区相比，河北社会整体发展水平不高，人均收入和现代化服务业发展水平偏低，聚纳高端人才和科技成果转化项目能力较差。在恒大研究院和智联招聘发布的《中国城市人才吸引力排名 2020》中，河北省排名最高的是石家庄，只排全国第 23 位。

（二）产业链现代化水平低，产业配套能力不强

吸纳科技成果转化，需要较强的产业配套能力。但河北省产业结构层次较低，产业链现代化水平不高，与京津创新链和科技成果转化的需求不相匹配。从产业领域看，河北省仍以资源型产业为主。2020 年，资源型工业主营业务收入占规模以上工业比重仍达 40% 以上，而高新技术产业占规模以上工业比重仅为 19.5%，远低于江苏的 43.8%、浙江的 51.3%。从企业看，传统企业多、高新企业少，跟随企业多、领军企业少。全省营业收入超 10 亿元的企业有 46.7% 集中在钢铁、石化、建材和煤炭行业，高新技术企业数量不及广东的 1/8、江苏的 1/4，入围"2020 中国企业 500 强"的企业不及江苏、山东、广东的一半。

（三）区域文化传统保守，改革创新步伐不快

体制机制宽松灵活、创新文化氛围浓厚、对外开放水平高的地区是易于吸纳科技成果转化的区域。河北省虽然位于沿海地区，但区域内向封闭发展特征明显。近年来，河北省为推动高质量发展，大力推进体制机制改革创新，先后开展"双创双服""三深化三提升""三创四建"等活动，深入推进石保廊区域全面创新改革试验区、京南国家科技成果转化示范区等重大创新平台建设，但区域改革创新总体进程较慢，科技创新及成果转化体制机制不灵活，这对河北省吸纳科技成果转移造成一定影响。

（四）技术创新基础薄弱，消纳科技成果能力差

消化、吸收和转化先进地区科技成果，需要自身具备一定的创新能力和基础。河北省创新资源贫瘠，自主创新能力弱，吸引京津高水平创新成果的能力较差。突出表现为一是高水平的科研机构少。全省没有一所中央部属高校和全国一流高校，且省属重点大学区域布局分散，难以形成研发合力。"国字号"的科研机构、国家级创新平台均不及天津的一半。规模以上工业企业拥有研发机构比例低于全国平均水平。二是高层次人才少。河北省每万人大专及以上学历人数不足北京的 1/4、天津的 1/2，在全国处于中下游水平。两院院士、长江学者等各类高端人才极为匮乏。据《中国区域科技创新评价报告 2020》，河北省综合科技创新水平指数居全国第 20 位。

（五）平台发展水平低，集聚先进要素能力弱

城市、产业园区等平台是承接科技成果转化项目的空间载体，与先进省份相比，河北省产业发展平台和载体建设相对滞后、发展水平和能级较低，承载吸纳科技成果转化能力不强。主要表现为一是城市整体实力弱。全省至今未有一个人口超过 500 万的特大城市，无一城市经济总量进入全国"万亿元俱乐部"。二是城市新区发展速度慢。目前正定新区尚难以支撑引领省会城市发展，曹妃甸区和渤海新区经济规模不足长沙湘江新区的 1/4 和 1/5。三是产业园区实力不强。河北省 7 家国家级经开区经济总量不及大连经开区 1 家，不足天津经开区的 1/2。

（六）新兴市场主体少，创新创业氛围差

市场主体尤其是新兴市场主体的集聚程度，是吸纳科技成果转移的重要因素。与先进地区相比，河北省市场主体尤其是新兴市场主体数量少、实力弱、活力不足。主要表现在，一是新兴市场主体严重缺乏。目前全省只有 1 家独角兽企业，与浙江 21 家、江苏 15 家相比有较大差距；没有一家企业入围"全国互联网企业 100 强"和"大数据企业 50 强"。二是创新创

业活力不足。目前全省拥有国家级科技企业孵化器众创空间数量约为山东省的1/3，科技部火炬中心公布的"2019年度国家级优秀科技企业孵化器"中，河北省仅有6家，而江苏省拥有53家。在北京大学国家发展研究院发布的"2020中国区域创新创业指数"排名中，河北省仅位居全国中游水平，良好的"双创"生态远未形成。

对照科技成果转化条件需求可以看出，河北省吸纳京津科技成果转化的难点和症结在于产业配套能力不强、创新基础较差、体制机制不够灵活、区域吸引力和承载力不够等，造成京津科技成果向河北省转移转化的内在驱动力不高。河北省与江苏、浙江、深圳等先进省份和地区相比，吸纳京津科技成果转化能力具有系统性、阶段性的差距。京津大量的科技成果以"蛙跳"的方式跃过河北省，在条件更好的南方地区转化。

四 河北省吸纳京津科技成果转化新方式新举措

顺应科技成果转化新形势新需求，结合发展实际，河北省要更多的吸纳京津科技成果转化，必须立足当前、着眼长远，加快扬长补短、优化条件，构筑京津科技成果向河北省转化良好格局，打造京津科技成果转化高地。从短期看，要主动作为、创新机制，采取更加积极有效的路径、举措，实施更大力度的政策支持，推动和吸引京津科技成果在河北省转化。从中长期看，要坚持优化产业结构，增强自主创新能力，优化创新发展良好生态，提升与京津产业链、创新链的发展匹配度，增强京津科技成果向河北省转化的内在驱动力，源源不断地推动京津科技成果在河北省落地转化。

（一）完善京津专家聘用制度，充分利用京津科技人才

发挥京津冀特有的地缘亲缘关系，抓住京津冀协同发展向纵深推进的机遇，以技术咨询、指导、传授、支援等形式，推动京津科研机构、人才和团队对河北省产业发展开展全天候、常态化的技术服务。一是完善产业首席专家制度。围绕高端装备制造、新能源、金属新材料、数字经济等河北省主导

产业、战略性新兴产业以及特色产业的发展，聘请京津相关领域一流专家为首席技术顾问，为企业提供专业指导和咨询服务。支持京津顶尖专家与企业形成永久性的技术合作关系，成为企业技术导师，帮助企业进行技术改造，解决企业技术难题。二是鼓励京津大专院校、科研院所在的河北省产业集聚区、优势资源集中区等谋划建立先进产业技术率先应用实践基地，吸引京津技术人员在河北省开展先进产业技术应用实践，推进成熟产业技术在河北省率先应用。三是鼓励河北省企业"挂靠"京津科研机构，创建创新共同体、技术创新联盟，与京津相关领域技术人才和团队形成长久、稳定技术服务合作关系，使京津科研机构和技术人才成为河北省企业创新发展的重要技术源。

（二）深化京津冀创新协作，以技术创新合作推动科技成果共转共用

依托河北省优势创新资源，围绕产业发展重大需求，以重大课题、重大技术共同攻关等方式，推动京津创新机构与河北省创新机构深层次合作，以前端科研合作推动科技成果共同转化应用。一是深入实施创新合伙人制度。鼓励河北省优势科研机构、有实力的龙头骨干企业，以国家级科研项目、新产品与新技术研发项目为载体，深化与相关领域的京津科研机构合作，组建跨区域、高级别的联合研发团队，构建长久紧密的科研合作关系。鼓励河北省优势企业和创新机构，积极参与京津高等院校、科研机构相关课题的研究，推进科技成果率先在河北省转化。二是支持在京津设立"飞地"研究院。支持有实力的企业在京津高等院校等人才密集区域设立研发中心，招揽当地高层次技术人才，开展企业急需技术的研发工作。谋划在京津高等院校、科研机构设立河北研究院，开展河北省产业发展急需共性技术研究。三是引进京津研发机构。积极对接驻京津国家工程研究中心、国家重点实验室等各层次研究机构，吸引更多的科研机构在河北省城市新区、产业园区等产业基础好、发展环境优的区域，设立研发分支机构。

（三）构建一体化的科技大市场，健全科技成果跨区域转化服务体系

京津蕴藏着巨大的"科技宝藏"，北京拥有近1/3的国家专利，是全国

最大的技术集中输出地。通过与京津共同构建一体化的科技大市场，架起技术供需对接的桥梁，促进京津技术成果以买卖转让、许可使用、作价入股等的方式在河北省进行转化，是河北省吸纳京津科技成果转化的最直接、最快捷的方式之一。一是支持共建科学技术推广机构。发挥河北省区位、空间等优势，鼓励京津高等院校、科研院所、专业技术服务机构、社会组织等在河北省设立科技成果推广机构、技术转移中心，从事科技成果跨区域转化服务活动，引导京津创新成果向河北省转移和扩散。二是积极共建技术交易平台。推动中国国际技术转移中心河北分中心、京津冀技术交易河北中心等技术交易平台与中关村国际技术转移中心北方中心、中国创新驿站等京津技术转移平台的无缝对接、互联互动，并以托管、设立分站等形式，在河北省新建一批京津冀技术交易地方分中心和地方工作站，构建贯通全省、连接京津的技术交易服务网络。

（四）围绕重大技术创新配置产业化平台，加速科技成果转化

实践证明，先行与京津科研机构对接，有针对性地围绕某项重大技术配置转化要素和平台，推进科技成果产业化，往往比先行规划建设要素和平台、吸引京津科技成果转化更具成效。江苏省与中科院上海光学精密研究所合作共建了集萃先进激光技术研究所，对上海光学精密研究所"多普勒测风激光雷达技术"进行二次开发，孵化出南京牧镭激光科技有限公司，培育出性能达国际先进水平的全光纤多普勒测风激光雷达新产品，取得了良好的转化效果。2017年浙江省与清华大学签署"关于推进柔性电子技术领域合作的框架协议"，以建设"一院（柔性电子技术研究院）、一园（柔性电子技术产业园）、一基金（柔性电子产业基金）"的模式，促进柔性显示、柔性电源、柔性材料等相关技术成果在浙江省转化，助推浙江省信息经济"万亿产业"发展。河北省要充分借鉴江苏、浙江等地吸纳先进地区科技成果转化的成功经验和做法。一是切实发挥近邻京津的区位优势，实施向京津各领域科研单位派驻代表机制，紧盯各科研单位研究动态，挖掘各科研单位发明专利、原理发现等重大研究成果，分类列出具有重大开发前景和重大价

值的科研成果清单。二是与京津科研机构的合作，借助全方位配套技术建设开发机构、产业基金、产业园等转化平台，全力吸引各类重大科技成果在河北省转化。

（五）合力打造新型研发机构，释放科技成果跨区域转化潜能

新型研发机构是以市场化、企业化运作方式从事科学研究、技术开发和服务的科研机构。新型研发机构能够有效破解当前科技研发及成果转化体制机制的束缚和障碍，挖掘科研单位科技研发和成果转化潜力，推动经济社会创新发展。近年来，深圳市联合国内外有影响力的科研机构及研究团队，探索建立了华大基因研究院、深圳清华大学研究院、中科院深圳先进技术研究院、深圳光启高等理工研究院等一批新型研发机构，有力地助推了深圳市创新发展。河北省抢抓京津冀协同发展向纵深推进、北京非首都核心功能加快向外疏解的机遇，借鉴深圳市新型研发机构建设经验，围绕河北省传统优势产业、特色产业升级发展和战略性新兴产业培育的需求打造新型研发机构。一是采用院地合作、校地合作、众筹自建等的方式，支持京津科研院所、大专院校、社会组织等在河北省创建一批化工、装备、数字、新能源等新型产业技术研究中心和地方研究院，以市场化的方式开展技术创新和咨询服务工作。二是鼓励各科研单位和京津专业人才携科技成果在河北省创办新型技术开发机构、开办企业，推动科技成果产业化。

（六）发挥产业转移的外溢效应，引领带动更多科技成果在河北省转化

自京津冀协同发展战略实施以来，京津已有 24771 个法人单位、9045 个产业活动单位疏解转移到河北省。要发挥已转移产业外溢带动效应，强化与京津全方位、广泛的技术协作，推动河北省产业链与京津创新链融合，促使更多京津创新资源和科技成果在河北省转化。一是支持已疏解转移到河北省的企业进一步加强与驻京津企业总部、科研总部、公共研发机构的技术创新合作，构建紧密的、链式共生的发展关系，形成科技成果在河北省转化的

示范和样板效应，引领带动河北省更多企业吸纳京津科技成果转移。二是鼓励已疏解转移到河北省的企业通过共享信息、人才等资源，加强与河北省本地企业的合作，帮助和引导河北省企业提升创新能力，深化与京津地区的科研合作。同时，产业转移尤其是高端产业转移本身就伴随着科学技术的转移，河北省在承接京津产业转移的过程中，要积极创造条件，优化发展环境，构筑高水平发展载体和平台，吸引更多的京津战略性新兴产业项目和高技术产业项目向河北省转移。

（七）积极打造平台型企业，构建吸纳京津科技成果转化的"磁力核"

平台型企业能够围绕自身所涉及的领域，构建一个完整的产业系统和更加全面的商业平台，促使相关创新资源集聚。国内外大量实践证明，凡是拥有平台型企业的区域，必是科技向心力较强的区域。杭州拥有阿里巴巴集团，每年吸引大量的数字经济人才和创新资源集聚，围绕着阿里巴巴开展相关领域科技研究和科技成果转化。深圳拥有华为、大疆科技等众多科技型龙头企业，成为海内外重要的电子信息产业创新创业基地。河北省要依托雄安新区等平台载体，积极培育打造平台型企业，建设聚纳京津及其他地区科技资源和成果的"磁力核"。一是建立良好的新经济发展成长环境和要素供给、服务保障体系，积极培育新经济首创型企业，引领更多的创新主体和科技成果转化项目集聚。二是要集成最优政策，打造最为周到的服务体系，积极引进国内外顶尖人才，开展前沿应用技术的开发及产业化，培育技术变革型领军企业，带动相关领域科技研发及成果产业化项目集聚。三是依托雄安新区等载体，构建与国际接轨的制度规则体系和国际一流的发展平台，积极培育产业生态主导型企业，打造完善的创新生态系统，吸引京津及其他地区人才创新创业。

（八）提升河北省产业链与京津创新链匹配度，形成互嵌共融的发展关系

产业链与技术输出地创新链的匹配程度是影响区域吸纳科技成果跨区域

转移的重要因素。研究表明，北京优势科技创新领域主要体现在电子信息与通信、生物医药、装备制造、新能源、新材料、现代农业等领域，天津优势科技创新领域主要集中在高端装备制造、生物医药、电子信息、化工等领域。河北省要参照京津优势科技创新领域，以建设全国产业转型升级试验区为抓手，深化产业结构调整和提档升级，加快构建现代化产业新体系，提高产业链与京津创新链契合度、匹配度，在更广领域和更深层次上吸纳京津科技成果转化。一是加快推进钢铁、化工、建材等领域实现高端化、智能化、绿色化改造，强力实施强链补链延链计划，不断引导产业向下游延伸、向中高端跃升，提高产业链现代化水平，拓展与京津科研合作空间。二是积极围绕京津优势领域创新链布局产业链，大力培育发展信息技术、生物科技、高端装备、新材料等战略性新兴产业，现代服务业以及现代都市型农业，努力打造若干个与京津创新链相配套的高端产业集群，提高河北省产业发展与京津技术创新的关联性，使京津创新链嵌入河北省产业链，使河北省产业发展融入京津创新链，形成"京津研发—河北制造"的协同发展格局。

参考文献

陈瑾辉、靳静：《以新型研发机构推进京津科技成果在河北转化》，《经济论坛》2018 年第 9 期。

张丹、朱凤战：《沧州市承接京津产业转移现状与对策研究》，《沧州师范学院学报》2017 年第 2 期。

B.12
京津冀协同背景下河北省创新型县（市）建设模式研究*

王哲平 戴海益 张国辉**

摘　要： 创新型县（市）建设是创新型国家建设的基础，也是创新型国家建设的难点和短板。京津冀协同发展为河北创新型县（市）建设提供了机遇。本报告根据河北各县（市）发展特征迥异、创新基础参差不齐的实际，结合不同的区位条件、要素禀赋及发展基础，提出了京津雄和中心城市辐射带动、特色产业聚集区双向融合发展、农业主导区重点突破和山区坝上生态区环境引领四类典型模式，指出了各类模式的建设思路和推进路径，并提出了推进创新型县（市）建设的具体建议。

关键词： 京津冀协同　创新型县（市）　河北省

创新型县（市）建设是创新型省份建设的基础，国家出台了一系列文件推进创新型县（市）建设。[①] 河北省委、省政府高度重视创新型县（市）

---

* 本报告为 2019 年度河北省省级科技计划软科学研究专项项目"京津冀协同背景下河北省创新型县（市）建设模式及评价研究"（项目编号：18457625D）阶段性成果。

** 王哲平，河北省发展和改革委员会宏观经济研究院研究员，主要研究方向为区域经济、数量经济；戴海益，河北省发展和改革委员会宏观经济研究院实习研究员，主要研究方向为区域经济；张国辉，河北省产业转型升级服务中心助理工程师，主要研究方向为产业信息化。

① 《国务院办公厅关于县域创新驱动发展的若干意见》，中华人民共和国国家发展和改革委员会网站，2017 年 5 月 11 日，https：//www.ndrc.gov.cn/fggz/lywzjw/wstz/201705/t20170531_1046780.html？code＝&state＝123；《转发科技部关于印发〈创新型县（市）建设工作指引〉的通知》，吉林省科学技术厅、吉林省外国专家局网站，2018 年 8 月 28 日，http：//kjt.jl.gov.cn/xwzx/tztg/201808/t20180828_4968249.html。

建设工作，自 2016 年以来，连续出台了《关于加快科技创新建设创新型河北的决定》（冀发〔2016〕29 号）、《河北省科学技术厅建设创新型县（市、区）工作指引》（冀科区〔2017〕10 号）、《河北省县域科技创新跃升计划（2019—2025 年）》① 等一系列文件，河北创新型县（市）建设稳步推进，效果逐步显现，2017 年一半以上的县（市）R&D 经费投入占地区生产总值的比重超过 2.5%，正定、固安入选科技部首批 52 个创新型县（市）建设名单。京津冀协同发展为河北创新型县（市）的建设带来了新的机遇和要求，在这种情况下，必须根据县（市）不同的区位条件、要素基础和产业情况，探索不同的建设模式，分类推进。

一 京津冀协同发展对河北创新型县（市）建设的影响

随着京津冀协同发展的深入推进，北京非首都功能加速疏解，一些辅助创新功能将加速外迁，河北作为北京非首都功能的主要承载地，京津冀协同发展为河北县（市）创新发展提供了千载难逢的机遇，同时对河北县（市）创新发展提出了更高的要求。

（一）京津冀协同发展给河北创新型县（市）建设带来新机遇

1. 为河北县（市）承接京津创新资源提供了机遇

北京是全国的创新中心，创新资源规模居全国首位，创新成果最为丰富。河北环绕北京，具有承接北京创新要素资源，促进科技成果落地转化的天然优势。随着北京非首都功能的加速疏解，骨干创新载体势必会加快向区外拓展，这就为河北县（市）承接北京创新资源提供了机遇。河北县（市）具有承接北京产业转移的空间优势。事实上，北京的生物制药、服装加工、

---

① 《河北省人民政府办公厅印发〈河北省县域科技创新跃升计划（2019—2025 年）〉》，搜狐网，2019 年 2 月 2 日，https://www.sohu.com/a/292936853_809097。

批发零售等产业加速向外转移,河北的永清、固安、高碑店、涿州等县(市)在对接北京产业转移方面成效显著。随着产业的转移,与产业密切相关的技术、人才、管理也逐步外迁,带动研发、设计、服务、中介等相关产业入驻。随着创新资源的集聚,承接县(市)的创新能力和创新水平将大幅度提升。

2. 为打造创新型县(市)高地提供了机遇

北京非首都功能外迁,规划建设雄安新区,为河北打造县(市)创新高地提供了机遇。雄安新区的定位之一就是创新驱动发展引领区,是北京非首都功能的集中承接地。雄安新区的规划建设,必将形成全国创新发展的新的增长极。雄安创新高地的形成,将对河北县(市)产生强烈的辐射带动作用,环雄安地区与雄安文化相联、人文相通,有条件建设雄安研发转化基地,形成一批对接雄安的创新发展高地,成为河北最具创新活力的地区。

3. 为创新成果在河北县(市)转化提供了机遇

京津冀协同发展规划的一大目标是解决北京"大城市病",疏解非首都功能。首都功能主要包含三个层次。一是首都的核心功能,即北京作为首都所承担的全国政治中心、文化中心、国际交往中心、科技创新中心四大功能;二是服务于这四个核心功能、关联紧密的行政事业功能;三是服务于前两个层次、与其他需求相适应的城市一般功能。科技创新中心是北京的核心功能,服务于科技创新的科研、实验、中试等活动与其关联紧密。但科技成果转化是科技转化为生产力的再生产过程,为首都非核心功能。北京城市功能调整,意味着科技成果将不断向区外孵化转化。今后北京这个科技创新中心大部分科技成果将在区外孵化转化,北京与区外科技合作的重点将放在构建北京研发、区外孵化转化创新链上。京津冀协同发展为北京创新成果在河北县(市)的转化搭建了桥梁,为河北县(市)加快承接北京创新成果落地提供了前提和机遇。

(二)京津冀协同发展对河北创新型县(市)建设提出新要求

京津冀协同发展为创新型县(市)建设带来巨大机遇,同时河北县

（市）与首都在创新能力、创新服务能力方面存在巨大差距，这对河北县（市）加强创新链条对接、加强载体平台建设、提升公共服务水平、创新机制体制、优化创新环境等提出了新要求。

1. 对加强创新链对接提出了新要求

北京已经形成以第三产业为主的产业结构，第三产业占地区生产总值的比重达到80%左右，创新资源也以第三产业为主，设计、金融、信息等高层次的创新资源丰富，转移出来的创新资源集中在产业的中高端。而河北的县域经济仍然处于工业化中期阶段，第一和第二产业仍占2/3左右，创新需求集中在农业科技、工业转型升级方面。北京的创新资源与河北县（市）的需求存在严重错位，创新断链现象依然十分突出。由于河北县（市）与北京在创新资源、创新能力、创新人才方面存在巨大差距，北京转移出来的创新资源与河北县（市）的需求存在错配，这大大削弱了北京创新资源对河北县（市）的带动作用。京津冀协同发展背景下，河北县（市）必须加强产业链对接，以产业链连接创新链，有效承接北京创新资源，增强协同创新能力。

2. 对载体平台建设提出了新要求

创新平台是集聚区域创新资源的载体，是引领区域创新发展的龙头，是衡量区域创新发展水平的标志。当前河北各县（市）正在加快建设一批高水平的创新平台，如众创空间、孵化器等，但总体上看，河北县（市）的创新平台不仅数量少、层次低，且几乎没有具有区域影响力的创新载体，与吸引北京创新资源的要求相比，仍有较大差距，对北京创新资源的吸引力不足。河北县（市）自身较少的创新资源和创新发展经验使得其必须加快打造战略性、标志性创新平台，建设专业化、特色化的创新载体，推动新型创新载体的发展，提高创新载体的数量和层次，使北京的创新资源能"引进来、留得住"，助力河北县（市）实现创新发展。

3. 对提升公共服务水平提出了新要求

京津冀协同发展背景下，河北县域创新最大的机遇是承接北京创新资源，加快创新成果在河北的落地转化，这就需要围绕吸引科技资源、促进科技成果转化，打造更加优越的公共服务体系。当前，河北很多县（市）尚未成立推进成果转化的产权交易中心，科技服务中介机构发育缓慢，产权抵押、交易的金融服务欠缺，这制约了京津创新成果在河北县（市）的转化。较低的科技公共服务水平已经成为影响科技创新人才、科技创新机构集聚的重要因素，也是河北县（市）承接京津科技创新资源的主要障碍。

4. 对机制体制对接提出了新要求

畅通机制体制是确保各种创新资源顺利流动，充分发挥创新资源效率的必要条件。受行政区划和部门分割的影响，京津冀创新发展模式基本上是以行政区为单元，且与经济社会发展其他部门相对割裂。创新资源的转移转化大多仍以市场主体的行为为主，所以创新配套软硬环境的建设就显得格外重要。京津冀要协同发展，就要克服体制机制方面的各种障碍。由于河北改革创新先期发展相对滞后，河北县（市）与京津之间存在巨大的体制机制差异，这阻碍了创新资源的合理流动。在人才评价方面，与京津相比，河北县（市）的人才资历认定、职称评定、工资待遇机制不灵活，且三地在认定标准上存在巨大差异。在吸引人才的具体政策方面，全国各城市均加大对人才的吸引力度，有的城市甚至用直接的财政补贴和城市户籍准入等举措吸引高端人才，而河北的县（市）尤其是北京周边的县（市）住房限购、体制僵化，导致京津的人才难以疏散到河北县（市）。在成果转化机制方面，河北与京津在创新成果转化、创新资源认定等机制上标准不一，北京的创新资源如高新技术产业在河北需要重新认定，不能享受原有的政策，阻碍了高新技术产业的进入。从科技创新领域的改革进程看，全省科技创新体制机制改革基本是根据国家部署推进的，各县（市）也只能落实省既定政策，很少有在全国具有突破引领意义的改革举措。此外，降低企业创新成本、激发创新主体活力、提高创新要素配置效率等方面改革红利的释放还不足。河北要想更好更充分地利用北京创新资源，在体制改革方面就必须取得突破性进展。

5. 对优化创新环境提出了新要求

创新环境是吸引创新资源的基础，河北的县（市）与北京在创新环境上存在巨大差距，这也就造成了河北的县（市）对京津创新资源吸引能力不足，成为县（市）创新发展的重大制约。京津冀协同发展，河北县（市）积极承接吸纳首都创新资源，不仅要在平台设施硬件上与北京对接，更要在善待人才、尊重创新上营造良好的环境，"硬件不足、软件来补"，依靠优良的环境吸引人才、科技等要素落户县（市）。

二 创新型县（市）建设模式

在国内外技术变革不断取得新突破，创新格局加速变化的背景下，本报告结合河北创新型县（市）试点经验，根据区位条件、要素基础和产业情况，提出了京津雄和中心城市辐射带动、特色产业聚集区双向融合发展、农业主导区重点突破和山区坝上生态区环境引领四类典型模式，明确了各类模式的建设思路和推进路径。

（一）京津雄和中心城市辐射带动模式

这类区域主要是指邻近京津雄区域且创新能力较强的中心城市，例如固安、三河、大厂、任丘、怀来等地。

1. 县（市）情特征

京津是全国创新资源最为富集的区域，雄安新区定位于创新驱动发展引领区，京津雄是全国乃至世界最具创新活力的区域之一，这是河北独有的、在创新发展中面临的最大机遇。依托京津雄创新发展大三角区，促进周边县（市）在创新要素导入、载体平台共建、创新成果转化和产业承接等方面加强合作，积极打造协同京津冀创新"桥头堡"和县域创新发展引领区，是大幅提升河北省县域创新能力，构建县（市）创新"雁阵头"、形成"雁效应"的必要之举。中心城市周边县（市）具有贴边优势，在人才引进、平台建设、科技成果转化方面可充分借势。

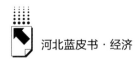

2. 建设思路

充分发挥邻近京津雄和中心城市优势，以共建创新平台为支撑，以加快机制协同为突破，加快融入区域创新体系，积极推动科技成果落地转化，努力建设河北县（市）协同创新发展示范区、县域创新高地。

3. 推进路径

一是打造创新共同体。坚持"园区没有围墙"原则，发挥县域空间优势建设京津冀合作园区或分园，积极融入创新体系。以错位发展、梯度培育、提升研发能力为目标，依托市区的创新资源，联合建设产业技术研究院、工程技术研究中心和企业孵化器等协同创新平台，推动构建协同创新共同体。推动现有科技孵化器提档升级，打造国家级科技企业孵化器、省级科技企业加速器和众创空间，努力缩小与京津的创新差距，协同京津构建"众创空间＋孵化器＋加速器"的科技创业孵化体系。二是加速融入区域创新体系。充分利用邻近创新中心的优势，强化县域在技术研发、企业孵化、成果转化、金融扶持、知识产权等领域与京津雄的对接，吸引创新主体科技成果在园区落地，加快形成研、产、用一体的科技创新应用体系。推动建立"京津雄大三角创新券"机制，加速实现河北县域与京津雄共享科研设备及创新服务。三是加快机制协同发展。以世界银行营商评价体系为标准，对标京津全面提升政务环境。完善与京津雄地区跨区域资质互认机制，强化与京津雄在社会信用体系建设和知识产权服务等领域合作。完善财税机制，加快出台科技成果转化区域利税分成共享政策。强化审批机制协同对接，实施统一标准，扫清企业落户障碍。完善科技成果向企业转移扩散的人才机制，协同京津建立重大科研基础设施和大型科研仪器等科技资源合理流动与开放共享机制。优化人才住房政策，调整当前此区域住房限购模式为限售模式，对于到河北县（市）发展的人才，放开住房购买资格限制，但5年之内不允许其出售，消除人才向河北省"京津雄大三角"县域流动的住房政策障碍。

（二）特色产业聚集区双向融合发展模式

这类区域是指特色产业优势明显，已经形成一定产业集群的县（市），例如安国、迁西、迁安、安平、平乡、沙河、孟村、盐山等。

1. 县（市）情特征

经过多年发展，河北一些县（市）已经形成特色鲜明的产业集群，在省内乃至国内具有较强的影响力，部分县（市）培育壮大了一批龙头企业，形成了配套发展的产业体系。相对坚实的产业基础使其在部分领域积累了一定数量的应用型、技能型人才，创建了一批省级甚至国家级创新平台，形成了部分创新联盟，创新供给能力相对较强。但由于此类区域产业层次相对较低，资源型、耗能型、传统型产业仍占有较大比重，总体效益依然偏低，企业竞争十分激烈，转型升级压力巨大，利用创新链推动产业链升级，依托产业链提升创新链水平的意愿十分强烈。探索特色产业聚集区双向融合发展模式，对加快县（市）创新驱动，加速产业转型升级，打造创新发展示范县（市）具有十分重要的意义。

2. 建设思路

以推动产业转型升级为主攻方向，依托现有大型龙头企业或者科研创新机构，采取龙头引领或者创新驿站方式，推动产业链与创新链双向融合，提升县（市）创新发展能力，形成全省科技成果转化的主战场。

3. 推进路径

一是推动产业链与创新链双向融合。以推动产业转型和产业升级为目标，以企业为主体，加快企业与创新主体对接，推动优势产业链主动融合科技创新，实现产业链与创新链融合发展。围绕制造业服务化转型，推进制造业服务化试点，吸引一批为特色产业提供中介服务、研发服务、工业设计等专业化创新服务的企业入驻，形成围绕产业发展的创新组织体系。二是因类施策推动企业集群创新。根据不同的县域类型，打造不同的创新企业集群，对于龙头引领类型的县域，如迁安、武安等地，依托区域传统优势行业骨干企业，支持其增加创新投入，建立提升自有创新平台，构建由龙头企业主动发起、中小型创业企业积极参与、大中小企业共存的"1＋N"产业创新生态系统，形成以骨干企业为核心的创新集群。对于以中小企业为主的县（市），如安平、沙河等，充分借鉴欧盟的发展经验，走以创新驿站为引领的转型路径。采取政府主导、企业共建、科研主体建设等多种模式，建立统一的创新驿站，为众多的科技型企业服务，做大做强以创新驿站为核心的创新集群。三是完善集群创新发展的服务支撑体系。搭建县（市）"研企联姻"合作平台，引导科技创新平台与企业、企业与企业互通有无，畅通科技成果交流交易渠道，推动不同领域、不同产业的企业加强科技合作以及科技成果试验转化，解决企业各自为战、闭门造车的局面，真正建立起互助共赢的合作环境。推动现有创客空间做好公共研发设备配备、科技成果评价、创业咨询指导、风投基金衔接等工作，充分发挥创客空间作用和功能。推动北京研发机构新技术在产业集群中的产业化应用，提供本行业创新活动信息，为产业集群跨区域的技术传播和转移提供服务。

（三）农业主产区重点突破建设模式

这类区域主要是指农业地位突出的区域，例如饶阳、大名、卢龙、博野等。

1. 县（市）情特征

该类县域主要位于冀东和冀中南平原地区，相对远离京津雄和中心城市，边缘区位特征明显，经济总量规模总体处于全省中游偏下水平，农业在县域经济中的地位较高，提供创新活动基础设施和公共服务的能力相对落后，人才、专利等智力资源相对不足，缺少高校和科研机构等创新平台支撑，创新基础和配套能力十分薄弱。此类县（市）大型创新主体较少，第二、第三产业企业研发创新能力相对较弱，研发转化体系有待完善，整体创新水平提升的难度极大，是河北创新型县（市）建设的难点区域。因此，从覆盖面、创新基础和创新难度上看，探索农业主导县创新型县（市）建设模式对河北创新型县（市）建设具有重要的现实意义。

2. 建设思路

要立足于平原农业大县实际，针对创新要素缺乏、载体创新功能不足等发展瓶颈，充分依托县域现有农业基础，在农业现代化和融合化发展方面加强创新，培育壮大新兴创新主体，打造"农字头、工字尾，粮字头、食字尾"企业联盟，畅通创新转化链条，重构农业创新体系，把农业主产区打造成农业科技排头兵、农业创新高地。

3. 推进路径

一是重构创新体系。依托产业园区，推动新型农业创新主体与科研院所合作，组建"企业＋园区＋科研主体"创新合作联盟。建设以企业、新型合作社、农业经济实体为龙头，农民积极参与的农业科技示范基地，把基地建设成创新创业的重要支撑、培训职业农民的大课堂、成果示范推广的主阵地、集聚创新资源的重要载体、农业农村改革的试验田。二是育强创新主体。按照"工业化发展农业"思路，大力推动农业规模化、园区化和企业化发展，培育新型农民、种养殖大户、新型合作社、农业经济实体等创新主体。依托现有的农业科技园区，大力引进一批农业高新技术企业和高新技术产业，打造一批农业高新技术产业集群。完善科技特派员制度，加快创新资源下沉，完善对创新主体的培训机制，提升科技创新主体水平。三是做强载体支撑。大力建设优质蔬菜产业园区、高效农业产业园区、规模养殖产业园区、高效设施栽培园区等规模化生产基地。全面提升农业科技园建设水平，选取一批基础好、发展潜力大的省级园区，增加科技投入，推动一批省级科技园区升级为国家级园区。四是构建创新高地。加快启动种业自主创新工程，在粮食、蔬菜、水果等农作物育种领域加大创新力度，形成多个辨识度较高的特色农产品品牌，支持县（市）积极承担国家大型农业现代化示范性项目，构筑先发优势，抢占农业科技创新战略制高点。

（四）山区坝上生态区环境引领建设模式

该区域主要包括河北省燕山、太行山以及坝上地区部分经济欠发达的县（市），例如平山、涞源、赞皇、尚义和康保等县（市）。

1. 县（市）情特征

燕山、太行山两山连片山区及坝上等地，是京津冀重要生态支撑区，也是河北省经济欠发达地区，绿色发展、创新驱动需求迫切。地理因素使该类县域天然区位条件较差，创新能力在河北省乃至整个京津冀地区处于下游水平，缺少高等级创新载体，创新投入严重不足，高端人才匮乏、人力资源流失严重。但也面临冬奥会筹建、京津冀协同发展等重大历史机遇，文化旅游、养老健康、体育休闲、大数据、航空航天等新兴产业快速成长，创新资源在部分区域开始呈现加速集聚态势，创新发展也具备了一定现实条件。

2.建设思路

以"两个环境"建设为抓手，以建设创新小镇为平台，汇聚创新资源，催生绿色产业，打造京津冀地区生态功能突出、侧重创新服务的关键辅助型县域。

3.推进路径

一是打造绿色产业体系。采取这一模式的县域应充分借鉴安吉经验，将绿色化发展作为实现创新驱动发展的第一步。大力发展现代生态型农牧业，加紧培育壮大相关深加工行业，打造县域特色绿色农产品知名品牌，加速原有依山依矿资源型产业退出，实现传统产业绿色发展。与此同时，依托技术创新、模式创新和业态创新，积极承接京津高端产业和要素外溢，大力发展冰雪休闲、养老康复、特色文旅、大数据、新能源、航空航天等新兴产业，建立符合县域发展需求的生态型、创新型产业体系。加强生态地区信息基础设施建设，利用互联网搭建大市场，支持农村电子商务发展，大力培育"互联网＋现代农业"新业态、新模式。二是优化"两个环境"吸引创新资源。要紧紧抓住本地生态资源突出优势，大力改善营商环境，以良好的生态环境和营商环境，吸引一批文化旅游、健康养生、体育休闲产业入驻，广集科技人才，提升创新发展能力。三是加速布局创新特色小镇。针对该类区域山多地少、难以大规模集中连片开发的实际，借助生态红利，采取"政府引导、企业运营、市场化运作"的模式，打造服务于县域新兴产业发展的创新型特色小镇。完善技术研发、成果孵化、产品试验、技术检测等功能，打造京津冀辅助型创新基地。四是完善创新创业服务体系。加强创业载体平台建设。支持"三区"建设一批"星创天地"、农业科技园区、农业科技企业孵化器等创业载体，积极探索创业帮扶模式。通过政府购买服务的方式，鼓励支持科技中介服务机构和高校院所在这些地区开展技术转移、投融资对接、财务经营管理等创业辅导服务，着力打造专业化、社会化、便捷化的农村科技创业服务环境。五是搭建互联网平台。针对生态地区缺技术、缺人才、有效技术需求不足、技术供给渠道不畅等现实问题，以"互联网＋科技＋帮扶"的工作思路，构建"科技帮扶在线"平台，将省、市、县专家有机整合，构建扁平化专家服务模式，从而打破行政区划限制，确保群众的产业技术需求得到满足。结合生态县发展需要，积极争取科技帮扶项目，精准布局一批联合科技攻关项目，有效增加经济欠发达地区科技供给。

三　推进创新型县（市）建设的对策建议

（一）完善创新型县（市）建设顶层设计

一是加大政策支持力度。省财政建立专项资金，对每个模式创建前 3 名县（市）进行配套奖励。支持有条件的县（市）申报国家级创新型县（市）试点，对申报成功的予以奖励。鼓励有条件的县（市）设立专项资金，给予重大创新平台奖励。二是完善创新融资机制。充分发挥风险投资引导资金的杠杆作用，设立政府、机构和个人投资者多方参与的风险投资基金，增加高新技术企业所需风险资本的来源。支持京津雄周边县（市）开展技术产权交易融资。组建政策性知识产权融资担保机构，开展知识产权质押贷款融资、抵押担保试点。三是改革创新型县（市）人才职称管理办法，适当调高创新型县（市）的高级职称比例，赋予创新型县（市）高级职称评定聘任权，探索创新型县（市）职称实施总额控制、评审自主的管理办法。四是完善创新政策资源投放机制，坚持采取第三方量化评估方式，对每个模式建设进行分类量化评估，科研经费和创新扶持资金向排名前 3 位的创新型县（市）倾斜。

（二）开展分类试点工作

在做好国家试点的基础上，每个模式中选取 1 ~ 2 个县（市）开展试点，允许创新型试点县（市）在人才引进、平台建设，重大实验装备方面先行先试。

创新型试点县（市）可单独制定人才引进政策，在住房、薪资、职称评定等方面予以倾斜。对于创新型试点县（市）建设的重大创新平台，省政府予以一定的财政支持，鼓励县（市）积极参加创新型县（市）建设。

（三）实施创新人才引进使用机制，推动各类人才开展创新创业

支持京津雄辐射县（市）和特色产业发展县（市）实施"创新驱动发展人才计划"，建立以柔性方式为主的人才使用机制，大力引进高层次创新人才和创新团队，加强与关键领军人物和掌握关键技术的人才对接，采取股权激励、收益分成、项目经费奖补、现金奖励、荣誉称号等方式吸引高端人才携项目落地。建立高层次人才恳谈例会制度，对高层次引进人才"一人一策"，在研发用房、住房、融资等方面给予重点支持，通过"人才＋项目""技术＋创业"等引进模式，加快域外高端人才"带泥移植"。农业主产县（市）和生态引领县（市）要加强人才引进奖补，对人才安家、子女就学提供高额补助，对引才企业给予相应补贴，针对社会事业人才、外专人才以及乡土人才等其他类型人才均制定相应激励政策。深入推行科技特派员制度，营造科技人员向乡村逆向流动的专业化、社会化、便捷化制度环境，激励科技特派员、大学生、返乡农民工、乡土人才开展创新创业。

（四）全面激发市场主体创新积极性

大力扶持孵化企业发展，设立科技创业种子资金，对从事科研成果转化的企业，经认定给予种子资金补助。落实培育科技型企业政策，加大对科技创新的奖励力度，支持企业争创省级科技型企业，对企业参加县政府或省级以上科技部门组织的高新技术成果或专利技术展，给予展位费全额补助。

（五）营造良好的创新生态

加大对科技人员的奖励力度，每个县（市）推荐一批在创新领域具有重大贡献的科技工作者、企业家，由省政府授予荣誉称号，营造全社会尊重

创新、尊重人才的氛围。充分利用电视、报纸、电台、网络等媒介，对创新型县（市）建设的政策措施、典型经验、创新事迹等进行大力宣传，树立创新型县（市）建设典范。

（六）建立分类考核体系

建立分类评价和监测考核体系。针对河北省县域发展基础迥异的实际，依据不同的发展定位和重点任务，在现有创新型县（市）评价指标体系基础上，细化和增加体现其发展模式的指标，完善创新型县（市）建设分类评价指标体系。加强对创新型县（市）建设情况的跟踪监测，每年整理发布河北省创新型县（市）建设统计监测报告，完善考核体系。

参考文献

许应楠：《苏南区域创新型县市区及乡镇发展实践模式研究——以江苏苏州为例》，《商业经济研究》2015 年第 28 期。

裴淑娥、杨连顺：《加快河北省创新型县市建设的战略构想及对策研究》，豆丁网，2014 年 11 月 18 日，https：//www. docin. com/p－963629501. html。

B.13
河北省高新技术产业开发区发展研究

穆瑞丽*

摘 要： 河北省高新技术产业开发区起步较早、基础较好，随着一系列推动科技创新、促进高质量发展政策措施的实施，河北省高新技术产业开发区自主创新能力不断提高，创新平台建设步伐加快，科技示范引领作用充分发挥，特色主导产业实力明显增强，管理体制机制改革不断深化，已经成为河北经济发展的重要支撑。面对新形势、新要求、新任务、新挑战，河北省高新技术产业开发区需要进一步优化发展布局，聚集科技资源，提升科技创新能力，培育壮大特色主导产业，深化管理体制机制改革，完善创新服务体系，进一步推动高新技术产业开发区高质量发展。

关键词： 高新技术产业开发区　高质量发展　河北省

高新技术产业开发区（以下简称"高新区"）是河北经济发展的重要增长极。近年来，河北省紧紧抓住京津冀协同发展、雄安新区规划建设、北京冬奥会筹办等重大机遇，主动顺应新一轮科技革命和产业变革重要趋势，发挥比较优势，精准产业定位，持续推进高新区高质量发展，为建设现代化经济强省、美丽河北提供了有力支撑。

---

* 穆瑞丽，中共河北省委党校（河北行政学院）教授，主要研究方向为产业经济。

一 河北省高新区高质量发展迈出坚实步伐

河北省共有 32 家省级以上高新区，其中：国家级高新区 5 家，分别是石家庄高新区、保定高新区、唐山高新区、燕郊高新区、承德高新区（见表 1）；省级高新区 27 家。

表 1 河北省国家级高新区基本情况

单位：平方公里，万人

名称	面积	人口	批准时间	主导产业
石家庄高新区	78.8	16.5	1991 年 3 月	生物医药、电子信息、先进制造
保定高新区	60.0	5.5	1992 年 11 月	新能源、能源装备、软件、新材料、生物医药
唐山高新区	101.3	21.8	2010 年 11 月	装备制造、汽车零部件、新材料
燕郊高新区	50.0	36.0	2010 年 11 月	电子材料、新材料、装备制造
承德高新区	32.0	13.5	2012 年 8 月	大数据、智能装备制造、生物健康

2020 年 9 月 30 日，河北省人民政府颁发了《关于促进高新技术产业开发区高质量发展的实施意见》（冀政字〔2020〕52 号），提出了河北省高新区高质量发展的总体要求、重点任务。此后，河北省高新区按照省政府的总体部署，始终坚持新发展理念，精准把握"发展高科技、实现产业化"发展方向，科学确立"创新驱动发展示范区、高质量发展先行区"的新定位，扎实推进高新区高质量发展。

（一）实施创新驱动发展战略，提升自主创新能力

河北省积极实施创新驱动发展战略，大力推进科技创新三年行动计划，创新体制机制不断完善，创新体系逐步健全，创新生态不断优化，科技综合水平持续提升。2020 年区域综合科技创新水平指数从全国第 24 位上升至第 20 位，科技进步贡献率达到 60%，为高新区创新发展提供了有力支撑。高新区重点围绕高新技术产业发展，增加科技投入，优化科技创新政策，完善科技创新体系，加快聚集创新要素，突破关键核心技术，提升企业技术创新能

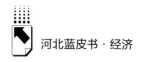

力，建设高水平创新平台载体。

1. 增加科技型企业资金投入，构建科技创新政策支撑

河北省广开资金投入渠道，增加科技资金投入。2020 年，全省研发经费投入总量达到 634.4 亿元，居全国第 13 位；研发投入强度达到 1.75%，比上年提高 0.13 个百分点，增幅创历史最高水平。加大高新区科技创新支持力度，建立财政科技资金稳步增长机制，鼓励高新区或高新区所在地政府全面推行企业研发准备金制度，引导企业加大研发投入。运用省科技创新资金、战略性新兴产业发展资金、工业转型升级资金等，优先支持科技型企业发展，加快突破关键核心技术、产业前沿技术，不断增强企业自主创新能力和成果转化能力。对科技领军企业牵头承担的省级科技计划项目，给予最高500 万元的财政资金支持。2020 年，为积极应对新冠肺炎疫情冲击，省科技厅支持高新技术企业超前布局互联网、大数据、人工智能等领域的关键核心技术研发，对产业化前景好、带动性强的研发项目，特别是省级科技计划和产业技术研究院项目给予 1000 万元以内的资金支持，并安排 2.1 亿元省财政科技资金，对新认定的高新技术企业予以奖励性补助。石家庄高新区还专门制定了大力培育独角兽企业（包括潜在独角兽企业）的重磅支持政策，凡是成立 10 年以内，获得过私募投资、尚未上市，并且最新一轮融资后估值 3 亿美元以上的科技型企业，按照企业上年度获得投资总额的 10% 分别给予最高 3000 万元、5000 万元、8000 万元和 1 亿元奖励。燕郊高新区也相继出台《鼓励科技创新奖励办法》《企业研发投入和科技企业孵化器扶持奖励办法》《加快推进科技创新的若干措施》《瞪羚企业认定管理办法》等 23 项惠企政策，全方位培育创新主体，加强平台建设，扶持科技成果转化，累计落实奖励扶持资金 1.03 亿元，推动企业获批省、市级科技计划项目43 项。

2. 加强关键核心技术攻关，加快科技成果转化

高新区适应国家战略需求，顺应高新技术产业发展趋势，满足产业发展需要，在新一代信息技术、生物医药、高端装备制造、新能源、新材料、节能环保等战略性新兴产业领域，开展联合研究和创新攻关，科技创新成效显著。石家庄高新区全面实施创新发展战略，做大做强生物医药、电子信息、先进装备制造、现代服务业，构建孵化服务体系，优化创新生态，完善科技成果转移转化机制，全面增强创新发展动力。目前已拥有科技型中小企业2384家、高新技术企业918家，在河北省内高新区中均位居第一，有效发明专利拥有量达到2885件，是国家医药新型工业化产业示范基地、国家创新药物孵化基地、国家知识产权示范园区、国家火炬计划软件产业基地、国家产学研合作创新示范基地。

3. 培育科技领军企业，支持科技型中小企业发展

河北省科技创新工作领导小组制定《河北省科技领军企业培育实施方案》，实施科技领军企业培育行动，由注重企业数量转向培育质量型、实力型、领军型科技企业。结合河北实际，以提升企业创新能力为核心，强化突破关键核心技术、发展领军型平台企业、打造领军企业集聚区，不断提升科技领军企业创新能力。开展常态化高新技术企业线上培训，积极对接技术、知识产权等创新资源。完善科技型中小企业服务网，加强科技型中小企业的跟踪管理、指导和服务。2021年全省高新技术企业总数达9400家，科技型中小企业总数达8.7万家。

（二）加强开放协同创新，打造创新平台

高新区紧抓京津冀协同发展、雄安新区建设等重大机遇，利用京津优势，搭建创新平台，推动科技创新。

1. 深度融入京津冀协同发展，打造京津冀协同创新平台

以雄安新区建设为契机，充分发挥雄安新区核心引领作用，积极承接北京非首都功能疏解，广泛聚集创新资源，优化布局高端高新产业，打造全球创新高地。深度融入京津冀协同创新，充分发挥高新区区域创新平台重要作用，全面对接京津科研院所、高端人才进区创新创业，积极探索区域协同创新路径，着力建设京津冀创新发展和产学研合作基地，共同建设科技研发中心。石家庄高新区与京津30多所高校建立了科技成果转移转化服务对接机制，共引进转化京津科技成果、专利技术108项。燕郊高新区充分发挥毗邻首都的区位优势，以科创园为载体，主动承接北京产业转移，建设了兴远高科、潮白河·云谷等 23 家科创园，引入海光仪器等科技型创新企业 700 余家，其中 60% 来自北京，努力打造京东创新发展高地，连续三年被评为"河北省高新技术企业发展先进开发区"。

2. 搭建创新平台，推动产学研深度合作

保定高新区加大创新平台建设，2021 年先后有创发科技保定国家大学科技园科创分园、中铁保定科技工业园二期、中创燕园 LED 关键装备及智能生物设备、中国信息通信研究院雄安保定基地等重点项目开工建设，对扩大新能源与智能电网装备产业规模、优化园区产业结构具有重要的促进作用。衡水市大力推进衡水科技谷建设，积极推动产学研深度合作，企业与科研院所共建创新平台，开展技术联合攻关，打造"中科院 + 政府 + 企业"合作对接新模式，为高科技企业和高端人才提供科技研发、中试孵化、实验生产到产业化的全方位服务，形成"研发中心—中试基地—产业园"全链条成果转移转化体系。

（三）发挥比较优势，打造特色主导产业集群

高新区立足自身比较优势，着力培育主导产业，延长产业链条，提升产业附加值，扩大产业影响力。目前，石家庄高新区基本形成了以生物医药健康为主导，先进装备制造、新一代信息技术、现代服务业共同发展的"1 + 3"产业模式。特别是生物医药健康产业，以打造国际化、高端化、科技化、现代化的"万亩生物医药产业基地""生物医药千亿级产业集群"和"中国北方生物医药产业新地标"为方向，聚集优质资源，提升产业集群效应。先后引进上海药明生物、北京四环生物制药、深圳华大基因、国药控股等一批知名企业和项目，形成了以创新药、抗体药、现代中成药和医疗器械为主的现代产业体系。2021 年 9 月，石家庄高新区知名药企数量达到了1816 家，其中包括 7 家全国医药百强企业，在研新药 400 余个，实现产值500 亿元、营业收入 850 亿元，在全省 31 个战略性新兴产业示范基地中位居第一，入选国家发改委战略性新兴产业集群，连续 5 年在全国生物医药产

业园区排名前十，是全国最大的现代化综合生物医药产业基地之一。2021年10月20日公布的《2021中国生物医药产业园区竞争力评价及分析报告》表明，石家庄高新区综合竞争力位列全国第7，排名较上年上升1位。保定高新区瞄准"双碳"目标，依托现有产业基础，发掘科技资源，不断优化产业发展环境，分层次推进主导性产业、支撑性产业发展，积极培育新兴产业，形成"新能源与智能电网装备产业群为主导引擎、现代服务产业群为重要支撑、战略储备产业群为优势补充"的产业发展格局。2021年，河北省聚焦聚力战略性新兴产业，谋划实施产业项目50个，总投资超过1000亿元，着力打造园区高质量发展新支撑，逐渐形成以新能源与能源装备产业为特色，以软件、新材料、生物制药等为补充的高新技术产业体系，河北省高新区正在成为中国新能源装备产业的制造中心、信息中心和创新中心。

（四）深化管理体制机制改革，优化创新创业环境

高质量发展需要高效周到的服务环境，高新区按照市场化发展要求，深化体制机制改革，针对企业创新需求，不断完善服务体系，全方位提升服务精准度，为企业创新发展营造良好的营商环境。

1. 改革行政审批制度，优化服务环境

高新区落实"三重四创五优化"活动部署，以"放管服"改革为抓手，持续优化营商环境，深化行政审批制度改革，努力打造优质政务环境。承德高新区推进"承德办事一次成"改革，实施流程再造，优化行政审批流程，"办事一次成"实现率达到90%以上，审批服务效率不断提高。积极探索工业企业投资项目"拿地即开工"模式。2021年10月，联东U谷项目在承德高新区开工，成为首个进入"拿地即开工"快捷通道的工业项目。

2. 创新干部人才管理机制，激发内生动力

保定高新区打破身份级别限制，按照岗位公开、择岗自愿、竞争上岗、公开招聘原则，实行全员聘任制，实现干部人事管理由身份管理向岗位管理转变。重点围绕主责主业、动态管理、广泛激励、精准考核四项内容，实行企业化薪酬及考核。调整绩效工资结构，改革常规绩效组成管理模式，稳定

绩效总量，增加激励绩效。针对经济发展、招商和项目建设、科技创新三大主责主业，合理确定绩效总量、科学设置绩效构成。建立动态薪酬管理机制，将工作业绩的优劣与绩效总量的增减挂钩，实现薪酬管理由不变量向可变量转变、固定向灵活转变。完善绩效考核办法，突出工作业绩，强调考核简便可行，确保考准考实，激发干部人才的内生动力。

3. 采取多种方式，为企业提供全方位服务

在全省推行"双特派员"制度，2021年石家庄高新区选派30名科技服务特派员和60名金融服务特派员，深入企业开展重点项目申报、投融资等全方位服务。组织河北省高新区科技创新政策解读线上系列培训，搭建"一站式、一键式"科技创新政策宣传服务平台，帮助高新区企业准确理解和全面掌握科技政策，切实解决科技政策执行中的难点和痛点，为高新区高质量发展提供优质服务。

4. 实施人才新政，优化人才服务环境

石家庄高新区制定出台了《石家庄高新区人才新政十条》《高新区高层次人才住房保障实施办法》等政策，聚焦人才引进、培育和服务三大关键环节，形成以高端人才引进为主体、以机构平台引才为辅助、以基础人才留住为根本的创新扶持体系。此外，组织开展了一系列人才引育项目活动，成功举办了"2021海内外高层次人才高峰论坛暨项目洽谈博览会""2021 HRECO中国石家庄人力资源生态大会"，建立"人才＋资本＋项目"协同发展产业体系，为人才引育提供全方位服务，共招引各类高端人才65名，其中国家级人才5名、省级人才3名、专家教授4名，形成了良好的人才集聚效应，为高新区高质量发展提供了强有力的人才支撑。

二 河北省高新区高质量发展的目标要求与面临的挑战

（一）高新区高质量发展的目标要求

2020年9月，河北省《关于促进高新技术产业开发区高质量发展的实施意见》要求，继续坚持"发展高科技、实现产业化"方向，进一步明确

高新区"创新驱动发展示范区、高质量发展先行区"的新定位,擘画了高新区高质量发展的五年总体目标和十五年宏伟蓝图。明确提出到 2025 年,全省高新区研发投入强度达到全省平均水平的 3 倍以上,高新技术企业数量占全省比例超过 35%;国家级高新区数量达到 7 家以上,省级及以上高新区数量达到 35 家,主营业务收入超千亿元的高新区达到 9 家;高新技术产业增加值占规模以上工业增加值比重达到 55%,培育出一批瞪羚企业和独角兽企业;综合创新创业生态体系初步形成。到 2035 年,全省高新区创新驱动发展走在全国前列,成为引领全省经济创新发展、服务京津冀协同发展和参与全球科技合作的重要平台。2021 年 11 月,河北省第十次党代会提出了加快建设现代化经济强省、美丽河北,即"六个现代化河北"的五年奋斗目标,而"加快建设创新驱动、跨越赶超的现代化河北"是其重要目标之一,在创新型河北建设、高水平科技自立自强、创新能力和科技研发投入强度等方面明确了具体要求,提出要加快实施"科教强省"战略,全力打造协同创新共同体,大力培育发展科技领军企业,提高全社会研发经费投入强度,推进河北科技创新跨越式发展,推动形成创新驱动的内涵式增长。2021 年 12 月,河北省委办公厅、省政府办公厅《关于大力推进科技创新工作的若干措施》提出,要推动高新区提档升级、完善创新型企业育成体系、推广企业创新积分制,到 2025 年全省开发区高新技术企业数量占全省高新技术企业数量比例达到 80% 以上。

(二)高新区高质量发展面临的挑战

当前,世界百年未有之大变局加速演进,新一轮的科技革命和产业变革方兴未艾,我国进入了高质量发展的新阶段,开启了全面建设社会主义现代化国家的新征程。河北省也进入加快建设现代化经济强省、美丽河北的重要时期,面对新形势新要求,高新区高质量发展面临一系列的挑战。

1. 改革滞后,管理体制机制面临新挑战

1991 年 3 月,国务院批复建设第一批 26 家国家级高新区。1991 年 9 月,原国家科委、国家体改委联合下发了《关于深化高新技术产业开发

改革，推进高新技术产业发展的决定》，要求高新区建立专门的管理机构，在性质上是政府的派出机构，在职能上以经济管理职能为主。经过30年的发展，高新区内外部环境发生了深刻变化，高新区管理体制机制面临新的挑战。一是高新区产城融合加速与社会治理水平不足的矛盾。随着高新区产城融合不断深化，高新区的管理职能逐步从产业领域向社会领域扩展，社会性事务越来越多，这给高新区的管理体制和治理水平带来了冲突和挑战。二是高新区高质量人才需求增加与干部管理体制、人才流动机制僵化的矛盾。人才是高新区高质量发展的重要资源，推进高质量发展需要越来越多的高层次人才，但由于缺乏适宜的干部管理体制和开放的人才管理机制，高新区高层次人才严重不足。

2. 创新不足，科技创新体系面临新挑战

新一轮科技革命和产业变革迅猛发展，5G、大数据、人工智能、区块链、量子科技等新一代信息技术广泛渗透，新技术、新产品、新业态不断涌现，科技领域的竞争愈加激烈，科技自立自强成为推动高质量发展的内在需求，科技创新成为推动区域经济发展的重要引擎。河北省要实现创新驱动、跨越赶超，必须强化科技创新。然而，面对新形势新要求，对标国内先进省份，河北省高新区科技创新体系还存在显著差距：一是科技创新投入不足，自主创新能力不强，缺乏对关键核心技术的掌控力；二是科技领军企业数量少，企业技术创新能力不强，缺乏对科技创新主体的引领力；三是科技成果转化效能不高，创新链与产业链对接不紧密，缺乏科技成果向现实生产力的转化力；四是高层次科技人才匮乏，人力资源与科技创新需求不匹配，缺乏对科技创新人才的支撑力；五是科技创新生态环境不完善，管理体制机制、服务体系滞后，缺乏对科技创新的推动力。

3. 实力不强，主导产业特色化发展面临新挑战

产业是高新区高质量发展的重要支撑，特色主导产业是高新区竞争力的重要体现，产业集群是推动高新区可持续发展的重要动力。经过30年的发展，河北省高新区特色主导产业具有一定的优势，但还存在一些短板。一是特色主导产业规模小，产业链条短，创新链、价值链不完整，缺乏具有高附

加值的特色主导产业；二是产业布局不合理，特色主导产业布局分散，缺少具有较强竞争力的产业集群；三是特色主导产业专业化程度不高，特色产品竞争力较弱，缺少具有较大影响力的名牌产品；四是战略性新兴产业发展滞后，辐射带动作用不强，缺少具有较强引领力的战略性新兴产业。

4. 优势减弱，高新区运营模式面临新挑战

我国园区建设迅猛发展，截至"十三五"末期，国家级高新区达169家，国家经开区达219家。当前，创新驱动发展已上升为国家战略，所有产业园区均以科技创新为引领，产业园区的发展理念、产业方向、功能体系、运营模式等全方位加速迭代升级，而以"发展高科技、实现产业化"为导向的高新区特殊优势逐渐减弱，产业园区之间的竞争愈加激烈。此外，随着城市能级的不断提升，高新区面临的土地、功能制约逐步显现，高新区发展将从规模扩张向效益优先转变。因此，产业园区协同合作将成为高新区高质量发展的客观需要，"双向飞地经济"、共建园区等园区合作模式将逐步成熟。产业园区的竞争，将从单个园区间的竞争逐步演变为园区群间的竞争，这必将对高新区运营模式提出新的更高的要求。

三 推进河北省高新区高质量发展的路径选择与对策措施

推进河北高新区高质量发展，要以创新驱动发展为根本，以"高"和"新"为定位，以深化体制机制改革和优化创新创业生态为抓手，以发展高新技术产业和增强企业创新能力为重点，量质并举、打造特色，全面提升高新区发展能级和水平。

（一）优化发展格局，加快高新区提档升级

1. 实施高新区提档升级行动，提升国家级高新区能级

积极推广"一区多园"和"整体托管"模式，全力推进石家庄高新区、保定高新区、唐山高新区、承德高新区、燕郊高新区增比进位，全面提升国

家级高新区发展能级。加强省级统筹指导，强化地方主体责任，大力推进沧州高新区、衡水高新区、张家口高新区率先升级为国家级高新区，全力支持邢台高新区、邯郸高新区积极创建国家级高新区，逐步实现国家级高新区地市全覆盖。加快创建以雄安新区为核心的河北国家自主创新示范区，增强园区创新能力，扩展国家级高新区在全国的影响力以及对全省经济的带动力和辐射力，使高新区真正成为全省经济发展的重要引擎。

2. 布局建设省级高新区，壮大省级高新区规模

2021年11月22日，河北保定莲池高新区升级为省级高新区，成为河北第32个省级高新区。在此基础上，选取发展基础较好的县（市、区），再布局建设一批新的省级高新区，不断增加河北省级高新区数量，以创新驱动县域发展。与此同时，通过政策引领，支持省级开发区以外的工业园区努力创建省级高新区，加快实现县域园区转型升级。

（二）聚集创新资源，提升高新区自主创新能力

1. 加大科技创新资金投入力度，强化资金支持

为满足科技创新需求，省级财政继续增加科技资金投入，制订省级创新能力提升计划，设立高新区建设专项资金，支持高新区科技创新。持续加大对设区市研发投入增长的奖励力度，推动开展科技创新活动。各高新区应建立财政科技资金稳步增长机制，鼓励高新区或高新区所在地政府建立企业研发准备金制度，推行企业研发投入后补助制度，引导企业加大研发投入。

2. 建设高水平创新平台，搭建创新载体

利用京津科技创新资源，共建京津冀国家技术创新中心、雄安京津冀国家技术创新中心。依托雄安新区建设，培育建设国家重点实验室、国家工程研究中心等国家级创新平台，聚焦全球创新力量，满足高新区产业高质量发展需求。高新区依托骨干企业，联合高等学校、科研院所，在钢铁、网络通信、新能源与智能电网等产业领域组建河北省实验室。加快建设河北省产业技术研究院，围绕突破主导产业关键核心技术，组织重大攻关专项行动，围绕重点产业链，加大创新平台建设。

3.加强关键核心技术攻关，提高技术供给能力

落实国家产业发展战略，适应产业发展需求，依据各高新区产业基础，分门别类精准施策，提高关键核心技术供给能力。落实基础研究"攀登计划"，对重点产业的关键科学问题开展基础研究，夯实科技创新基础；落实传统产业"升级计划"，对钢铁、石化、装备制造等传统优势产业的关键共性技术问题进行研究，促进传统产业转型升级；落实新兴产业"隆起计划"，集中科技资源，对新一代信息技术、生物医药、高端装备制造、新能源、新材料、节能环保等战略性新兴产业开展联合攻关，形成"撒手锏"技术，攻克"卡脖子"技术；实施未来产业引领计划，对未来产业进行前瞻性研究，超前布局一批制高点技术，发挥前沿技术引领作用。

4.加快科技成果转移转化，推进科技成果产业化

抓住京津冀协同发展战略机遇，围绕河北"三区一基地"功能定位，打造"京津研发、河北转化"模式，推动重大创新成果在河北落地见效，实现科技成果产品化、产业化，使高新区成为承接京津科技成果转移转化的核心载体。利用雄安新区建设的有利时机，立足于雄安新区功能定位，完善雄安国际化技术转移体系，推动重大科研成果转化应用。省内各高新区要建立健全专业化技术转移服务机构，组建产业技术创新战略联盟，优化科技成果转移要素配置，不断提升科技成果转移转化的承载能力和支撑服务能力。

5.加强人才引进，壮大创新人才队伍

制定优惠政策，广辟引才育才渠道，引进培养一流创新人才。加大国际人才引进力度，围绕新一代信息通信、人工智能、前沿材料等未来产业招才引智，针对急需紧缺的高层次专业人才或特殊人才，持续制定并有效实施特殊人才政策，设立引才引智专项奖励，引进"高精尖缺"专业技能型人才。在社会保障、户籍办理、创业投资、子女教育、出入境等方面提供"一站式"服务，为国际高端人才提供安居乐业的服务环境，使高新区成为吸引国际高端创新人才和高水平创新团队的政策高地。打造科技领军人才和创新团队，通过实施创新人才推进计划，引进培育一批科技创新创业团队，利用河北省科技英才"双百双千"工程，加大对高端人才支持力度，鼓励引导

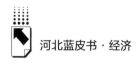

高层次人才及其创新创业团队带技术、带成果、带项目入驻高新区，聚天下英才而用之。

（三）培育创新主体，激发高新区企业创新活力

强化企业创新主体地位，引导支持企业发挥自身优势，加强科技创新，增强企业创新活力。

1. 打造科技领军企业，培育产业龙头

围绕主导产业，选取体量规模大、创新水平高、行业带动力强的科技企业，培育"链主"型科技领军企业。大力发展高新技术企业，不断壮大高新技术企业规模，围绕产业链部署创新链、围绕创新链布局产业链，持续打造高新技术企业集群。加大对高新技术企业研发创新、要素保障、服务体系的支持力度，提升高新技术企业核心竞争力，打造具有国际竞争力的产业龙头。

2. 扶持科技型中小企业，培育科技有生力量

加强对科技型中小企业的政策引领，鼓励科研院所、高等院校科研人员和企业科技人员在高新区投资创办科技型中小企业。引导支持科技型中小企业聚集核心业务，瞄准专业化、精细化发展方向，培育具有较强竞争力、较大影响力的高端产品和知名品牌。加快培育高成长性企业，培育一批瞪羚企业，发掘一批独角兽企业，推动科技型中小企业成长为高新技术企业。

3. 完善服务体系，提升科技创新创业服务能力

实施高新区双创升级工程，鼓励园区内各类主体开放式创新，建设专业化众创空间和科技企业孵化器，完善科技企业孵化育成链条。完善园区创新创业基础设施，建立创业孵化、科技咨询等各种科技服务机构，提升专业化服务能力，使高新区成为科技创新创业的重要载体。

（四）做大做强特色主导产业，打造高新区创新型产业集群

1. 统筹产业布局，做大做强特色主导产业

立足本地资源条件，发挥比较优势，因地制宜、因园施策，重点发展特

色主导产业，聚集创新资源，统筹产业发展，优先布局相关重大产业项目，做大做强特色主导产业，引领带动关联产业协同发展，推进形成集聚效应，不断强化品牌优势，避免产业趋同化，推进高新区特色化、优势化发展。深入推广"互联网＋"模式，提升制造企业数字化、网络化、智能化水平，推进工业转型升级和"万企转型"，打造创新型产业集群。

2. 瞄准未来产业，大力培育发展新兴产业

加强战略前沿领域部署，布局发展新一代通信、生物技术、人工智能、新材料、氢能、冰雪科技等未来产业。大力发展数字经济，推进数字产业化和产业数字化，加快新旧动能转换，促进产业向智能化、高端化、绿色化发展。推动发展新技术、新工艺、新产品、新业态、新模式，深入推进新兴产业"强链、补链、延链"工程，培育形成战略性新兴产业集群。

3. 推进产业升级，加快发展现代服务业

提高生产性服务业发展水平，加强新兴服务业和高技术服务业发展，推动生产性服务业向价值链高端延伸。提升生活性服务业品质，建设基础性、配套性服务体系，推进生活性服务业向高品质、精细化转变。提升建设科技服务集聚区，引进高层次的科研机构和高水平的工业设计服务机构，提高科技服务效率和服务品质。以石家庄高新区、保定高新区开展国家科技服务业创新发展区域试点为契机，培育先进制造业和现代服务业融合试点企业。

4. 整合园区资源，积极推动园区产业合作

加强国家级高新区与发展水平较高的省级高新区的产业技术合作，强化跨区域要素资源配置，整合或托管区位相邻、产业相近、分布零散的产业园区，培育优势互补、技术互享、产业互通的产业技术联盟，打造集中连片、协同互补、联合发展的创新共同体，深化区域经济和科技一体化发展。

（五）深化管理体制机制改革，优化高新区高质量发展环境

加强高新区管理体制机制创新，深化"放管服"改革，打造市场化、法治化、国际化营商环境，完善创新创业服务体系，为高新区高质量发展创

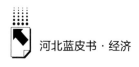

造条件。

1. 改革管理体制机制，优化管理环境

进一步完善高新区党工委、管委会管理体制，适应高新区高质量发展需要，借鉴发达省市高新区发展经验，赋予国家级高新区相应的管理权限，建立国家级高新区与省级有关部门"直通车"制度。按照精简高效的原则，实施"大部门、扁平化"管理，调整内部管理架构，整合归并内设机构，减少管理层级，优化部门职能，提升高新区管理效率。按照懂园区、懂产业、懂创新的标准，选配高新区领导班子，充实高新区干部队伍，完善干部管理机制，推行全员聘任制，建立健全竞争性选人用人机制，探索实施灵活的薪酬制度，采取多种分配形式，调动干部干事创业的积极性，增强高新区高质量发展的内生动力。

2. 深化"放管服"改革，优化营商环境

建立授权事项清单制度，全面推行"最多跑一次""不见面审批"等改革措施，创新政府管理方式，运用"互联网＋政务"推进高频事项"一网通办"，提高政务事项网上办结率。加快投资项目审批改革，实行企业投资项目承诺制、容缺受理制，创新"拿地即承诺、有地即开工"模式。进一步深化商事制度改革，放宽市场准入条件，实施审批流程再造，简化审批程序，提高企业注销登记效率。

3. 完善创新服务体系，优化服务环境

强化科技服务，全面壮大科技特派员队伍，开展科技精准帮扶，完善创新平台专业化服务功能。加强金融服务，鼓励商业银行在高新区布网设点，开展知识产权质押等新型业务模式，设立科技成果转化引导基金，创新金融服务模式，开展多样化的科技金融服务。建设绿色智慧园区，坚持绿色低碳发展，打造产业生态、人文生态、环境生态"三态合一"的优质生活圈，加快建设新型基础设施，加快推进政府公共服务、社会治理数字化转型，提高高新区智能化服务水平。

参考文献

《国务院印发〈关于促进国家高新技术产业开发区高质量发展的若干意见〉》，中华人民共和国中央人民政府网站，2020 年 7 月 17 日，http：//www. gov. cn/xinwen/2020 - 07/17/content_ 5527847. htm。

《河北省人民政府关于促进高新技术产业开发区高质量发展的实施意见》（冀政字〔2020〕52 号），河北省生态环境厅网站，2020 年 9 月 30 日，http：//hbepb. hebei. gov. cn/hbhjt/xwzx/shengzhengfuwenjian/101602597617599. html。

《河北省印发〈关于大力推进科技创新工作的若干措施〉》，河北新闻网，2021 年 11 月 18 日，https：//baijiahao. baidu. com/s？ id = 1716704810311851919&wfr = spider&for = pc。

《关于印发河北省科技创新"十四五"规划的通知》（冀政办字〔2021〕141 号），河北省高新技术产业网站，2021 年 11 月 17 日，http：//www. hbgxjsh. org/show. asp？ id = 2656。

《河北省出台 39 条具体举措加快推进科技创新》，中华人民共和国中央人民政府网站，2021 年 12 月 24 日，http：//www. gov. cn/xinwen/2021 - 12/24/content_ 566 4358. htm。

《石家庄高新区全面塑造发展新优势》，中国高新网，2021 年 7 月 6 日，http：//www. chinahightech. com/html/hotnews/tuijian/2021/0706/5599436. html。

《保定高新区构建全新体制机制 激发改革内生动力》，"金台咨讯"百家号，2021 年 11 月 6 日，https：//baijiahao. baidu. com/s？ id = 1715677462414534042 &wfr = spider&for = pc。

专题探索篇

Special Exploration

B.14

构建河北省与"一带一路"国家白俄罗斯
长效合作机制研究

葛 音*

摘 要: 河北省经济工作会议提出,要"持续扩大高水平对外开放,深
度融入共建'一带一路'"。白俄罗斯高度认同中国关于共建
"丝绸之路经济带"的理念,是中国与中东欧国家乃至欧洲合作
的代表国家,也是"丝绸之路经济带"和欧亚经济联盟对接的
重要平台国家。适逢中白两国大力推动"中白地方合作年"之
机,深化拓展河北省与白俄罗斯合作,有助于河北省融入"一
带一路"建设和落实"一带一盟"对接,促进河北省和中东欧
及独联体国家的整体合作,加快提升全省对外开放水平,更好服
务构建新发展格局。本报告提出应深化双方在冰雪运动和旅游经
济、制造业与科技、特色优势产业、教育文化四大领域的合作,

---

* 葛音,经济学博士,河北省社会科学院经济研究所助理研究员,中国翻译协会会员,主要研
究方向为世界经济、"一带一路"、独联体和中东欧地区国别区域。

就构建与白俄罗斯长效合作机制提出了建议。

关键词: 经贸合作 "一带一路" 白俄罗斯 河北省

一 加强与白俄罗斯合作是河北省深度融入"一带一路"建设的"先手棋"

2021 年 1 月 26 日,习近平主席同白俄罗斯总统卢卡申科通话时指出,在中国"十四五"规划开局之年,中国构建新发展格局,在更高起点上推进改革开放,将为包括白俄罗斯在内的世界各国提供更多发展机遇,开辟更广阔的合作空间。双方要推动"一带一路"合作高质量发展,扎实推进中白工业园建设,在抗疫、经贸、教育、科技、文化、地方等领域开展更多合作。2021 年 11 月 19 日,习近平主席在第三次"一带一路"建设座谈会上强调,以高标准可持续惠民生为目标,继续推动共建"一带一路"高质量发展,共建"一带一路"仍面临重要机遇。

中国与白俄罗斯已建立全面战略伙伴关系,白俄罗斯是共建"一带一路"的坚定支持者和重要参与方,高度认同中方关于共建"丝绸之路经济带"的理念。白俄罗斯同时还是中国在欧亚地区和"丝绸之路经济带"向西延伸的合作国家,是独联体、集安组织、欧亚经济联盟和俄白哈海关联盟等俄罗斯主导的地区性和区域经济一体化组织的主要成员国。

白俄罗斯工业基础较好,电子、通信、机械制造、仪器制造、冶金、石化、轻工和食品工业比较发达,在激光、核物理、核能、粉末冶金、光学、软件、微电子、纳米技术和生物技术方面具有较强的科研实力,劳动力素质较高。白俄罗斯还拥有丰富的森林、钾盐、泥炭和水资源,农业和畜牧业较发达,马铃薯、甜菜和亚麻等产量在独联体国家中居于前列。2010～2019 年,白俄罗斯 GDP 平均增幅 3.4%,劳动生产率提高 28.2%。中国与白俄罗斯共建"一带一路"的"五通"水平较高,为中资企业对白投资和经营

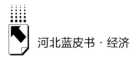

创造了良好环境。

河北省与白俄罗斯在交通、农业、经贸、科技、教育、文化方面已有一些合作，在此基础上，积极利用中国—中东欧（沧州）中小企业合作区、河北自贸区和中白工业园等的国内外平台，推动与白俄罗斯的全方位、高水平合作，对于丰富河北省与中东欧和独联体国家的合作内容、深度融入"一带一路"建设、落实"丝绸之路经济带"和欧亚经济联盟对接的首脑倡议，以及推动高水平对外开放有重要作用。

二 聚焦"四大领域"强化河北省与白俄罗斯合作

（一）以冬奥会为契机深化双方冰雪运动和旅游经济合作

举办冬奥会是河北省实现国际人文交流的重要桥梁，也是拓展"一带一路"文体朋友圈的良好机遇。白俄罗斯是东欧体育强国，冰球、滑雪、冬季两项等是其传统优势体育项目。白俄罗斯十分重视发展体育事业，每万人拥有体育场达 24.6 个，举办过多届欧运会和"欧洲杯"球赛，国际赛事组织经验丰富。白方十分重视 2022 年中国冬奥会，总统办公厅副主任斯诺普科夫于 2020 年到访张家口，表示白方将进一步关注张家口重大项目进展，有意愿参与冬奥会筹办和冰雪运动推广等多项工作，为 2022 年冬奥会的成功举办做出贡献。我国也十分重视与白俄罗斯的体育合作，习近平主席会见来华参加第二届"一带一路"国际合作高峰论坛的卢卡申科总统，双方共同为中方援建白俄罗斯的体育场、游泳馆项目揭幕。为此，河北省可借助举办冬奥会之机，以冰雪运动为中心，加强与白俄罗斯在体育运动、冰雪产业和旅游经济领域的合作。

一是以举办冬奥会为契机，利用好张家口赛区场馆和张北地区高标准、高质量的冰雪运动设施，借助白俄罗斯冰雪运动国际合作平台优势，强化河北省与"一带一路"冰雪运动强国的纵向、横向合作，以政府主导、行业协会推进的方式，加强运动员互访、专业联赛、体育教学合作，进一步拓展双方业余冰雪运动合作，培养大众对冰雪运动的爱好，推动河北省冰雪运动国际合作迈上新台阶。二是借助冬奥会效应，聚焦白俄罗斯等有冰雪运动传统的共建"一带一路"国家，推介一批特色鲜明的冰雪旅游线路和产品，有针对性地宣传河北省标志性文化旅游景区与康养健身项目群，对标国际知名奥运城市塑造张承地区的国际形象，以冬奥会的"金字招牌"打造文明好客的河北印象、开放包容的社会氛围、亲民亲商的政府形象，激发当地民众来冀旅游热情，带动河北省旅游经济尤其是冰雪旅游的崛起。三是以推动与白俄罗斯合作为契机，依托冬奥会多层次展示交流平台体系，聚焦中东欧国家，谋划组织承办更多具有国际影响力的重大体育赛事、文化旅游、节庆会展等活动，如"丝路杯"冰球超级联赛、中国—白俄罗斯（中东欧）城市文化旅游展示月、"一带一路"区域旅游合作发展论坛、丝绸之路国际电影节等，广泛开展地区形象推介，拓展中东欧国家友城网络。

（二）以中白工业园为平台深化双方制造业与科技合作

河北省与白俄罗斯经贸互补性强，从 2015 年起，河北长期保持对白贸易顺差，2019 年贸易顺差较 2018 年增长 335%，达到 2763 万美元。虽然增速较快，但与河北省对其他中东欧和独联体国家的贸易规模相比，仍有较大发展空间。因此，加强与白方在经贸和科技领域的合作至关重要。中白工业园位于白俄罗斯首都明斯克市以东，是中国目前在建最大、合作层次最高的海外园区，由中白两国元首亲自倡导，两国政府大力支持推动，在共建"一带一路"国际合作中占有关键地位。截至 2021 年 12 月，共计 85 家企业入园，中资企业最多，其中包括华为、中兴、中航六院、中国一拖等，招商局集团和国机集团还分别建有商贸物流园和火炬科技园。白资企业数量次之，其他还有来自俄罗斯、美国、德国、瑞士等国的企业。2020 年，中白工业园被《金融时报》旗下 fDi Intelligence 评选为 2020 年"一带一路"倡议最佳经济特区。到目前为止，河北尚未有企业在中白工业园或白俄罗斯其他经济特区开展投资和经营。因此，依托中白工业园加快推进与白俄罗斯经贸和科技深度合作十分关键。

一是重点加强双方在数据信息、生物医药、机械制造、精细化工等领域的产业技术合作。白方在大数据、区块链、机械制造、信息通信、电子和激光技术等领域有较强的科技实力，河北省可结合双方产业优势，利用中白工业园的政策平台聚焦重点领域加强双方深度合作。二是鼓励省内相关领域重点企业在中白工业园创办科创园或投资建立研发中心，发挥白俄罗斯国家科学院科创平台的作用，吸引白方科学家入驻研发我国急需的产业应用技术。三是制定政策措施鼓励河北省龙头企业在中白工业园投资兴业，推动省内大型建筑、建材企业深入挖掘中东欧国家在交通基础设施、智慧城市建设领域的商机，面向中东欧市场生产制造符合当地市场需求的汽车、电子、信息通信等产品，借助中白工业园平台将河北品牌打入中东欧市场，为河北省高质量对外开放提供更多战略窗口。

（三）以双方特色优势产业为抓手拓展经贸合作新空间

河北省与白俄罗斯在农业科技、机械制造、优质农产品进出口贸易方面已有一定规模的合作。比如，承德的马铃薯、食用菌、花卉、油用葵等特色产品出口，石药集团的生物制药与白方合作，邯郸宗申产业集团与白俄罗斯戈梅利农机厂合资在邯郸成立农机生产公司，保定建设白俄商品展示中心等。2020年8月，曹妃甸综合保税区、白俄罗斯农业与粮食部和中国中小企业协会"一带一路"工作委员会联合成立了中白"一带一路"国际合作产业园，为两国企业拓展农业和国际贸易合作搭建平台。未来河北省可加快在一些特色领域提升经贸合作水平。

一是推动钾肥、特色农产品和农机的进口贸易。白俄罗斯是世界钾肥主要市场供应方，钾肥年产量约占全球的1/5，对各国粮食安全有重要影响。近年来，受新冠肺炎疫情、全球极端气候影响，各国为保障粮食安全增加农产品库存，推高钾肥价格。我国土壤严重缺钾，钾肥进口依存度高，对白俄罗斯钾肥的需求很大。未来河北省可继续深化与白俄罗斯的农业优势产业合作，重点拓展钾肥、农机、选种育种、亚麻和肉蛋奶等农产品的加工合作。二是在中药材贸易及加工生产等领域"开疆拓土"。白俄罗斯目前仍面临较大的疫情压力，人口老龄化严重，民众对中医药的认知和接纳程度较高。白俄罗斯政府将中白工业园作为开放医药行业的试点平台，引进了金台文院的"清疫胶囊"生产项目，该项目在白俄罗斯、乌克兰等国治疗新冠肺炎和疫情防控方面都取得了良好效果。2021 年 6 月，白俄罗斯政府颁布的新总统令中规定，中白工业园入园企业无须经强制注册或取得医疗活动许可就能使用中医治疗方法提供医疗服务，为河北省中医药产业海外发展提供了前所未有的政策机遇。因此，建议加快推进河北省与白俄罗斯的中医药合作，通过"中医药 + 互联网"的模式，积极发展中医药贸易，带动中药材生产加工产业链发展，促进双方中医药文化交流和远程中医药教育服务，打造"冀药"国际品牌。三是依托刚刚成立的雄安新区跨境电商产业园"试水"对外贸易新业态，率先推动与白俄罗斯市场相通、产业相融，利用数字赋能开创国际采购、投资促进、经贸交流、开放合作的新模式。

（四）以开拓新方向为重点全面深化教育文化合作交流

白俄罗斯的教育在独联体各国中较为发达，各阶段教育资源丰富，除了全球排名前三百的国立大学和各类专业大学外，白俄罗斯国家科学院也常年与我国进行高端人才培养合作。2000 年，中白两国签署了相互承认学位证书的协议。当前，越来越多的毕业生选择赴白留学。河北省与白俄罗斯的教育文化交流与合作取得了一定进展，比如，省教育厅、河北师范大学、燕山大学等与白俄罗斯开展了一系列教育合作；2018 年白俄罗斯国家文联主席、国家美术馆馆长到访石家庄；邯郸市组织了中白文化艺术交流展等。但总体上看，双方教育文化合作仍然有较大提升空间，需进一步挖掘新领域、开拓新方向。

一是探索建立河北省高校与白俄罗斯著名大学、白俄罗斯科学院联合培养新机制，在机械制造、信息通信、现代农业等领域开拓高等教育合作新增长点，联合培养一批博士、硕士研究生。二是以申办国家合作办学项目、联合设立孔子学院、互派留学生访学、组织青少年主题夏令营等渠道为依托，提升双方教育合作对外开放水平。三是在新闻出版、影视传媒、体育、旅游

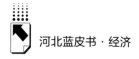

等新方向挖掘更多合作机遇，以多种形式的文化合作深化相互间的理解和认同，增进民间传统友谊，展示燕赵文化。

三 构建与白俄罗斯长效合作机制的政策措施

（一）依托"中白地方合作年"建立对白友好省州关系

2021年8月，"中白地方合作年"启动，以落实中白两国元首在2021年1月达成的重要共识。双方将举办100多项地方合作交流项目，涉及中方绝大部分省市和白方全部6州1市以及两国各主要政府部门。山东省已于2021年12月举行中国（山东）—白俄罗斯对话会和一系列友城合作活动，以"筑牢友城交往基础、深化中白地方合作"为主题，与白方签署10项教育、友城、科技、经贸领域合作协议，促进双方贸易往来、双向投资、园区共建。河北省暂未与白俄罗斯相关州、市缔结友好省州或友城关系，可依托"中白地方合作年"框架推动双方务实合作走深走实，构建省州一体友城合作格局。在选择缔结友好省州关系伙伴时，可重点考虑明斯克州、戈梅利州和布列斯特州。明斯克州位于白俄罗斯中心，面积最大、人口最多，环首都明斯克市，与河北省围绕京津的地理位置相似。前任白俄罗斯驻华大使鲁德曾将中白工业园比作白俄的"雄安新区"和整个欧亚地区的经济"增长极"。还可选择与河北省开展合作较早的戈梅利州。戈州是白俄的重点产业州，宗申集团与戈梅利农机厂于2015年在邯郸魏县合资成立大型农机生产公司。2019年鲁德大使到访河北，希望推动双方建立友好省州关系，在农工领域达成合作共识，加强与雄安新区的合作。河北省外办、商务厅等有关部门曾与白驻华使馆、戈州政府共同举办商务推介会。此外，世界反法西斯斗争模范布列斯特州也可作为选择。该州拥有丰富的森林、湖泊和旅游资源，其首府布列斯特市与莫斯科、圣彼得堡等13城并列为苏联卫国战争"英雄城市"，在宣传抗击法西斯历史、弘扬爱国主义精神等领域与河北省有诸多共识。积极推动河北省与白俄罗斯相关州、市缔结友好省州或友城关系,在深化经济合作、提高政治影响力及加强爱国主义宣传教育等方面都将发挥良好的示范效应。

(二)将白俄罗斯纳入河北省与中东欧国家长效合作平台体系

目前,河北省与中东欧国家之间已形成以"中国—中东欧国家地方领导人会议"为桥梁、以"中国—中东欧(沧州)中小企业合作区"和"中国—中东欧国家(沧州)中小企业合作论坛"为重要平台的长效合作机制,但是白俄罗斯并没有深度参与其中。2020年,中国(河北)自贸区曹妃甸片区成立了"中白'一带一路'国际合作产业园",为河北省与白俄罗斯经贸合作率先提供了发展平台。"十四五"时期,应将对华友好、合作意愿强烈的白俄罗斯纳入河北省与中东欧的长效合作机制,谋划推动沧州、石家庄、唐山等城市与白俄罗斯相关城市建立友好城市,打造以中白工业园"走出去"、沧州和曹妃甸两大园区"引进来"为核心的"2+1"合作体系。积极吸引白俄罗斯企业入驻"中国—中东欧(沧州)中小企业合作区"和"中白'一带一路'国际合作产业园",鼓励省内企业通过中白工业园平台扩大中东欧和独联体商品服务市场,挖掘中东欧国家经济转型释放的大量需求。充分发掘双方经贸、科技、医疗、教育、文化合作潜力,实现内外联动发展,构建国内国际双循环相互促进的新发展格局,努力打造"一带一路"地方国际合作的典范。

(三)探索建立针对中东欧(白俄罗斯)的智库研究平台

它在联结欧盟和欧亚经济联盟市场、推动双边和多边合作上发挥了重要作用。它既是中国投资欧亚经济联盟和中东欧经济转型国家的"试水区",也是"一带一路"建设布局欧洲的枢纽区。但由于白俄罗斯国家经济体量和领土面积较小,国内对其政治、经济、历史、文化等方面的研究还不够充分,部分企业因对其投资和法律环境了解不全面而面临投资风险。目前，北京、上海、广州、江苏、甘肃等地已依托智库和当地高校，设立了白俄罗斯研究中心，在推动落实国家对外开放战略、将中白友好关系的政治优势转化成地方务实合作成果的过程中发挥了重要的纽带作用。以华东师范大学在国内成立的首家白俄罗斯研究中心为例，其研究成果在推进"一带一路"和上合组织合作方面发挥了智库作用，得到中白学界及政府层面的广泛关注。河北省也可探索在高校或科研机构设立白俄罗斯研究中心或中东欧研究中心，联合商务厅、外事办等行政主管部门，为河北对外发展提供循证决策，为企业"走出去"赴中东欧（白俄罗斯）投资和扩大经贸联系提供智力服务，为深化双方在经济、人文、教育、科技等领域交流与合作发挥积极推动作用。

（四）利用多方式多渠道促进全方位双向宣传推介

2021年初，白俄罗斯通过了2021～2025年经济社会发展规划，中国被确定为白俄罗斯未来重要的合作伙伴，中国更是白俄罗斯的"远亲"和"近邻"。2021年12月3日，白俄罗斯总统卢卡申科签署关于发展白俄罗斯与中国关系的总统指令，旨在于2021～2025年进一步深化两国在广泛领域的全面战略伙伴关系，推动两国关系迈上新台阶，得到白俄罗斯国内官员、媒体和学者的高度评价。根据此项总统令，加强白中政治合作、落实"一带一路"倡议、维护提升两国友好关系、加强双方经济、科技和地方合作等被列为白俄罗斯近期的优先和重要任务。加快推进河北省与白俄罗斯的全方位合作交流，通过丰富多样的线上线下双向宣传推介活动，如企业商务洽谈会、经济论坛、国际展会、科技创新论坛、文化节、音乐周、摄影展、传统医药推广、学术研讨会、媒体交流、旅游合作年等，借助"中白地方合作年"框架、河北省与中东欧国家合作机制、省内外国际合作园区联动发展、智库高校媒体智力支持，为营造河北高质量对外发展环境、促进与中东欧及独联体国家的整体合作、提升全省对外影响力提供有效保障。

参考文献

《弘扬人民友谊共同建设"丝绸之路经济带"——习近平在哈萨克斯坦纳扎尔巴耶夫大学发表重要演讲》，《人民日报》2013年9月8日。

国家统计局编《河北统计年鉴》（原《河北经济年鉴》）（2016~2020），中国统计出版社。

《第三届中国—中东欧国家（沧州）中小企业合作论坛新闻发布会实录》，河北省工业和信息化厅网站，2021年8月30日，http：//gxt. hebei. gov. cn/shouji/xwzx12/stdt18/886064/index. html。

《习近平出席第三次"一带一路"建设座谈会并发表重要讲话》，中华人民共和国中央人民政府网站，2021年11月19日，http：//www. gov. cn/xinwen/2021 - 11/19/content_ 56 52067. htm。

《习近平同白俄罗斯总统卢卡申科通电话》，中华人民共和国中央人民政府网站，2021年1月26日，http：//www. gov. cn/xinwen/2021 -01/26/content_ 5582810. htm。

Лукашенко подписал Директиву о развитии двусторонних отношений с Китаем，白通社，2021年12月3日。

B.15

河北省减税降费面临形势
与"十四五"优化措施研究*

李海飞 朱融豪**

摘　要： 规模性减税降费，是近年来国家为应对新冠肺炎疫情、保持经济
平稳发展、推进现代税费改革的重大举措。河北坚决贯彻党中
央、国务院决策部署，实打实硬碰硬推动减税降费政策落地落
实，保障了"六稳""六保"任务的顺利完成。"十四五"时期，
河北减税降费政策与规模的具体走势，将由国家减税降费政策要
求、区域经济与产业发展需要、省内财税体制改革进程和财政承
受能力等因素综合决定。下一阶段，河北省应从酌情优化减税降
费政策、系统完善推进落实机制、不断提升纳税服务水平、高度
重视财政收支平衡等方面系统着力，推动减税降费工作进一步提
质增效和走向深入。

关键词： 减税降费　"十四五"　财税体制改革　河北省

　　近年来，我国发展环境复杂严峻，中美贸易摩擦、新冠肺炎疫情影响深
远，国内经济又正处于由高速增长向高质量发展的转型阶段，经济下行压力

---

* 本报告系河北省社会科学基金项目"马克思生产方式理论与我国供给侧结构性改革研究"（项
目编号：HB18LJ001）阶段性成果。

** 李海飞，经济学博士，河北经贸大学京津冀协同发展河北省协同创新中心副研究员，研究方
向为创新经济学、河北区域经济发展；朱融豪，河北经贸大学硕士研究生，研究方向为财政
政策、创新经济。

较大。减税降费作为国家积极财政政策和现代税费改革的一部分，不仅可以稳预期、扩内需、降成本，让市场活力得到进一步激发和释放；也能够发挥结构性政策调节作用，为经济的高质量发展增添新动能。

河北把做好减税降费工作摆在突出位置，坚决贯彻党中央、国务院决策部署，实打实硬碰硬推动减税降费政策落地落实，保障了"六稳""六保"任务的顺利完成，促进了新时期经济社会的高质量发展，让企业和人民群众有了实实在在的获得感。立足河北，在减税降费政策面临阶段性调整、"十四五"顺利起步迈向第二个一百年奋斗目标的重要节点，对国家减税降费政策背景进行深刻阐释，对河北减税降费未来趋势进行分析展望，对于下个阶段进一步做好河北财税工作，促进经济强省、美丽河北建设，具有重要意义。

一 国家减税降费政策背景

（一）从历史演变看，近年来国家对减税降费重视程度前所未有，规模性减税降费措施密集出台，减降力度在到达高位后进入调整阶段

近年来，按照党中央、国务院决策部署，我国出台了大规模减税降费政策措施。2018 年 9 月，国家税务总局印发《关于进一步落实好简政减税降负措施更好服务经济社会发展有关工作的通知》，标志着我国大规模减税降费政策正式开启，随后出台一系列减税降费相关政策措施，税费减免额度迅速攀升，数千万家企业和数亿人民群众享受到了政策红利。

从减降额度来看，"十三五"期间，全国新增减税降费累计超过 7.6 万亿元，其中减税 4.7 万亿元，降费 2.9 万亿元，① 且基本呈现逐年递增趋势。

---

① 《财政部谈减税降费：预计全年为市场主体减负将超 7000 亿元》，"新浪财经"百家号，2021 年 7 月 30 日，https：//baijiahao. baidu. com/s？id = 1706710488800716803&wfr = spider &for = pc。

2016 年我国新增减税降费 5700 亿元，2017 年超过 1 万亿元，2018 年 1.3 万亿元，2019 年 2.36 万亿元，2020 年 2.5 万亿元。2021 年，国家逐步将阶段性的减税降费政策有序退出，降低增值税税率、增值税留抵退税、小规模纳税人免征增值税征管、个人所得税专项附加扣除等制度性、结构性减税政策继续实行，预计全年新增减税降费达到 1 万亿元（见图 1）。

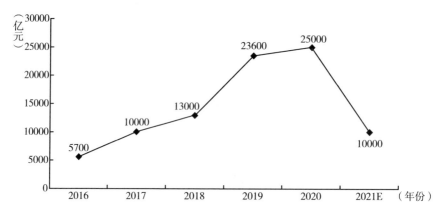

图 1　2016～2021 年我国新增减税降费额度

资料来源：国家统计局。

减税降费措施出台对我国经济持续平稳向好发挥了重要作用。一是惠企减负有效稳定，提升了企业的信心和活力。国家税务总局数据显示，2016～2021 年全国新增减税降费累计超 8.6 万亿元，中国宏观税负由 2012 年的 18.7% 降至 2021 年的 15.2% 左右。二是鼓励创新，为经济发展增添新动能。"十三五"期间全国研发费用加计扣除减免税额由 726 亿元提升至 3600 亿元，截至 2021 年 10 月底，全国各类企业提前享受加计扣除金额 1.3 万亿元。三是让利于民，大大提升了居民的获得感。2019 年减税降费带动就业增加 376 万人，有 50.2% 的企业将减税降费红利用于增加就业岗位和提高员工工资。[1] 支

---

[1] 《中国税务学会联合中国社会科学院财经战略研究院发布〈2019 年减税降费政策效应评估报告〉》，国家税务总局网站，2020 年 5 月 28 日，http：//www.chinatax.gov.cn/chinatax/n810219/n810724/c5150448/content.html。

持脱贫攻坚税收优惠政策减免金额从 2015 年的 263 亿元增加到 2020 年的
1022 亿元，年均增长 30.6%。①

（二）从政策意图看，长期的供给侧结构性改革、"双循环"新发
展格局构建与短期的逆周期调节、反疫情对冲相结合

国家财政与税费政策，服务于国家宏观调控整体框架要求，是国家宏观
调控政策体系的一部分。总体来看，减税降费政策支持稳增长、保就业、调
结构，是一项推动高质量发展的重大经济战略决策，是一项应对经济下行压
力的重大财税政策抉择。近年来，我国宏观经济运行面临着外部冲击与内部
风险并存、结构性问题和周期性问题叠加的复杂局面，促进经济高质量发
展、实现"六稳""六保"任务艰巨。一系列减税降费措施的推出，展现了
国家积极主动提振经济高质量发展的决心和信心，优惠政策红利的持续释放
为我国经济稳步发展提供了坚实支撑。

从长期来看，我国进入经济发展新常态和高质量发展新阶段，国家财税
政策要在重塑政府与市场资源配置格局和配置方式、优化供给侧生产体系和
环境、构建"双循环"新发展格局、降低企业成本激发企业创新活力等方
面做出贡献。"十三五"以来，我国一系列税费优惠政策接连出台，减税降
费持续加力升级，为企业降低生产成本、增强经营活力、提高创新动力、加
快动能转换提供了重要支撑和保障。

从短期来看，最近几年，世界长周期波谷与我国短周期波谷相重合、中
美贸易摩擦与新冠肺炎疫情冲击相叠加，我国经济社会发展面临前所未有的
挑战，我国财税政策要与其他政策一起，强化逆周期调节，对冲国内外风
险，保障经济社会民生的稳定。2018 年下半年，受中美贸易摩擦等因素的
影响，我国经济面临下行压力，当年 12 月召开的中央经济工作会议明确指
出，宏观政策要强化逆周期调节，积极的财政政策要加力提效，实施更大规

---

① 《"十三五"时期宏观税负逐年下降》，河北新闻网，2021 年 3 月 18 日，http：//world.
hebnews. cn/2021 –03/18/content_ 8423291. htm。

模的减税降费。随后 2019 年，中国实施了超过 2 万亿元的减税降费措施。2020 年，党中央、国务院审时度势，做出了统筹推进常态化疫情防控和经济社会发展的重大决策部署，减税降费力度进一步加大。2021 年，虽然出于财政可持续等方面考虑减降规模有所下降，阶段性政策有所退出，但减降规模仍可达 1 万亿元。

（三）从实施路径看，减税降费任务落地与深化税制改革、优化营商环境、促进国家治理体系现代化同步推进

财政政策除了促进宏观经济稳定之外，其直接追求是建立现代财政制度。同时，财政是国家治理的基础和重要支柱，这意味着财政在国家治理体系和治理能力现代化中扮演着重要角色。"十三五"期间，我国减税降费政策的实施是与现代税收制度的建立、税费营商环境的优化深度融合、相互支撑、同步推进的，是一项事关国家治理全局、促进国家治理能力现代化的重大政治部署。

我国"十三五"规划提出，要建立税种科学、结构优化、法律健全、规范公平、征管高效的税收制度。"十四五"规划明确提出将进一步完善现代税收制度，健全地方税、直接税体系，优化税制结构，建立健全有利于高质量发展、社会公平、市场统一的税收制度体系。近几年，在国家减税降费各项优惠落实到位的同时，一系列税制改革同步到位，营改增全面推开，综合与分类相结合的个人所得税制基本确立，消费税、资源税改革取得重要进展，重点针对小微企业税收减免和"研发费用扣除"的普惠性政策措施不断出台。当前直接税比重已经从 2011 年的 28.4% 提高到 2015 年的 32.4%，并进一步提高到 2020 年的 34.9%，现行 18 个税种中立法税种由 2012 年的 3 个增加到 2021 年的 12 个。

同时，税务部门同步推进税制改革与征管改革、服务优化、技术升级，持续深化"放管服"改革，全面清理非行政许可，下放审批权限，优化服务流程，并运用税收共治、绩效管理、纳税信用管理、现代信息网络技术等手段，努力提高办税效率、优化营商环境。"十三五"以来，

税务总局大大简化办税流程,"一窗通办""一键咨询""一网办理""最多跑一次"等措施不断出台,金税三期工程全面完成。2021年,办税缴费事项全部实现"非接触式"办理,近90%的涉税事项、99%的纳税申报可网上办理。世界银行《2020年营商环境报告》显示,2019年中国营商环境总体排名比上年提升15位,居第31位。其中,我国全年纳税次数为7次、全年纳税时间缩短为138小时,明显优于OECD高收入国家平均值的10.2次、159小时,排名分别进入全球前20位、前50位。

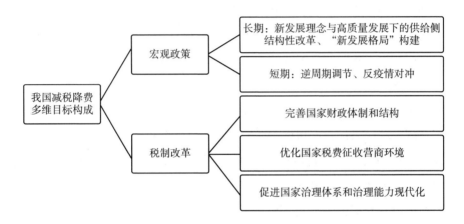

图2　近年来我国减税降费政策的多维目标构成

二　河北近年来减税降费进展与问题

(一)减税降费政策落地落实

顶格出台地方减税降费政策。近年来,面对突袭而至的新冠肺炎疫情,河北省减税降费工作紧紧围绕扎实做好"六稳"工作和落实"六保"任务,成立由省长任组长的全面落实减税降费工作小组,印发《关于落实减税降费政策帮扶企业渡过难关的通知》《关于落实支持企业应对疫情共克时艰十条税收措施的通知》等文件,编发《2019年以来税费优惠政策清单指引》,

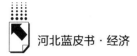

确保中央的部署在河北得到全面落实，积极支持企业疫情防控和复工复产，以更大的政策力度对冲疫情影响，全力帮扶企业渡过难关，促进了经济社会的稳定、恢复和发展。

切实强化督导检查跟踪评估。不断完善政策落实机制，对各项政策实施台账式清单管理，对落实情况逐项跟踪分析，建立总结评估和专题报告制度，确保各项政策高标准落实到位。在落实减税降费政策帮扶企业渡过难关的检查评估工作中，将收"过头税费"作为重点事项由各市县自查，省直各评估组专项检查，确保企业和群众充分享受政策红利。各级税务部门还开展了阶段性减免企业社保费政策落实"回头看"，聚焦已征费款退抵和企业政策享受情况，加强错报漏享等政策落实疑点数据筛查，确保各项减免政策不折不扣落实到位。

注重提升办税智能化水平。受疫情影响，河北省税务局注重发挥智能办税服务厅、驻企微厅、区域微厅、银税合作自助办税点的作用，推出无纸化操作、"非接触式"办税服务、发票邮寄服务、社保办理减免退费免填单免申请等一系列便民办税具体举措。各级财税部门通过官方网站、微信公众号、微信群等开展税法"云宣传""云培训"，确保纳税人、缴费人知政策、会操作。注重运用金三系统和大数据系统对纳税人开具发票情况进行每日监控，实时监控企业优惠政策享受进展，对应享未享企业及时提醒，确保一个都不能少。升级优化网上智能办税系统，帮助纳税主体实现云办税、自助办税，不断提升办税效率。

减税降费力度不断加大。根据河北省税务局公开数据，2017～2020年，河北新增减税降费额度分别为406.3亿元、446.5亿元、799.0亿元和809.5亿元（见图3），在切实减轻企业税费负担、确保完成"六稳""六保"任务等方面取得明显成效。

（二）部分问题与障碍依然存在

政策体系还存在进一步优化的空间。一是一些减税降费政策操作复杂。比如服务业增值税进项税加计抵减政策规定复杂，申报固定资产加

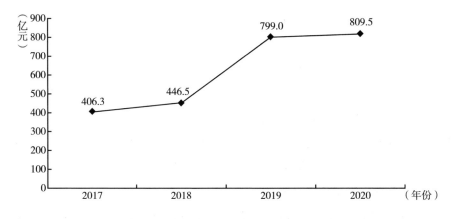

图3　2017～2020年河北省减税降费额度

资料来源：河北省统计局。

速折旧或一次性扣除政策财务核算工作量较大，虽然财税部门多次宣传辅导，但是企业表示与可享受的优惠相比，政策吸引力不大、不愿享受。二是政策设计在某些方面存在漏洞。比如，有的纳税人利用增值税小规模纳税人免征增值税、增值税小规模纳税人标准上调等优惠政策，一户企业注册登记了数个营业执照，将销售额拆分，控制在免税额度或小规模纳税人标准以下逃避税款。三是个别三产企业税负可能有增加。来自建筑、邮政等行业的一般纳税人，由于销、进项税率降幅不同步，销项税额降幅小，进项税额降幅大，原执行10%税率的一般纳税人税负可能增加。

　　推进机制的某些环节还未完全理顺。比如，减税降费的目的是减轻企业税费负担和成本、增强企业活力，但同时，一般公共预算收入等财税增长考核指标并未下调，普遍延续以往年度的增长率进行考核，两方面矛盾较为突出，造成财政与税务部门行为目标上一定程度的两难和无所适从。此外，还存在部分审批手续办理时间过长、办理成本高等问题。虽然近年来各级各部门不断加快行政审批效率，简化审批流程，先后推出了"一次受理""网上受理""四办"等措施，但限于行业特点和电子税务系统调整升级慢等原因，部分审批仍然存在偏慢的现象。

存在落实政策打折扣、搞变通现象。2020 年 10 月，按照国务院第七次大督查的统一部署，14 个国务院督查组分赴 14 个省（区、市）和新疆生产建设兵团开展实地督查，发现部分地方和单位仍存在落实保市场主体政策打折扣、搞变通，推进工作虚落实、假落实等问题，影响了政策红利的充分释放。其中，涉及河北的问题主要有，一是个别承租国有房屋的"二房东"截留房租减免政策红利，二是部分转供电主体收取电价明显高于从电网企业购电均价，三是部分交通运输管理部门违规组织货车驾驶员培训或指定货运企业到指定机构检测并捆绑收费。[①]

部分企业因某些原因积极性不高。部分服务业纳税人因进项税额很少，虽符合加计抵减政策，但企业不进行加计抵减声明。小微企业普遍存在技术力量薄弱、管理粗放、财务核算制度建设不健全等现实问题，大部分享受月销售额不超过 10 万元免税政策，开具 3% 和 1% 征收率的发票都达不到缴税标准，因此有的小规模纳税人对政策关注度不大。部分中小企业人才缺乏、能力不足，为适应减税降费政策规范要求，企业财务成本在一定程度上有所增加，因此有时会出现税务部门已多次进行政策宣传、辅导，但企业依然不愿申报享受政策的现象。

三 "十四五"河北减税降费影响因素分析

（一）国家制度性税费改革将进一步推进

2022 年，国家减税降费不会停止，为应对复杂经济形势，减税降费预计将会继续而且力度更大。预计"十四五"时期，中央将进一步简化并调整增值税税率（三档并两档）、开征房地产税、改变消费税征收环节、调整个人所得税抵扣范围等，这些改革将从多个方面影响"十四五"时期税收

---

① 《对减税降费等政策打折扣、搞变通……国务院督查组通报 14 省份典型问题》，"人民日报"百家号，2020 年 11 月 23 日，https：//baijiahao.baidu.com/s? id = 1684153607571210585&wfr = spider&for = pc。

收入。一是税率、税目及征收范围的调整会直接影响全部税收收入规模;二是对增值税、消费税等共享税种分成比例的调整会直接影响河北一般预算收入规模;三是税制改革会对市场主体经营状况造成多重影响,从而对未来河北财政收入产生持续的潜在影响。目前,这三个方面影响的具体规模均难以预计,但整体上看有利于进一步优化央地关系,完善河北地方税体系,也将对未来河北财政收入增长形成长期利好效应。

(二)企业税费呈缴压力不断增大

近年来,受成本上升、环保约束、结构调整、内需增速下滑、外部贸易摩擦等因素制约,河北制造业工业企业普遍经营困难,盈利能力整体下降(见图4)。但受税收增收刚性及财政支出刚性等多方因素影响,河北企业所得税一直呈线性增加态势,企业税费环境趋紧。此外,从非税收入来看,根据国家统计局数据,2020年,河北非税收入占地方一般公共预算收入的34.0%,比2019年提升4.4个百分点,比2020年全国平均水平高出8.6个百分点。

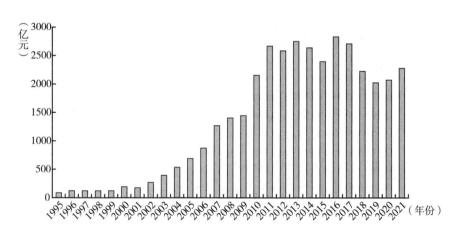

图4 1995~2021年河北省规模以上工业企业实现利润总额

说明:2021年为1~11月数据。

资料来源:《河北统计年鉴》(原《河北经济年鉴》)、河北省统计局。

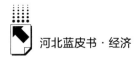

（三）税费营商环境仍有优化空间

"十四五"时期，河北推动创新驱动发展和产业结构转型，支持新产业、新业态、新模式和中小企业发展壮大，培厚税基、培强税源，需要进一步探索包容审慎的征缴方式，实行增减适度的结构性减税降费政策，在缴税方式数字化、缴税服务人性化、缴税程序减量化等方面进一步改进。此外，目前河北非税收入占财政比重偏高，降低非税收入占比需要减税降费政策继续发挥作用。"十四五"时期，河北预计将进一步开展全省乱收费治理活动，进一步清理规范收费行为，降低企业生产经营成本，压减涉企保证金，规范社保费收取，把该降的费降到位。

（四）财政可持续性问题更加凸显

自2018年全国统一执行大规模、普惠式减税降费政策后，涉及的河北相关税收、非税收入科目的增幅都出现了一定程度的放缓，部分科目甚至出现负增长[①]，这在多年的河北省财政收入中是鲜有发生的。另外，财政支出受维护经济发展、支持"三保"兜底和维持社会保险水平等影响，刚性支出难以压减，甚至仍会呈现增长态势，支出存在执行压力。2020年，河北省税收收入占一般公共预算的比重为66.05%，居全国第22位，财政收入质量有待提高；财政平衡率为42.41%，全国排名第13位，财政自给能力一般，对中央补助收入存在一定的依赖。[②] 考虑到减税降费政策在2020年之后具有一定的持续性，虽然近两年河北依靠增加其他财政收入、争取上级补助资金、加大债务发行量等手段实现收支平衡，但长此以往，仍会给收支平衡的实现埋下隐患，收支平衡体系构建和风险预警管控亟待落实。

---

① 2018年河北省大规模取缔和削减了部分政府收费项目致使当年非税收入下滑，2019年个人所得税和城市维护建设税下滑。

② 《省市经济财政数据系列点评 | 2020年河北省及各市经济财政情况全梳理》，腾讯网，2021年12月22日，https://new.qq.com/omn/20211222/20211222A091ET00.html。

四　河北省下一阶段减税降费工作建议

（一）酌情优化减税降费政策

1. 建议完善国家制度设计

一是相关政策不要过多过滥，以产业优惠为主、以区域优惠为辅，制定专门的税收优惠法。二是明确除了税法规定外，税收优惠或减税降费均为中央政府职权。三是规范税收相关的程序，为市场主体提供明确、可辨别的程序，尽量减少政策的频繁调整，从而减少市场主体的遵从成本和政策的决策、监管成本。四是制度设计或政策出台前，吸纳相关市场主体充分参与，注重充分吸收地方意见，防止"中央只管出政策、全由地方来落实"的现象出现。

2. 依托税制改革减税降费

按照中央部署，积极推进增值税、消费税、资源税、房地产税等税种改革，逐渐降低间接税比重，构建符合河北省情的地方税体系框架，加快减税降费规范化、法制化进程。

3. 建立跟踪评估改进机制

全面落实预算绩效管理，以绩效为导向，注重政策的实际效果。对已出台的减税降费优惠政策进行全程跟踪评估，根据政策绩效结果来调整和完善相关减税降费政策。在谋划新的优惠政策时，充分考虑政策执行的便利性，让企业易接受、好操作，切实增强企业获得感。

4. 合理确定减税降费额度

未来减税降税额度、力度和节奏的确定，要综合考虑国家政策要求、省内转型升级需要和地方财政负担情况，做到应减尽减、能降必降的综合统一。

（二）系统完善推进落实机制

1. 围绕双循环安排好工作重点

构建以国内大循环为主体、国内国际双循环相互促进的新发展格局，是中央基于国内发展形势、把握国际发展大势做出的重大科学判断和重要战略决策，是统筹国内国际两种资源、两个生产、两个链条、两个市场的新战略举措。河北"十四五"减税降费政策，要在国家统一政策安排下，在坚持扩大内需战略，扩市场、育主体，强化科技支撑促进产业链、供应链、创新链相融合，扩大高水平对外开放，稳外贸、引外资等方面，系统安排、突出重点、做出实效。

2. 完善减税降费工作协调机制

加强工作调度，明确责任分工，强化协同配合。充分利用减税降费工作小组联席会议制度，及时协调解决工作过程中出现的困难和问题，确保减税降费工作扎实有序进行。

3. 健全部门间的信息共享机制

协调相关部门联合制发配套的信息共享文件，减少对企业资料的要求，减小基层税务部门获取第三方部门涉税信息的阻力，提高减税降费政策的落实时效，提升企业获得感。

4. 继续深入开展宣传教育培训

更加注重纳税一线工作人员培训工作，确保每一位一线工作人员都尽快"懂政策、会操作"。多渠道宣传国家减税降费政策，组织开展纳税人培训辅导，重点加强对中小微企业和个体工商户的精细化培训辅导，使减税降费政策深入人心，确保政策红利应知、全享。

5. 切实加强政策落地跟踪督导

组建专项督查组，定时深入基层、深入企业，对"减税降费"工作落实情况进行现场督察督导与跟踪问效，在严督实查、对标找差中检验减税降费落实成效，进一步推进"减税降费"政策措施"落地生根"。

（三）不断提升纳税服务水平

1. 注重应用新技术新方法

推广信息网络与现代智能技术在节能降费工作中的应用，及时优化提升金三系统功能，打造集"云宣传""云培训""云办税"于一体的网上综合服务平台,注重应用微信朋友圈等方式扩大政策宣传覆盖面和影响力。积极统筹谋划,按照"布点科学、功能集成"原则,多点布局自助办税点,最大限度地满足纳税人就近办、快速办、一站办、24小时办的需求。

2. 深度推进"放管服"改革

加快税务部门职能转变,深化行政审批制度改革,最大限度简化办事程序、缩短办事时限、提高办事效率,让减税降费的"真金白银"尽快惠企利民,激发各类市场主体活力。引导企业用足用好减税降费政策,针对疫情防控、复工复产、创新创业的相关税费政策对企业开展重点帮扶,鼓励企业化危为机,快速增强核心竞争力。利用税收大数据等信息为企业畅通产业链供应链提供支持,推动河北经济高质量发展。

(四)高度重视财政收支平衡

1. 合理做好"开源节流"

一方面做好过"紧日子"的预期和准备,大力压减一般性支出,加强财政项目支出绩效管理,保障好"三保"支出。另一方面,注意协调好落实减税与完成税收预算任务、加强税收征管之间的关系,积极盘活存量资金和资产,挖掘地方国资等非税收入潜力,并通过落实减负政策促进企业的高质量发展,涵养和扩大税源。

2. 完善省以下财税体制

根据中央改革部署,推进省以下财政事权与支出责任划分改革,完善省与市县收入划分体制,加强省对下一般性转移支付分配管理,加强对困难市县兜底保障,实行共同财政事权转移支付清单管理,有力发挥省对下财力性转移支付的基础保障作用。

3. 健全政府债务管理机制

深化政府专项债券管理机制改革,科学分配新增政府债务限额,健全政府债券还本付息预算审核机制,督促落实政府债务风险化解规划,实施政府隐性债务问责机制,牢牢守住不发生系统性、区域性债务风险的底线。

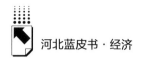
参考文献

龚辉:《关于减税降费研究的文献综述》,《经济研究导刊》2021 年第 30 期。

刘佐:《从"十三五"到"十四五":中国税制改革回顾和展望》,《天津商业大学学报》2021 年第 5 期。

吕炜、周佳音:《中国税制改革的逻辑——兼论新一轮税制改革方向设计》,《经济社会体制比较》2021 年第 5 期。

刘明慧、张慧艳、侯雅楠:《财政分权治理、减税降费与地方财政压力》,《财经问题研究》2021 年第 8 期。

曾金华:《更大力度减税降费利长远》,《经济日报》2022 年 1 月 4 日。

汪文正:《2016—2020 年中国新增减税降费超 7.6 万亿元》,《人民日报》(海外版)2021 年 11 月 24 日。

B.16
梯次布局建设河北省高科技成果
孵化转化"平台矩阵"的思路与对策

苏玉腾*

摘　要： "十四五"时期，国家将继续深入推进京津冀协同发展区域重
大战略。促进科技成果转化是实施创新驱动发展战略的重要
举措，不仅可以进一步解放生产力，还可以促进经济发展。
因此推进河北省高科技成果的孵化转化是当前和今后一段时
期的一项重要任务。本报告首先梳理目前河北省高科技成果
孵化转化的成果与面临的挑战，并在此基础上提出梯次布局
建设河北省高科技成果孵化转化"平台矩阵"的实现途径与
对策建议。

关键词： 高科技成果　成果孵化转化　协同发展　河北省

　　促进科技成果转化是实施创新驱动发展战略的重要举措，不仅能够进
一步释放社会生产力、促进经济发展，还可以帮助河北省实现技术创新链
与产业链双链的高效融通。"十四五"时期，国家将继续深入推进京津冀
协同发展区域重大战略。国家"十四五"规划明确提出，要推动区域重大
战略取得新的突破性进展，加快推动京津冀协同发展，赋能河北推动协同
发展向更高水平迈进。因此，"十四五"是京津冀协同发展顺利实现中期
目标，向着远期目标继续推进的关键性五年。河北省处于历史性窗口期和

---

* 苏玉腾，河北省社会科学院经济研究所实习研究员，主要研究方向为区域经济。

战略性机遇期，要依靠创新驱动实现内涵型增长。推动高质量发展必须对产业结构进行转型升级，以科技创新催生经济发展新动能。河北省出台了一系列政策文件以推动高科技成果在河北的孵化转化，制定了到 2025 年重大科技成果要累计达到 300 项以上，高新技术企业的数量超过 15000 家，科技领军企业达到 100 家等一系列高科技成果转化目标。但是就目前的科技成果转化情况来看，河北省距离目标的实现还有一定的差距，也面临很多挑战。因此，总结分析现阶段河北省高科技成果孵化转化取得的成果，找出目前面临的挑战，提出梯次布局建设河北省高科技成果孵化转化"平台矩阵"的思路与对策建议，对于提升河北省科技创新水平具有十分重要的意义。

一　现阶段河北省高科技成果孵化转化的成果分析

（一）高科技成果孵化转化稳步推进，推动产业升级转型

近年来，为推动更多高科技成果在河北省完成孵化转化，河北省积极与北京和天津展开科技协同对接。在"十三五"期间，科技创新更是引领了产业新动能，企业创新加速推进，综合创新生态体系逐渐形成，搭建的一系列创新平台和载体也取得了显著成效，科技进步贡献率达到了56%，已经接近全国 58.5% 的平均水平。雄安新区企业技术创新的顶层设计越来越完备，入驻雄安新区的一大批科研院所成功运营，众多高科技成果已经成功转化，应用在 2022 年冬奥会的场馆运维、赛事保障及智慧城市的建设中。河北省高科技成果孵化转化有了显著的成效，技术合同成交额逐年上升。"十三五"期间，河北省吸纳北京技术合同成交额比"十二五"期间总额多 3 倍，达 853 亿元。本报告收集了自京津冀协同发展以来河北省吸纳的技术合同成交额（见表1），以此分析河北省的高科技成果孵化转化情况。

表1　2014~2021年河北省吸纳技术合同成交情况

年份	合同数(项)	成交额(亿元)	全国排名	成交额同比增长(%)
2014	6115	152.83	16	58.39
2015	5989	145.31	19	-4.92
2016	6956	184.29	17	26.83
2017	8109	303.24	11	64.55
2018	10527	495.63	12	63.44
2019	11324	583.60	11	17.75
2020	12070	706.70	11	21.09
2021(1~6月)	6150	329.94	—	107.82

资料来源：历年《全国技术市场统计年度报告》。

根据表1的数据，2014~2020年河北省吸纳的技术合同数与成交额整体呈现上升趋势，除了2015年略有下降之外，均逐年增长。2021年1~6月的技术合同成交额更是达到了329.94亿元，比上年同期增长107.82%。由此可见，河北省高科技成果孵化转化正在稳步推进，这极大地推动了产业结构的转型升级。

（二）持续强化顶层设计，加强科技成果转化政策激励

近年来，河北省制定出台了《促进科技成果转化条例》《促进科技成果转移转化行动计划（2016—2020年）》《关于进一步促进科技成果转化和产业化的若干措施》等一系列政策文件，以提高高科技成果在河北省的孵化转化成效，推动河北省的科技事业不断取得新成就。不仅如此，为了更加突出科技创新的战略地位，河北省还出台了《关于加快科技创新建设创新型河北的决定》等科技新政，不断加强科技创新的顶层设计。除此之外，为了强化京津冀创新资源共享与资质互认，出台《河北省关于贯彻落实〈京津冀协同发展科技创新专项规划〉的实施意见》，在科技部的指导下，实行京津冀协同创新"1+3"联动工作机制以及科技部门定期会晤机制，形成了分工有序、协同合作的工作布局，有助于河北省更好地对接京津两地科技成果。河北省为实现创新资源共享和资质互认，出台了《河北省高新技术

企业跨区域整体搬迁资质认定实施细则》，支持高新技术企业跨地区整体搬迁至河北省，为这些企业提供政策优惠；搭建的大型科研仪器设备资源开放共享服务平台，可实现与京津网站仪器资源的互联互通；京津冀三地科技和财政部门联合签订了《京津冀科技创新券合作协议》，进一步促进了京津冀科技创新券合作，实现科技创新券的互认互通。不仅如此，为了更好地激励科研人员，河北建立了科技成果转化权益分配机制，出台《关于落实以增加知识价值为导向分配政策的实施意见》等文件，补齐了成果转化中的突出短板，调动了科研人员的工作主动性，为科技成果转化提供了良好的氛围，极大地推动了高科技成果在河北的孵化转化。

（三）搭建科技创新平台，不断完善科技成果转化服务体系

推进京津冀协同创新共同体建设向纵深发展，围绕"京津研发、河北转化"的战略定位，打造"一南一北一环"三个重要科技创新平台，推动了河北技术创新建设。其中，河北·京南国家科技成果转移转化示范区被科技部批准为全国首批国家科技成果转移转化示范区，这个示范区包含了河北省内的11个园区，极大地提升了河北省承接京津科技成果转移转化的能力。为对接《科技冬奥（2022）行动计划》打造的"科技冬奥绿色走廊"，在决策和技术方面为2022年冬季奥运会张家口赛区建设智慧城市提供支持，让科技创新与冬奥进行更深层次的融合，使科技成果应用在冬奥场景中，用5G技术、人工智能、大数据等新技术应用示范场景，更好地服务冬奥。还可以推动张家口冰雪产业的持续发展，引领张家口地区的产业进行转型升级和创新发展。由环北京的14个县（市、区）组成的"环首都现代农业科技示范带"被科技部批准为国家级农业高新技术示范区，其中丰宁、滦平、大厂、固安、涿州等8个园区被批为国家农业科技园区。北京农科城涿州农业科技成果创新示范园推动了一大批农业科技成果的转化落地。除此之外，还成立了京津冀技术交易河北中心和京津冀技术河北平台，中关村海淀园秦皇岛分园、清华大学（固安）中试孵化基地也成功运行。一系列科技创新孵化平台的成功搭建，不断完善科技基础支撑与服务体系，成功引进一批有技术、有成果、

有项目的产业创新团队入驻,提高了北京、天津的高科技成果在河北省的转化成功率,为全省科技创新注入新活力,提升了全省的科技实力。

二 梯次布局建设河北省高科技成果孵化转化 "平台矩阵"面临的问题与挑战

(一)短板问题依然突出,对京津科技成果孵化转化的配套能力不足

第一,科技转化机构质量堪忧。虽然河北省高科技孵化转化机构数量在政策的扶持下大幅增加,但是其质量与全国其他省份相比还存在较大的差距。在促进科技资源有序流动和有效配置方面能力较弱,近年来完成的高科技转化成果较少,在为企业提供技术服务时也没有完全发挥作用,导致机构的成效较低。第二,河北省的科技成果孵化转化中介服务组织力量薄弱、动力不足,缺少既懂得科技、法律、投融资,又懂得如何协调市场的复合型专业人才去沟通科技成果与市场。现有的第三方科技中介服务机构缺乏专业性,市场竞争意识不足,在承接技术合同时,面对其他省份的竞争对手,专业化、系统化与职业化程度不够,从而导致企业与科研机构的信息交换不对称。若不增强现有第三方科技中介服务机构的专业性,那么河北在今后的科技成果转化中将处于不利地位。第三,从成果需求与成果的供给方面,企业与科研机构之间的承接并不顺畅,大部分企业不愿承接风险比较大的科技成果,企业作为创新主体的地位不够突出,缺乏积极性。河北省对高科技成果孵化转化的承载支撑作用较弱。在产品需求市场上,高科技成果的需求多而不精,这也在一定程度上遏制了高科技成果孵化转化的成效。在成果供给上,众多科研院所与高校在成果产出方面的能力不足,对于本机构在成果转化过程中的定位不够明确等问题也是影响成果供给的重要因素。第四,在资金支持方面,财政资金对于高科技成果转化过程中的关键环节缺乏有效的引导。河北省的科技金融发展相对滞后,在一定程度上限制了金融对科技创新与成果转化的支持。

（二）产业结构落后，高新技术产业占比较低

河北省目前处于新旧动能的转换阶段，产业结构主要集中在传统农业、服务业和制造业，高科技的战略性新兴产业占比较低，在中高端产业链以及战略性新兴产业领域创新力量布局比较薄弱。北京是一个以现代服务业为主的城市，科学研究、技术供给、信息技术服务、软件等行业高度发达。除此之外，北京还聚集了一大批人工智能、新一代信息技术、集成电路等高精尖行业，这些行业的科技成果含金量比较高，从而导致河北的基础设施并不能完全与这些高科技成果配套，无法完全匹配京津的研发成果，产业链和创新链无法深度融合，间接阻碍了京津的高科技成果在河北省的孵化转化。如果河北省内的企业在承接北京、天津的科技成果时，不顾自身转化的软硬环境与产业功能定位，将无法实现传统产业与高科技产业的紧密结合，产业链出现断层，科技成果无法实现商品化。河北省与北京、天津的创新能力不平衡，在科技创新、人才引进、资金投入等方面与北京、天津存在较大差距。不仅如此，河北省的城市发展情况也落后于北京、上海、成都等，再加上产业结构落后以及高科技创新成果应用需求不足，导致高科技的应用场景①建设滞后，在人工智能、大数据、医学、新材料等领域的应用需求场景较少。这在一定程度上遏制了新技术的创新与应用，河北省在引入高科技成果并进行孵化转化时丧失了一定的竞争优势。

（三）深层次体制机制障碍凸显以及相关法规政策落实不到位

河北当前已经进入爬坡过坎、滚石上山、攻坚克难的关键阶段，在科技创新转化方面虽然取得显著成效，但是也暴露出一些体制机制方面存在的深层次问题。在科技创新政策落实方面，河北省尚未与京津形成

---

① 应用场景是指在城市基础设施建设、运营及管理、产业发展、民生保障等领域的各类工程、项目所产生的对新技术、新产品的应用需求场景。

一体化格局，制度协同创新综合配套机制缺失。河北省缺少国家级自主创新示范区，一些科技政策举措与京津两市存在较大差距。而且科技政策、人才政策、产业政策、财税政策、监管政策之间缺乏有机衔接、协同配套，政策落实方面依然存在"最后一公里"的问题。此外，高科技成果转化方面的政策尚未落实到位，对科研人员的激励机制不够成熟；在地方部门、高校院所、国有企业的思维固化，对科研贡献的分配缺乏相应的规范，导致科研人员的主动服务意识不强；本机构的政策落实文件没有及时出台，使科研人员不能及时享受到政策红利，导致科研成果转化存在困难。除此之外，激励企业加大科研投入的政策覆盖面小、支持强度低，财政科技资金使用效率较低，对资本市场的撬动不够，政策落实环境较差等问题也逐渐凸显，而这些问题的解决都需要继续强化顶层设计和统筹协调，京津冀三地也需要进一步加强沟通对接，对出现的问题与政策要进行平等协商、合力推进，消除体系僵化给高科技成果孵化转化带来的障碍。

（四）科研机构模式固化，创新转化能力不足

僵化的科研管理体系与激发创新活力的要求不相适应，科研院所与企业的创新积极性不高，科研机构的工作模式固化等一系列问题造成科研成果与市场脱节。当前我国科研院所与高校的科研经费由横向课题与纵向课题组成，横向课题的任务是为企业解决一些技术类问题，在科技成果转化方面的压力较小，导致科研人员的科研主动性较低；而纵向课题需要政府资金的支持，导致科研组织模式固化，不敢尝试制度创新，缺乏政策细化的具体措施和实施机制。科研机构的考核制度对成果转化的引导性不够，对科研人员进行考核时比较看重成果、论文、专利、课题项目，而科技转化成果并不是考核的关键项目，从而导致科研人员对成果转化方面的研究积极性较低。除此之外，科研选题与市场需求不匹配，技术成果难以在市场中进行推广，这些问题的出现使科技成果转化受阻。

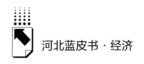

三 梯次布局建设河北省高科技成果孵化转化 "平台矩阵"的思路与实现途径

（一）填补科技转化过程中的"空白地带"，促进创新链产业链融合

在高科技成果进行孵化转化成为市场中的商品或应用在各种场景的过程中，需要经过中试熟化以及二次开发等复杂的过程，并且是一个烦琐且系统的过程。从进行创新研究到产业化，再到对成果进行商品化的过程中存在巨大的断层，而如何填补这个"空白地带"是完成高科技成果转化的关键一步。着力解决科技成果孵化转化过程中消耗时间过长、转化率低下的难题，找出基础性、长期性、根源性的问题，出台解决措施，补齐短板，继续改革科技体制。积极承接北京、天津具有巨大市场潜力的科技成果，把成果专利进行产业化，推动产学研深度融合，在河北省形成具有特色的市场化、专业化技术服务体系。在市场需求、集成创新、组织平台等方面突出企业的优势，将企业、科研机构等各类创新主体协同起来，把科技创新链的短板补齐，满足产业链中的技术需求。在市场的推动下，将创新驱动发展的内生动力激发出来，发挥市场"无形的手"的作用，推动创新链与产业链的深度融合，大幅度提升高科技成果在河北省孵化转化的成效，进而激活科技创新，助推北京形成国际科技创新中心，将河北省打造成为"产业转型升级试验区"。

（二）加强京津科技交流合作，强化协同创新研究

北京作为我国科技创新资源最集中的地区之一，有大量具有市场潜力的科技成果等待转化成生产力，而天津在科技技术研发与成果转化方面的实力也十分突出。河北省应加强与京津两地的科技交流合作，充分挖掘技术承接潜力，推动"京津研发、河北转化"。利用好京津冀科技创新能力的梯度差，完善"资源共享、人才共享、成果共享"的体制机制，建立"京津冀

协同创新共同体"。习近平总书记指出,要把产业结构优化升级和实现创新驱动发展作为合作重点,要加强重大科技计划的联合攻关,在关系基础设施、环境治理等方面"强强联合"。因此,河北省要认真落实习近平总书记的指示,在改造传统产业生产技术、攻克战略性新兴产业技术、突破环境治理等重点领域与京津地区加强合作,设立协同创新合作项目,把京津冀区域间的创新资源整合重组,贯通产业链条,加快实施一批先行先试政策,打造京津冀协同创新载体,探索建立京津冀人才共用、平台共享、政策互通的新机制,支撑河北省重点产业的转型升级。还要进一步明确河北省在协同创新中的功能定位,加强京津冀三地科技市场中信息数据的互联互通,使三地的创新要素可以进行有序流动和融合共享。共享创新资源,紧扣"京津研发、河北转化"的发展主题,在河北省积极培育京津协同创新增长极,助推雄安新区、张家口冬奥区成为带动创新发展的两翼,提升河北省的自主创新能力,推进科技治理体系和治理能力现代化,从而实现河北省的绿色、创新、高质量发展。

(三)打造科技创新高地,辐射带动全省科技成果孵化转化

一是积极推进雄安新区创新驱动发展引领区建设,把雄安新区打造成科技创新高地。向雄安新区集中科技资源,构筑国际高端科技创新平台,形成全球顶尖的科技基础支撑转化服务体系,用雄安新区科技创新的快速发展带动河北省科技实力的增强。二是要打造高科技成果孵化转化示范高地,推动建设河北·京南国家科技成果转移转化示范区和环首都现代农业科技示范带,完善高新区基础设施建设,推进管理体制改革,完善科技成果转化服务体系,培育高科技成果的孵化转化基地,带动河北全省的科技成果转化。三是积极打造科技创新样板城市。鼓励石家庄、唐山、秦皇岛等一批国家创新型城市改善创新环境,建设智慧城市,增加高科技成果的应用场景,聚集科技转化要素,推动科技成果的应用转化。

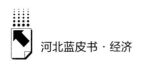

四　梯次布局建设河北省高科技成果孵化转化"平台矩阵"的对策措施

（一）建立科技成果孵化转化配套机制

弥补高科技成果孵化转化的不足，建立技术成果转化服务体系。在河北省内建设一批省级科技成果转移转化试验区，发展多元的技术交易市场体系，培育科技转化中介服务组织，构建主体多元、人员专业、产业覆盖面广的服务平台体系。一是提高科技转移转化机构的专业水平，培育一批有质量的技术转移转化机构。在培育的过程中，尝试利用现有科研机构，比如在高校中设立科技转化服务机构。在企业将科技成果进行产业化、商品化的过程中，为其提供科技服务与指导，提高高科技成果在河北省内企业孵化转化的成效。还应积极培养引进技术转移人才，不仅要联合京津两地建设人才培养基地，开展关于成果孵化转化实务的培训课程，对技术经理人进行培训，还应扩大人才引进的规模，面向"高精尖"行业引进高层次的创新团队、科技型中小企业创新人才，补齐人才短板。二是推动高科技转化中介服务机构的高质量发展。由于目前河北省内的科技成果转化中介服务机构不论是数量还是质量都堪忧，而中介机构在科技成果转化过程中又发挥着十分重要的作用。一个高质量的中介服务机构不仅能够提供沟通联络以及咨询等相关服务，还能提供法律、市场、信息、技术等多方面的帮助。因此，应积极引导，加强科技转化中介服务机构的建设。三是加大与北京、天津等地区高科技成果的对接力度，拓展承接科技成果转化的领域，打通转化渠道，充分利用全国科技成果直通车官方平台，全面对接京津地区的高科技成果。四是提供金融支持，发展科技金融。设立科技创新引导基金、科技成果转化引导基金，建立科技中小企业贷款风险补偿制度，提高资金的使用效率，推动科技企业的发展，促进创新成果的孵化转化。

（二）优化产业布局，改造提升传统产业

要将现有产业基础高级化，提升产业链现代化水平，对传统优势企业升级改造，缩小河北省与北京、天津等地的产业差距，融合创新链与产业链，促进高科技成果与河北省产业的有效对接，提高成果孵化转化的成效。在推进产业基础高级化方面，要推动优势产业克服技术瓶颈，加强重点领域工程化、产业化关键问题研究，推动现有优势传统产业更加优质、高端、绿色，将其打造成为具有国际影响力的知名品牌。还要积极培育先导产业，在互联网、人工智能、基因、信息技术、新材料等前沿领域实施新成果的应用工程，强化产业基础支撑。在提升产业链现代化水平方面，发展一批高端的战略性新兴产业，加快打造战略性新兴产业的集群高地，增强信息、绿色、健康等新兴支柱产业的支撑力，增加这些产业的占比。将云计算、物联网、大数据、互联网等新技术与传统制造业进行融合，以新兴产业带动传统制造业转型升级，打造有着先进技术、过硬质量、较高附加值的现代产业链。在对传统优势企业进行改造升级方面，降低这些企业的运营成本，在企业技术改造、产品生产加工工艺节能减排方面提供专项资金支持，提供税收优惠，精简规范成果转化过程中的行政审批环节。除此之外，还要加强科技成果应用场景建设，提升河北省高科技成果转化的竞争力，吸引京津地区更多科技成果在河北省进行转化，实现科技成果的商品化与市场化。

（三）深化科技管理体制机制改革，落实利好政策

由于高科技成果在孵化转化的过程中存在周期长、风险高、收益不确定的特点，政府部门在梯次布局建设高科技成果孵化转化"平台矩阵"的过程中，需要打通科技成果产业化的"最后一公里"，完善科技管理体制机制，并深化改革，落实利好政策，使高科技成果在河北省的孵化转化更加顺利。一是要完善科技成果转化配套服务机制，对一些科技企业孵化器、中试熟化基地等科技创新载体加大政策支持力度，增加金融资金投入，弥补中试孵化资金短缺，推动科研领域"放管服"改革，畅通科研资金使用渠道，

科学管理科研基金，促进科技创新型企业发展。二是完善科技成果转化机制，强化企业在产业链与创新链中的主体地位，激活企业创新内在动力。优化创新平台系统布局，对科技资源进行有效整合，还要完善科技成果转化公开交易与监管体系，推动高科技成果资本化、商品化。三是建立健全政策法规，落实利好政策。加强政策法规保障，推进科技转化过程中薄弱环节的立法，健全科技转化政策，并积极落实。加强创新政策的宣传，把支持引进北京、天津地区高科技成果孵化转化的政策和奖励措施做实做细，建立政策落实监督体系，推进政策的出台落实。

（四）完善科研人才管理的体制机制，打破科研组织固化模式

一是强化科技成果转化收益分配激励机制，增加科研机构在科技成果收益分配过程中的自主性，使其可以自行决定科研收益的奖励分配方案。拓宽科研人员的工作平台，若其在完成本职工作后仍有余力，可以在符合规定的条件下到科技企业进行兼职并依法取得报酬。二是深化科技人才"放管服"改革，给予创新团队更多自主决策权，在技术路线、资金使用等方面放开管理，使其充分发挥自主决策权。在国有企业、高等院校、科研机构等单位招聘科技人才的过程中，完善用人管理体制，完善人才评价制度，突出用人单位在评价中的主体作用，充分发挥人才创新的价值。三是积极引进优秀人才。充分发挥科技成果转化的后发优势，加强技术转移服务的人才梯队建设，培养一批既懂产业又懂科研，并且能够提供信息交流的专业人才。落实人才补贴、税收优惠等政策，给予人才薪酬激励，完善职称评定机制，提高科研人员工作主动性。建立起职业化、规范化、制度化的技术市场人才培养机制，促进高科技成果在河北省的孵化转化。

社会科学文献出版社

皮 书
智库成果出版与传播平台

❖ 皮书定义 ❖

皮书是对中国与世界发展状况和热点问题进行年度监测，以专业的角度、专家的视野和实证研究方法，针对某一领域或区域现状与发展态势展开分析和预测，具备前沿性、原创性、实证性、连续性、时效性等特点的公开出版物，由一系列权威研究报告组成。

❖ 皮书作者 ❖

皮书系列报告作者以国内外一流研究机构、知名高校等重点智库的研究人员为主，多为相关领域一流专家学者，他们的观点代表了当下学界对中国与世界的现实和未来最高水平的解读与分析。截至 2021 年底，皮书研创机构逾千家，报告作者累计超过 10 万人。

❖ 皮书荣誉 ❖

皮书作为中国社会科学院基础理论研究与应用对策研究融合发展的代表性成果，不仅是哲学社会科学工作者服务中国特色社会主义现代化建设的重要成果，更是助力中国特色新型智库建设、构建中国特色哲学社会科学"三大体系"的重要平台。皮书系列先后被列入"十二五""十三五""十四五"时期国家重点出版物出版专项规划项目；2013~2022 年，重点皮书列入中国社会科学院国家哲学社会科学创新工程项目。

皮书网

（网址：www.pishu.cn）

发布皮书研创资讯，传播皮书精彩内容
引领皮书出版潮流，打造皮书服务平台

栏目设置

◆ **关于皮书**

何谓皮书、皮书分类、皮书大事记、
皮书荣誉、皮书出版第一人、皮书编辑部

◆ **最新资讯**

通知公告、新闻动态、媒体聚焦、
网站专题、视频直播、下载专区

◆ **皮书研创**

皮书规范、皮书选题、皮书出版、
皮书研究、研创团队

◆ **皮书评奖评价**

指标体系、皮书评价、皮书评奖

◆ **皮书研究院理事会**

理事会章程、理事单位、个人理事、高级
研究员、理事会秘书处、入会指南

所获荣誉

◆ 2008 年、2011 年、2014 年，皮书网均
在全国新闻出版业网站荣誉评选中获得
"最具商业价值网站"称号；

◆ 2012 年，获得"出版业网站百强"称号。

网库合一

2014 年，皮书网与皮书数据库端口合
一，实现资源共享，搭建智库成果融合创
新平台。

皮书网

"皮书说"
微信公众号

皮书微博

权威报告·连续出版·独家资源

皮书数据库
ANNUAL REPORT(YEARBOOK)
DATABASE

分析解读当下中国发展变迁的高端智库平台

所获荣誉

- 2020年，入选全国新闻出版深度融合发展创新案例
- 2019年，入选国家新闻出版署数字出版精品遴选推荐计划
- 2016年，入选"十三五"国家重点电子出版物出版规划骨干工程
- 2013年，荣获"中国出版政府奖·网络出版物奖"提名奖
- 连续多年荣获中国数字出版博览会"数字出版·优秀品牌"奖

皮书数据库

"社科数托邦"
微信公众号

成为会员

登录网址www.pishu.com.cn访问皮书数据库网站或下载皮书数据库APP，通过手机号码验证或邮箱验证即可成为皮书数据库会员。

会员福利

- 已注册用户购书后可免费获赠100元皮书数据库充值卡。刮开充值卡涂层获取充值密码，登录并进入"会员中心"—"在线充值"—"充值卡充值"，充值成功即可购买和查看数据库内容。
- 会员福利最终解释权归社会科学文献出版社所有。

数据库服务热线：400-008-6695
数据库服务QQ：2475522410
数据库服务邮箱：database@ssap.cn
图书销售热线：010-59367070/7028
图书服务QQ：1265056568
图书服务邮箱：duzhe@ssap.cn

社会科学文献出版社 皮书系列
SOCIAL SCIENCES ACADEMIC PRESS (CHINA)

卡号：765176477946
密码：

基本子库
SUB DATABASE

中国社会发展数据库（下设 12 个专题子库）

紧扣人口、政治、外交、法律、教育、医疗卫生、资源环境等 12 个社会发展领域的前沿和热点，全面整合专业著作、智库报告、学术资讯、调研数据等类型资源，帮助用户追踪中国社会发展动态、研究社会发展战略与政策、了解社会热点问题、分析社会发展趋势。

中国经济发展数据库（下设 12 专题子库）

内容涵盖宏观经济、产业经济、工业经济、农业经济、财政金融、房地产经济、城市经济、商业贸易等 12 个重点经济领域，为把握经济运行态势、洞察经济发展规律、研判经济发展趋势、进行经济调控决策提供参考和依据。

中国行业发展数据库（下设 17 个专题子库）

以中国国民经济行业分类为依据，覆盖金融业、旅游业、交通运输业、能源矿产业、制造业等 100 多个行业，跟踪分析国民经济相关行业市场运行状况和政策导向，汇集行业发展前沿资讯，为投资、从业及各种经济决策提供理论支撑和实践指导。

中国区域发展数据库（下设 4 个专题子库）

对中国特定区域内的经济、社会、文化等领域现状与发展情况进行深度分析和预测，涉及省级行政区、城市群、城市、农村等不同维度，研究层级至县及县以下行政区，为学者研究地方经济社会宏观态势、经验模式、发展案例提供支撑，为地方政府决策提供参考。

中国文化传媒数据库（下设 18 个专题子库）

内容覆盖文化产业、新闻传播、电影娱乐、文学艺术、群众文化、图书情报等 18 个重点研究领域，聚焦文化传媒领域发展前沿、热点话题、行业实践，服务用户的教学科研、文化投资、企业规划等需要。

世界经济与国际关系数据库（下设 6 个专题子库）

整合世界经济、国际政治、世界文化与科技、全球性问题、国际组织与国际法、区域研究 6 大领域研究成果，对世界经济形势、国际形势进行连续性深度分析，对年度热点问题进行专题解读，为研判全球发展趋势提供事实和数据支持。

法律声明

"皮书系列"（含蓝皮书、绿皮书、黄皮书）之品牌由社会科学文献出版社最早使用并持续至今，现已被中国图书行业所熟知。"皮书系列"的相关商标已在国家商标管理部门商标局注册，包括但不限于LOGO（▧）、皮书、Pishu、经济蓝皮书、社会蓝皮书等。"皮书系列"图书的注册商标专用权及封面设计、版式设计的著作权均为社会科学文献出版社所有。未经社会科学文献出版社书面授权许可，任何使用与"皮书系列"图书注册商标、封面设计、版式设计相同或者近似的文字、图形或其组合的行为均系侵权行为。

经作者授权，本书的专有出版权及信息网络传播权等为社会科学文献出版社享有。未经社会科学文献出版社书面授权许可，任何就本书内容的复制、发行或以数字形式进行网络传播的行为均系侵权行为。

社会科学文献出版社将通过法律途径追究上述侵权行为的法律责任，维护自身合法权益。

欢迎社会各界人士对侵犯社会科学文献出版社上述权利的侵权行为进行举报。电话：010-59367121，电子邮箱：fawubu@ssap.cn。

社会科学文献出版社